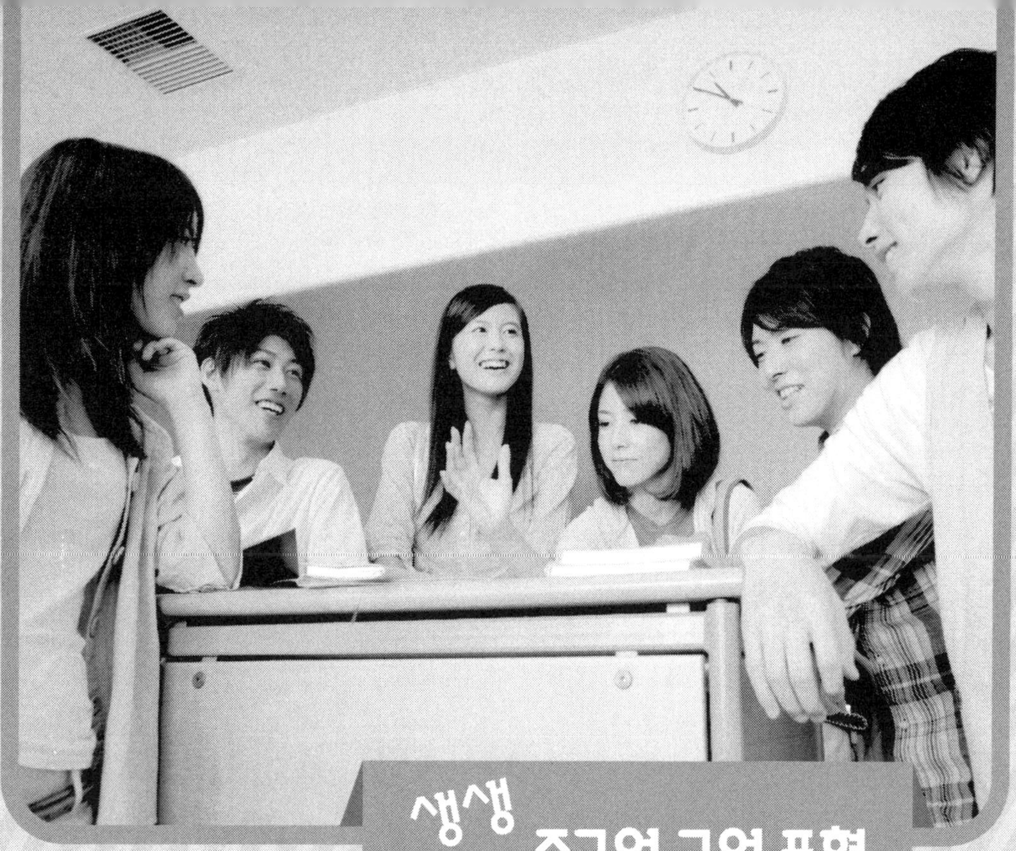

생생 중국어 구어 표현

徐希明 編譯

제이앤씨
Publishing Company

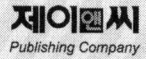

편역자 서문

▌구어(口語)와 유행어(流行語)

언어는 살아있다! 살아있는 사람만이 언어를 구사한다!

현대인은 언어의 홍수 속에서 살고 있다. 그리고 현재를 살아가는 사람들은 최신 유행하는 구어를 구사한다. 유행어는 문화계층에 따라 그 표현 양태가 다양하게 나타난다. 따라서 사람 사는 냄새가 가장 물씬 풍기는 것이 바로 구어 속의 유행어이다.

유행어는 유동적인 살아있는 표현이고, 또 현재 유행하고 있는 언어이므로, 사람들의 생활과 문화, 관념 등을 보다 정확하고 빠르게 이해할 수 있는 첩경이 된다. 유행어는 일반적으로 연상과 유추를 통해 해석되는 경우가 많다. 예를 들면, '下课'란 단어의 사전적인 의미는 '수업을 마치다'이다. 그러나 때로 축구시합의 승패를 축구 코치에게 다 떠맡기는 경우도 있어 왔다. 이런 상황 속에서 나온 말이 '下课'이며, 이는 축구 코치더러 '그만 두고 물러나라!'는 의미로 쓰이고 있다. 또 '走后门'은 글자 그대로 해석하면 '뒷문으로 들어가다'이다. 그러나 일상생활 속에서는 '정당하지 못한 방법으로 목적을 달성하는 것'을 가리킨다. 중국어로 '저 사람 진짜 카리스마 있다', '쿨(cool)하다'라는 표현은 어떻게 할까?

외국인의 입장에서 최신 유행하는 구어를 자연스럽게 구사하기란 그리 쉬운 일이 아니다. 어떤 것은 사전을 찾아도 나오지도 않고, 또 어떤 것은 마치 은어처럼 쓰이기도 한다. 예를 들면, 현대 중국의 젊은이들이 대학 캠퍼스나 패스트푸드점에서 수다를 떨며 앞에 앉은 남학생을 보고 '킹카다!'라고 하는 표현, 동네 사람들이 골목에 나와 앉아서 이 집 저 집 험담을 할 때에 쓰는 표현, 회사 안에서 직장 동료나 상사와의 충돌 시에 쓰는 표현, 길거리에서 자전거 타이어에 바람을 넣으며 또는 음식점에서 식사를 하면서 나누는 이런 저런 표현들……. 이러한 여러 가지 표현들은 현대 중국인들의 모습과 그들이 상용하는 언어를 가장 가까이에서 정확하게 접할 수 있게 해준다.

적재적소에 쓴 한 마디의 유행어는, 상대방과의 대화를 원활하게 만들고 상대방으로 하여금 친근감을 느끼게 한다. 바로 이처럼 생생하고도 현장감 있는 유행어가 이 책 속에 들어있다. 이 책은 華語敎育出版社의 『漢語流行口語』와 『漢語流行口語(最新版)』을 저본으로 하고 있다.

생생 중국어 구어 표현

▌이 책의 특징과 효용

일반적인 중국어 문장의 학습은 주로 교재와 사전을 통해서 어느 정도 따라갈 수 있지만, 생생한 구어체 표현이나 최신 유행하는 표현들은 책이나 사전을 찾아도 해결되지 못하는 부분이 상당히 있다. 따라서 이 책은 그런 고민과 가려움증을 해결하기 위해서 엮어졌다. 이 책에는 현재 중국에서 유행하고 있는 현장감 있는 생생한 표현들이 수록되어 있다. 따라서 현재를 살아가는 중국 사람들의 모습이 현장감 있으면서도 다양하게 반영되어 있다.

현재 기초 회화를 익히는 교재는 많지만, 초급단계를 지난 학습자들에게 도움이 될 만한 최신 유행어를 담고 있는 교재는 그리 많지 않다. 이 책을 통해서 중국인과 그 어떤 장소에서 만나더라도 자신감 있는 유행어를 구사할 수 있을 것이며, 학습자들의 학습욕구를 충족시킬 수 있으리라 확신한다.

▌이 책의 내용과 구성

이 책의 구성은 크게 표제어의 의미, 실전 회화, 단어, 유사 표현 등 네 개 부분으로 이루어져 있다. 실전 회화에는 대화 형식으로 구성된 두 개 이상의 예문을 싣고 발음을 표기하였으며, 부록에는 해석을 달아두었다. 또한 단어는 사전을 찾지 않아도 될 만큼 상세히 실어두었으며, 유사 표현에서는 본문에서 다룬 표제어와 유사한 표현을 소개하고 있다.

끝으로 이 책이 나올 수 있도록 좋은 기회를 주신 제이앤씨 출판사 윤석현 사장님과 직원 분들께도 감사의 마음을 전한다.

2014년 12월
편역자

A

| | 19 |

| 爱谁谁 | ài shéi shéi | 19 |

B

| | 20 |

八成儿是不行了	bāchéngr shì bùxíng le	20
板儿板儿的	bǎnr bǎnr de	22
包在我身上	bāo zài wǒ shēnshang	23
报应	bàoyìng	25
比较忙	bǐjiào máng	26
别把我当人	bié bǎ wǒ dāng rén	27
别跟我过不去啊	bié gēn wǒ guòbuqù a	28
别价	biéjie	29
别拦着我	bié lán zhe wǒ	30
别努着自己	bié nǔ zhe zìjǐ	32
别张着了	bié zhāng zhe le	33
不必了	bùbì le	34
不得了	bùdéliǎo	35
不服不行	bùfú bùxíng	37
不甘心	bù gānxīn	38
不管怎么说	bùguǎn zěnme shuō	39
不好意思	bù hǎoyìsi	40
不是故意的	bù shì gùyì de	41
不是我说你	bù shì wǒ shuō nǐ	43
不惜一切代价	bùxī yīqiē dàijià	44

不在状态	bù zài zhuàngtài	45
不怎么样	bù zěnmeyàng	46

C — 47

差不多	chàbuduō	47
差得太远了	chà de tài yuǎn le	49
扯淡	chědàn	51
吃什么醋啊	chī shénme cù a	52
丑话说在前头	chǒuhuà shuō zài qiántou	53
出去撮一顿	chūqù cuō yī dùn	54
凑合点吧	còuhé diǎn ba	55

D — 57

打耙	dǎpá	57
大锅饭	dàguōfàn	58
大腕儿	dàwànr	59
倒霉	dǎoméi	60
得了	déle	61
吊人胃口	diào rén wèikǒu	63
跌份	diēfèn	64
都怪你	dōu guài nǐ	66
多事	duōshì	67
多新鲜呢	duō xīnxiān ne	68

차 례

F — 70

烦着呢	fán zhe ne	70
放不下	fàng bu xià	71
非走不解了	fēi zǒu bùjiě le	72
废话	fèihuà	74
废物	fèiwù	75

G — 76

该怎么办怎么办	gāi zěnme bàn zěnme bàn	76
该找谁找谁去	gāi zhǎo shéi zhǎo shéi qù	77
干吗去	gànmá qù	78
跟你说你也不懂	gēn nǐ shuō nǐ yě bù dǒng	80
跟着哄	gēn zhe hòng	81
够黄的	gòu huáng de	82
顾不上啦	gù bu shàng la	83
怪不得呢	guàibude ne	84
惯的	guàn de	85

H — 87

还行	hái xíng	87
还真没看出来	hái zhēn méi kàn chūlái	88

还知道姓什么吗	hái zhīdao xìng shénme ma	89
好嘞 / 好吧 / 好的	hǎo lei / hǎo ba / hǎo de	90
好是好	hǎo shì hǎo	91
好说好说	hǎo shuō hǎo shuō	93
话不能这么说	huà bù néng zhème shuō	94
话可得讲清楚	huà kě děi jiǎng qīngchu	95
换成你吧	huàn chéng nǐ ba	96
混得怎么样	hùn de zěnmeyàng	97
豁出去了	huō chūqù le	98
活该	huógāi	100
火得厉害	huǒ de lìhai	101

J
103

挤对谁呢	jǐdui shéi ne	103
叫板	jiàobǎn	104
今晚我请	jīnwǎn wǒ qǐng	105
就等着那一天吧	jiù děng zhe nà yītiān ba	106
就会耍嘴皮子	jiù huì shuǎ zuǐpízi	108
就这么定了	jiù zhème dìng le	109
举手之劳	jǔshǒuzhīláo	110

K
111

看花眼了	kàn huāyǎn le	111
看上了	kàn shàng le	112
看上去很美	kàn shàngqù hěn měi	113

看我的	kàn wǒ de	115
看怎么说了	kàn zěnme shuō le	116
可不是吗	kěbùshi ma	117
可话又说回来	kě huà yòu shuō huílái	118
酷毙了	kùbì le	119
狂…了	kuáng…le	121

L

122

来不及了	láibují le	122
来电	láidiàn	124
理她呢	lǐ tā ne	125
脸都丢尽了	liǎn dōu diū jìn le	126
了不得了	liǎobudé le	127
了不起	liǎobuqǐ	128
了不起呀	liǎobuqǐ ya	130
另类	lìnglèi	131
另想着儿吧	lìng xiǎng zhāor ba	132
露了一怯	lòu le yī qiè	133
乱了套了	luàn le tào le	134

M

136

没法说	méifǎ shuō	136
没感觉	méi gǎnjué	137
没见过你这种人	méi jiàn guo nǐ zhè zhǒng rén	138
没劲	méijìn	140

没看出好儿来	méi kàn chū hǎor lái	141
没您不成	méi nín bùchéng	142
美女	měinǚ	143

N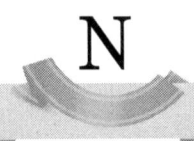

144

拿把	nábǎ	144
拿什么大呀	ná shénme dà ya	146
拿下	náxià	147
哪能啊	nǎ néng a	148
哪儿啊	nǎr a	150
哪儿跟哪儿啊这是	nǎr gēn nǎr a zhè shì	151
那还用说	nà hái yòng shuō	152
那可没准儿	nà kě méizhǔnr	153
那哪行啊	nà nǎ xíng a	155
那我就不客气了	nà wǒ jiù bù kèqi le	156
那也得看是谁	nà yě děi kàn shì shéi	157
那有什么难的	nà yǒu shénme nán de	158
那又怎么样	nà yòu zěnmeyàng	159
耐不住啦	nài bu zhù la	160
你比我强多了	nǐ bǐ wǒ qiáng duō le	161
你不是开玩笑吧	nǐ bù shì kāi wánxiào ba	163
你成吗	nǐ chéng ma	164
你放心	nǐ fàngxīn	166
你累不累啊	nǐ lèi bu lèi a	167
你少管我	nǐ shǎo guǎn wǒ	168
你说怎么办	nǐ shuō zěnme bàn	169
你算干什么的呀	nǐ suàn gàn shénme de ya	170
你太抬举我了	nǐ tài táiju wǒ le	171
你也来了	nǐ yě lái le	172
你以为你是谁呀	nǐ yǐwéi nǐ shì shéi ya	174

차 례

你有病啊	nǐ yǒu bìng a	175
你再考虑考虑	nǐ zài kǎolǜ kǎolǜ	176
你怎么不早说呀	nǐ zěnme bù zǎo shuō ya	177
你怎么跟二奶似的	nǐ zěnme gēn èrnǎi shì de	178
你怎么又来了	nǐ zěnme yòu lái le	180
你怎么这么不知趣啊	nǐ zěnme zhème bù zhīqù a	181
你怎么知道的	nǐ zěnme zhīdao de	183
你这话什么意思	nǐ zhè huà shénme yìsi	184
你自己好好想想吧	nǐ zìjǐ hǎohǎo xiǎng xiǎng ba	185
牛	niú	186
农民	nóngmín	187

P
188

PK就PK	PK jiù PK	188

Q
190

墙里开花墙外香	qiánglǐ kāihuā qiáng wài xiāng	190
瞧把她美的	qiáo bǎ tā měi de	191
瞧你那德行	qiáo nǐ nà déxing	192
且得耗着呢	qiě děi hào zhe ne	193
求人不如求己	qiú rén bùrú qiú jǐ	194
全都红了眼	quán dōu hóng le yǎn	196
全仗您了	quán zhàng nín le	197

R

198

让您见笑了	ràng nín jiànxiào le	198
让我怎么说你的	ràng wǒ zěnme shuō nǐ de	200

S

201

上赶着不是买卖	shàng gǎn zhe bù shì mǎimai	201
折了	shé le	202
舍不得	shěbudé	204
谁都有那一天	shéi dōu yǒu nà yītiān	205
谁怕谁呀	shéi pà shéi ya	206
谁认这个头啊	shéi rèn zhè ge tóu a	207
谁说不是呢	shéi shuō bù shì ne	209
谁也甭说谁	shéi yě béng shuō shéi	210
实话实说	shíhuà shíshuō	212
帅呆了	shuài dāi le	213
受不了	shòu bu liǎo	214
水货	shuǐhuò	215
说不清楚	shuō bu qīngchu	217
说句不好听的	shuō jù bù hǎotīng de	218
说句公道话	shuō jù gōngdaohuà	219
说真的	shuō zhēn de	221
是啊是啊	shì a shì a	222
是人就会	shì rén jiù huì	223
算了吧	suànle ba	224
死活看不上眼	sǐhuó kàn bu shàng yǎn	226

차 례

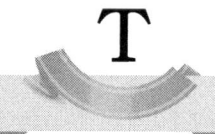

227

他妈的	tā mā de	227
她刚傍上一大款	tā gāng bàng shàng yī dàkuǎn	228
她有'托儿'	tā yǒu 'tuōr'	230
谈不上	tán bu shàng	231
太棒了	tài bàng le	232
太不像话了	tài bùxiànghuà le	234
太过分了	tài guòfèn le	235
讨厌	tǎoyàn	236
添堵	tiāndǔ	237
听您的	tīng nín de	238
听说	tīngshuō	239
听我慢慢说嘛	tīng wǒ mànmàn shuō ma	240

242

万万想不到	wànwàn xiǎngbudào	242
我不是那种人	wǒ bù shì nà zhǒng rén	243
我的妈呀	wǒ de mā ya	245
我对你很有信心	wǒ duì nǐ hěn yǒu xìnxīn	246
我告诉你	wǒ gàosu nǐ	248
我哪说得上话啊	wǒ nǎ shuō de shàng huà a	249
我哪儿会啊	wǒ nǎr huì a	250
我欠你吗	wǒ qiàn nǐ ma	252
我认了	wǒ rèn le	253
我是看蹭票的	wǒ shì kàn cèngpiào de	254

생생 중국어 구어 표현

我是男人	wǒ shì nánrén	255
我是他的'粉丝'	wǒ shì tā de 'fěnsī'	256
我早知道了	wǒ zǎo zhīdao le	258
我这不是来了吗	wǒ zhè bù shì lái le ma	259
无处下嘴	wú chù xià zuǐ	260
无所谓	wúsuǒwèi	261

X — 263

下不去手	xià bu qù shǒu	263
下课	xiàkè	264
下台阶	xià táijiē	266
先这样	xiān zhèyàng	267
闲的	xián de	268
现了大眼了	xiàn le dà yǎn le	269
现在可好	xiànzài kě hǎo	272
相当	xiāngdāng	273
想什么呢你	xiǎng shénme ne nǐ	274
雄起	xióngqǐ	276

Y — 277

要不然说你年轻呢	yàoburán shuō nǐ niánqīng ne	277
要个说法	yào ge shuōfa	278
也就这样了	yě jiù zhèyàng le	279
一报还一报	yī bào huán yī bào	280

차 례

一不留神	yī bù liúshén	281
一锤子买卖	yī chuízi mǎimai	282
一点小意思	yīdiǎn xiǎoyìsi	283
一根筋	yī gēn jīn	284
用不着	yòng bu zháo	286
有病了	yǒu bìng le	287
有彩儿	yǒu cǎir	289
有的是	yǒudeshì	290
有点找不着北	yǒudiǎn zhǎo bu zháo běi	291
有话好好说	yǒu huà hǎohǎo shuō	292
有没有搞错	yǒu méiyǒu gǎocuò	293
有这事儿吗	yǒu zhè shìr ma	294
'缘'来是你	'yuán' lái shì nǐ	295
越来越不行喽	yuè lái yuè bùxíng lou	296

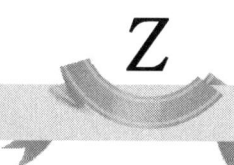

298

宰熟	zǎishú	298
再说吧	zài shuō ba	299
再说我跟你急	zài shuō wǒ gēn nǐ jí	300
再怎么说也不行	zài zěnme shuō yě bùxíng	301
在哪儿呢	zài nǎr ne	303
怎么说话呢	zěnme shuōhuà ne	304
折罗	zhēluó	305
这不是拆台吗	zhè bù shì chāitái ma	306
这不是拱火吗	zhè bù shì gǒnghuǒ ma	307
这不是下套吗	zhè bù shì xiàtào ma	309
这次栽大了	zhè cì zāi dà le	310
这还多呀	zhè hái duō ya	311
这回看你的了	zhè huí kàn nǐ de le	312

15

这回总算开了眼了	zhè huí zǒngsuàn kāi le yǎn le	314
这你就不懂了	zhè nǐ jiù bù dǒng le	315
这是常识嘛	zhè shì chángshí ma	316
这下完了	zhè xià wán le	317
真的	zhēn de	319
真够糟心的	zhēn gòu zāoxīn de	320
真是的	zhēnshi de	321
值吗	zhí ma	322
指不上	zhǐ bu shàng	323
至于吗	zhìyú ma	324
主席也是人	zhǔxí yě shì rén	326
跩	zhuǎi	327
总算出了一口气	zǒngsuàn chū le yī kǒu qì	328
走后门	zǒu hòumén	329
走一步看一步	zǒu yī bù kàn yī bù	330
走着瞧	zǒuzheqiáo	331
最近忙吗	zuìjìn máng ma	333

생생 중국어 구어 표현

생생 중국어 구어 표현

A

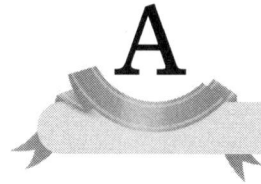

○ 생생 중국어 구어 표현

□ 爱谁谁
ài shéi shéi

상관없다.
신경 안 쓴다.
(아무 것도) 겁나지 않는다.

① A : 老李, 你的做法真的不好, 所以大家都反对。
　　　Lǎo Lǐ, nǐ de zuòfǎ zhēn de bù hǎo, suǒyǐ dàjiā dōu fǎnduì.

　　B : 爱谁谁! 我会坚持到底的。
　　　Ài shéi shéi! Wǒ huì jiānchí dàodǐ de.

② A : 老李, 别在马路上躺着了, 汽车会压死你!
　　　Lǎo Lǐ, bié zài mǎlùshang tǎng zhe le, qìchē huì yā sǐ nǐ!

　　B : 爱谁谁! 警察来了也没用!
　　　Ài shéi shéi! Jǐngchá lái le yě méi yòng!

단 어

□	做法	zuòfǎ	(명) (만드는) 법. (하는) 방법.
□	反对	fǎnduì	(명·동) 반대(하다).
□	坚持	jiānchí	(동) (주장 따위를) 견지하다. 끝까지 버티다. 고수하다.
□	到底	dàodǐ	(동) 끝까지 …하다. 최후까지 …하다.
□	马路	mǎlù	(명) 대로. 큰길. 한길.

☐	躺	tǎng	(동) 옆으로 드러눕다. 가로눕다.
☐	会	huì	(조동) …할 가능성이 있다. …할 것이다.
☐	压	yā	(동) (주로 위에서 아래로) 압력을 가하다. (내리) 누르다.

☐	无所顾忌	wúsuǒ gùjì	망설이는 바가 없다.
			거리끼는 바가 없다.
☐	浑不吝	hún bùlìn	전혀 주저하지 않다.

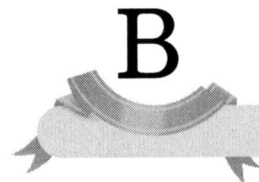

☐ **八成儿是不行了**

bāchéngr shì bùxíng le

잘못될 것 같다.
아마도 안 될 것 같다.
거의 불가능할 것 같다.
거의 희망이 없는 것 같다.

❶ A: 老李, 刚进去的那病人怎么样了?
　　 Lǎo Lǐ, gāng jìnqù de nà bìngrén zěnmeyàng le?

　　B: 八成儿是不行了。
　　 Bāchéngr shì bùxíng le。

② A： 小红啊，你的婚事拖了这么久了，怎么回事啊？
　　　Xiǎo hóng a, nǐ de hūnshì tuō le zhème jiǔ le, zěnme huí shi a?

　　B： 啧，八成儿是不行了。
　　　Zé, bāchéngr shì bùxíng le.

③ A： 已经九点多了，王平还会来吗？
　　　Yǐjing jiǔ diǎn duō le, Wángpíng hái huì lái ma?

　　B： 他八成儿不会来了。
　　　Tā bāchéngr bù huì lái le.

④ A： 表哥来电话了吗？
　　　Biǎogē lái diànhuà le ma?

　　B： 还没来呢。
　　　Hái méi lái ne.

　　A： 他八成儿没考上清华大学。
　　　Tā bāchéngr méi kǎo shàng Qīnghuá dàxué.

　　B： 我也这么想，要不早该来电话了。
　　　Wǒ yě zhème xiǎng, yàobù zǎo gāi lái diànhuà le.

□ 病人	bìngrén	(명) 환자.
□ 婚事	hūnshì	(명) 혼사. 혼담.
□ 拖	tuō	(동) (시간을) 끌다. 지연시키다. 늦추다. 미루다.
□ 回	huí	(양) 회. 번. 차례. [일·동작 따위의 횟수를 나타냄]
□ 表哥	biǎogē	(명) 내·외종 사촌형.
□ 考上	kǎo shàng	(시험에) 합격하다.
□ 清华大学	Qīnghuá dàxué	(고유) 청화대학.
□ 要不	yàobù	(접) 그렇지 않으면. 그러지 않으면.

- **基本上没戏了** jīběnshang méixì le 가망이 없다.
  희망이 없다.

- ## 板儿板儿的
  bǎnr bǎnr de

  잘 준비해 두었다.
  아무[전혀] 문제없다.

① A : 我让你做的事儿怎样了?
　　　Wǒ ràng nǐ zuò de shìr zěnyàng le?

　 B : 老板放心, 板儿板儿的!
　　　Lǎobǎn fàngxīn, bǎnr bǎnr de!

② A : 这件事非常复杂, 你都考虑好了吗?
　　　Zhè jiàn shì fēicháng fùzá, nǐ dōu kǎolǜ hǎo le ma?

　 B : 我的领导呀! 当然是板儿板儿的!
　　　Wǒ de lǐngdǎo ya! Dāngrán shì bǎnr bǎnr de!

- **板儿**　　　bǎnr　　　(명) 캐스터네츠. 곡조. 박자. ['板儿板儿的'라는 표현은 다음과 같은 두 가지 출처가 있다. 하나는 '响板(캐스터네츠의 일종)'을 가리키는 것으로, 일 처리가 순조롭게 잘 이루어지는 것을 음악의 리듬에 비유한 것이고, 다른 하나는 '木板上钉进钉子(목판에 못을 박아 넣다)'를 가리키는 것으로, 더 이상은 바꿀 방법이 없이 어떤 일이 이미 확정되었음을 비유한 것이다.]

― B ―

- 让　　ràng　　(동) …하도록 시키다. …하게 하다. …하도록 내버려두다.
- 怎样　zěnyàng　(대) 어떠하냐. 어떻게. [성질·상황·방식 따위를 물음]
- 放心　fàngxīn　(동) 마음을 놓다. 안심하다.
- 件　　jiàn　　(양) 일·사건·개체의 사물 등을 세는 데 사용함.
- 当然　dāngrán　(부) 당연히. 물론.

유사 표현

- 毫无疑义　háowú yíyì　조금도 의심할 바 없다.
- 有板有眼　yǒu bǎn yǒu yǎn　노래나 음악에 박자가 잘 맞다.
  (언행이) 논리 정연하다. (일하는데) 빈틈없다. 차근차근하다.
- 没问题　méi wèntí　문제없다.
- 搞定　gǎodìng　다 정해지다. 다 준비되다.

包在我身上
bāo zài wǒ shēnshang

나한테 맡겨.
내가 책임질게.
내가 알아서 할게.

① A: 晚上你买菜, 做饭, 接孩子啊!
Wǎnshang nǐ mǎi cài, zuò fàn, jiē háizi a!

　　B: 包在我身上。
Bāo zài wǒ shēnshang.

② A: 我刚来北京, 什么都不懂, 还要找工作, 找房子,
Wǒ gāng lái Běijīng, shénme dōu bù dǒng, hái yào zhǎo gōngzuò, zhǎo fángzi,

　　找爱情……。
zhǎo àiqíng…….

B： 包在我身上。
　　　Bāo zài wǒ shēnshang.

	包	bāo	(동) 일을 도맡다. 청부하다. 청부맡다. 전적으로 책임을 지다.
□	包	bāo	(동) 일을 도맡다. 청부하다. 청부맡다. 전적으로 책임을 지다.
□	身上	shēnshang	(명) 몸.
□	接	jiē	(동) 영접하다. 맞이하다.
□	刚	gāng	(부) 지금. 막. 바로.
□	懂	dǒng	(동) 알다. 이해하다.
□	还	hái	(부) …뿐만 아니라…도.
□	要	yào	(조동) …해야 한다.
□	找	zhǎo	(동) 찾다.
□	工作	gōngzuò	(명) 직업. 일. 업무.
□	房子	fángzi	(명) 집. 건물.
□	爱情	àiqíng	(명) (주로 남녀간의) 애정.

□	没有问题	méiyǒu wèntí	문제없다.
□	擎好吧	qíng hǎo ba	받아들일게. 이어받을게.
□	我办事你放心	wǒ bànshì nǐ fàngxīn	내가 처리할 테니 안심해요.
□	搞定	gǎodìng	(그렇게) 하기로 하다.
□	交给我吧	jiāo gěi wǒ ba	나한테 넘겨. 나한테 맡겨.
□	不算什么	bù suàn shénme	별거 아니군. 아무 것도 아니네.

报应
bàoyìng

업보를 치르다.
인과응보를 치르다.

1 A: 老李做了那么多坏事，日子却越过越好!
Lǎo Lǐ zuò le nàme duō huàishì, rìzi què yuè guò yuè hǎo!

B: 别着急呀，他会有报应的!
Bié zhāojí ya, tā huì yǒu bàoyìng de!

2 A: 老李得肠癌了。
Lǎo Lǐ dé cháng'ái le.

B: 这是报应，谁叫他那么爱整人，一肚子坏水!
Zhè shì bàoyìng, shuí jiào tā nàme ài zhěngrén, yī dùzi huàishuǐ!

3 A: 你害死了一千多人，不怕报应吗?
Nǐ hài sǐ le yīqiān duō rén, bù pà bàoyìng ma?

B: 我已经八十多岁了，还怕什么?
Wǒ yǐjing bāshí duō suì le, hái pà shénme?

단어

- 报应　　bàoyìng　　(동) 인과응보를 치르다. 업보를 치르다.
- 肠癌　　cháng'ái　　(명) 장암.
- 整人　　zhěngrén　　(동) 남을 골리다[괴롭히다·혼내 주다].
- 肚子　　dùzi　　(명) (사람이나 동물의) 복부. 마음. 내심. 머리.
- 坏水　　huàishuǐ　　(명) 고약한[못된] 심보[생각].
- 害死　　hàisǐ　　(동) 살해하다. 죽이다. (정신적·육체적·경제적) 고통[괴로움]을 주다. 손실을[손해를] 입히다[끼치다]. 피곤하게 만들다.

☐	天理昭彰	tiānlǐ zhāozhāng	자연의 이치는 분명하다.
☐	现世报	xiànshìbào	현보. 순현보. 현세의 업인(業因)으로 현세에서 그 갚음을 받는 일.
☐	来世报	láishìbào	내세에서 그 갚음을 받는 일.

☐ 比较忙
bǐjiào máng

좀 바쁘다.

1 A : 老李呀, 昨天好几个单位来人都没找到你!
　　　Lǎo Lǐ ya, zuótiān hǎo jǐ ge dānwèi lái rén dōu méi zhǎo dào nǐ!

　　B : 哎呀! 我最近比较忙, 一个人管十几个单位,
　　　Āiyā! Wǒ zuìjìn bǐjiào máng, yī ge rén guǎn shí jǐ ge dānwèi,

　　　只能抓主要的, 别的就顾不上啦!
　　　zhǐ néng zhuā zhǔyào de, bié de jiù gù bu shàng la!

2 A : 喂, 听说你有好几个女朋友!怎么安排得开呢?
　　　Wèi, tīngshuō nǐ yǒu hǎo jǐ ge nǚpéngyǒu! Zěnme ānpái de kāi ne?

　　B : 噢, 我最近是比较忙, 有什么办法, 是她们喜欢追我!
　　　Ō, wǒ zuìjìn shì bǐjiào máng, yǒu shénme bànfǎ, shì tāmen xǐhuan zhuī wǒ!

☐	抓	zhuā	(동) (손가락·발톱으로) 꽉 쥐다. 할퀴다. 긁다. 붙잡다. 체포하다.
☐	顾不上	gù bu shàng	돌볼 틈이 없다. 생각도 할 수 없다.
☐	追	zhuī	(동) (이성을) 따라다니다. 구애(**求爱**)하다. 사랑을 호소하다.

- 日理万机　rìlǐwànjī　매일 온갖 정사(政事)를 처리하다. 업무가 매우 많다. 정무에 몹시 바쁘다. [주로 고급 간부에게 쓰임]
- 事儿太多　shìr tài duō　일이 너무 많다.

别把我当人
bié bǎ wǒ dāng rén

나한테 너무 예의[격식] 차리지 마.

❶ A：老李！你可是贵宾！
　　Lǎo lǐ! Nǐ kě shì guìbīn!

　 B：干吗？别把我当人。
　　Gànmá? Bié bǎ wǒ dāng rén.

- 贵宾　guìbīn　(명) 귀빈. 귀중한 손님.
- 当　dāng　(동) (직무 따위를) 담당하다. …이 되다. 받아들이다. 감당하다. 관리하다.

- 毋须客套　wúxū kètào　인사치레로 말할 필요 없다.
- 我受不了这个　wǒ shòu bu liǎo zhè ge　난 이러는 거 감당하기 힘들어.

생생 중국어 구어 표현

别跟我过不去啊
bié gēn wǒ guòbuqù a

날 괴롭히지 좀 마.
날 못살게 굴지 좀 마.
나한테 너무 모질게 굴지 마.
나한테 너무 까다롭게 굴지 마.
(너무 까다롭게 굴지 말고) 그냥 좀 넘어가 줘.

1 A : 老李同志, 别跟我过不去啊!
Lǎo Lǐ tóngzhì, bié gēn wǒ guòbuqù a!

这十个公章能不能少盖两个?
Zhè shí ge gōngzhāng néng bu néng shǎo gài liǎng ge?

B : 不成! 一个都不能少!
Bù chéng! Yī ge dōu bù néng shǎo!

2 A : 老李呀, 咱们过去虽然有点矛盾, 也别跟我过不去啊!
Lǎo Lǐ ya, zánmen guòqù suīrán yǒudiǎn máodùn, yě bié gēn wǒ guòbuqù a!

B : 怎么会呢? 这是公事公办!
Zěnme huì ne? Zhè shì gōngshì gōngbàn!

단어

过不去	guòbuqù	괴롭히다. 못살게 굴다. (감정적으로) 불쾌하다. 사이가 나쁘다.
公章	gōngzhāng	(명) 공인(公印).
盖	gài	(동) (도장을) 찍다.
矛盾	máodùn	(명·동) 모순(되다).
公事公办	gōngshì gōngbàn	공적인 일은 공정하게 처리하다.

	心存芥蒂	xīn cún jièdì	마음속에 불만을 가지다.
	别和我作对	bié hé wǒ zuòduì	나랑 대립하지 마.
	放我一马吧	fàng wǒ yī mǎ ba	날 좀 놓아줘.
	您高抬贵手	nín gāo tái guì shǒu	관대히 봐주십시오.

别价
biéjie

안 돼.
하지 마.
그만 둬.
그러면 되나.
그럴 수는 없지.
그렇게는 못 해.

1 A: 老李呀, 这顿饭我结了啊!
　　　Lǎo Lǐ ya, zhè dùn fàn wǒ jié le a!

　　B: 别价呀! 别价别价, 说好了我请客的!
　　　Biéjie ya! Biéjie biéjie, shuō hǎo le wǒ qǐngkè de!

2 A: 老李啊, 你的论文还没够数, 所以职称的事我们也没
　　　Lǎo Lǐ a, nǐ de lùnwén hái méi gòushù, suǒyǐ zhíchēng de shì wǒmen yě méi

　　　替你报名。
　　　tì nǐ bàomíng.

　　B: 别价! 等了5年了, 够不够也得报啊!
　　　Biéjie! Děng le wǔ nián le. gòu bu gòu yě děi bào a!

생생 중국어 구어 표현

단 어

□ 别价	biéjie	(부) 그만 둬라. 하지 마. 안 돼. [제지(制止)의 뜻을 나타내는 말]
□ 顿	dùn	(양) 번. 차례. 끼니. [식사·질책·권고 따위의 횟수에 쓰임]
□ 结	jié	(동) 끝맺다. 마치다. 결말을 짓다. [여기서는 '结帐(jiézhàng ; 결산하다. 계산하다)'이라는 의미로 쓰임]
□ 请客	qǐngkè	(동) 손님을 초대하다. 한턱내다.
□ 论文	lùnwén	(명) 논문.
□ 够数	gòushù	(동) 넉넉하다. 충분하다. 충분한 수량.
□ 职称	zhíchēng	(명) 직명(職名). 직무상의 칭호.
□ 替	tì	(개) …을(를) 위하여. … 때문에.
□ 报名	bàomíng	(동) 신청하다. 지원하다. 이름을 올리다.

유사 표현

□ 可别	kě bié	제발 …하지 마라 절대 …하면 안 된다.
□ 那哪成啊	nà nǎ chéng a	그러면 되나. 어떻게 그래.
□ 不容置喙	bùróng zhìhuì	더 이상 말할 수 없게 하다.

□ **别拦着我**
bié lán zhe wǒ

나 말리지 마.
날 좀 내버려둬.
나를 막지 말라고.

---

1 A : 老李啊, 有事慢慢商量嘛, 不一定上法院。
Lǎo Lǐ a, yǒu shì mànmàn shāngliang ma, bù yīdìng shàng fǎyuàn.

B : 别拦着我！上法院就完了？我还得去电视台呢！
　　Bié lán zhe wǒ! Shàng fǎyuàn jiù wán le? Wǒ hái děi qù diànshìtái ne!

2 A : 老李啊，你想开点，别干傻事！
　　Lǎo Lǐ a, nǐ xiǎngkāi diǎn, bié gàn shǎshì!

B : 别拦着我！我死给他们看！
　　Bié lán zhe wǒ! Wǒ sǐ gěi tāmen kàn!

단어

拦	lán	(동) 저지하다. 막다. 방해하다.
老	lǎo	(접두) 한 글자로 된 성(姓)의 앞에 붙여 호칭으로 씀. [직접 이름을 부르는 것 보다 어기가 더 친밀함]
有事	yǒushì	일이 있다. 용무가 있다.
慢慢	mànmàn	(부) 천천히. 느릿느릿. 차츰.
商量	shāngliang	(동) 상의하다.
嘛	ma	(조) 희망이나 권고를 나타냄.
不一定	bù yīdìng	반드시 …하는 것은 아니다. 반드시 …할 필요는 없다.
上	shàng	(동) 가다. 나아가다.
法院	fǎyuàn	(명) 법원.
电视台	diànshìtái	(명) 텔레비전 방송국.
想开	xiǎngkāi	(동) 생각을 넓게 갖다.
傻	shǎ	(형) 어리석다. 미련하다. 고지식하다. 융통성이 없다.

유사 표현

别管我	bié guǎn wǒ	상관 마.

생생 중국어 구어 표현

> **别努着自己**
> bié nǔ zhe zìjǐ
>
> 너무 무리하지 마라.
> 건강은 해치지 않도록 해라.
> 너무 몰아 붙이지 말고, 천천히 해라.

1 A : 爸, 快高考了, 我想多看会儿书!
　　　Bà, kuài gāokǎo le, wǒ xiǎng duō kàn huìr shū!

　　B : 儿子, 刻苦学习是好的, 但也别努着自己。
　　　Érzi, kèkǔ xuéxí shì hǎo de, dàn yě bié nǔ zhe zìjǐ.

2 A : 老李呀, 听说你每天晚上都加班, 别努着自己!
　　　Lǎo Lǐ ya, tīngshuō nǐ měitiān wǎnshang dōu jiābān, bié nǔ zhe zìjǐ!

　　B : 嗨, 事太多, 不玩命不行啊! 再拼几天就行了。
　　　Hāi, shì tài duō, bù wánmìng bùxíng a! Zài pīn jǐ tiān jiù xíng le.

단 어

□ 努	nǔ	(동) 너무 힘을 써서 몸을 상하다.
□ 快…(了)	kuài…(le)	(부) 곧[머지않아] (…하다).
□ 高考	gāokǎo	(명) 대학 입시.
□ 刻苦	kèkǔ	(동) 고생을 참아내다. 몹시 애를 쓰다.
□ 加班	jiābān	(동) 초과 근무하다. 잔업하다. 특근하다. 근무 시간 외에 일을 하다.
□ 玩命	wánmìng	(동) 목숨을 내던지다. 생명을 가볍게 여기다. 위험을 무릅쓰다. [풍자적으로 비꼬는 듯한 어감이 포함됨]
□ 拼	pīn	(동) 견디다. 버티다. 참다.

- **悠着点**   yōu zhe diǎn   좀 늦추다.
  적절하게 하다.
- **慢慢来**   mànmàn lái   천천히 하다.
  서두르지 마라.

□ **别张着了**
bié zhāng zhe le

조금 천천히 해라.
조금 속도를 낮춰.
너무 서두르지 마라.
너무 급하게 하지 마.

① A: 一年! 我要解决全国的污染问题。
　　　Yī nián! Wǒ yào jiějué quánguó de wūrǎn wèntí.

　　 B: 别张着了。
　　　Bié zhāng zhe le.

② A: 我准备三个月精通汉语。
　　　Wǒ zhǔnbèi sān ge yuè jīngtōng hànyǔ.

　　 B: 别张着了。
　　　Bié zhāng zhe le.

- **解决**   jiějué   (동) 해결하다.
- **污染**   wūrǎn   (명) 오염.

생생 중국어 구어 표현

- 问题　　wèntí　　(명) 문제. 질문.
- 准备　　zhǔnbèi　　(동) 준비하다.
- 精通　　jīngtōng　　(동) 정통하다.

유사 표현

- 悠着点　　yōu zhe diǎn　　조금 늦추어라.
  　　　　　　　　　　　　조금 천천히 해라.
- 稳着点　　wěn zhe diǎn　　차근차근 해라.
- 别着急　　bié zháojí　　서두르지 마라.
- 欲速则不达　　yù sù zé bù dá　　급히 먹는 밥이 체한다.
  　　　　　　　　　　　　　　　일을 너무 서두르면 도리어 이루지 못한다.

☐ **不必了**
bùbì le

그럴 필요 없다.

---

1 A: 小红啊, 你最近气色不好, 我帮你找个大夫看看吧。
　　　Xiǎo hóng a, nǐ zuìjìn qìsè bù hǎo, wǒ bāng nǐ zhǎo ge dàifu kàn kàn ba.

　　B: 不必了! 你上次给我找那电脑专家就是假的。
　　　Bùbì le! Nǐ shàngcì gěi wǒ zhǎo nà diànnǎo zhuānjiā jiùshì jiǎ de.

2 A: 院长啊, 我想针对咱们学院的问题再写几份个案调查。
　　　Yuànzhǎng a, wǒ xiǎng zhēndui zánmen xuéyuàn de wèntí zài xiě jǐ fèn gè'àn diàochá.

　　B: 不必了! 你上次写那两个全'捅了马蜂窝'。
　　　Bùbì le! Nǐ shàngcì xiě nà liǎng ge quán 'tǒng le mǎfēngwō'.

 단 어

- 气色　　qìsè　　(명) 안색. 혈색. 얼굴빛. 기색.
- 专家　　zhuānjiā　　(명) 전문가.
- 针对　　zhēnduì　　(동) 겨누다. 조준하다. 초점을 맞추다.
- 个案　　gè'àn　　(명) 개별적이거나 특수한 안건[사례].
- 调查　　diàochá　　(동) (현장에서) 조사하다.
- 捅　　tǒng　　(동) (손가락·막대기 등으로) 찌르다. 구멍을 내다. 치다. 건드리다.
- 马蜂窝　　mǎfēngwō　　(명) 말벌집. 왕벌집. 나나니벌집. 섣불리 건드려서는 안 되는 사람[일]. [상대하기·감당하기] 어려운 사람[일].
- 捅马蜂窝　　tǒng mǎfēngwō　　벌집을 쑤시다. 화를 자초하다. 섣불리 건드려선 안 될 사람을 건드리다. 잠자는 사자의 코털을 건드리다.

 유사 표현

- 不劳大驾　　bùláo dàjià　　고생하지 마라. 힘들이지 마라.
- 算了吧省点吧你　　suàn le ba shěng diǎn ba nǐ　　됐으니까 힘 빼지[고생하지] 마라.

不得了
bùdéliǎo

야단났다.
훌륭하다.
큰일 났다.
정말 멋지다.
진짜 대단하다.

1　A : 昨天的法国菜怎么样?
　　　 Zuótiān de fǎguó cài zěnmeyàng?

　　B : 哎呀! 好吃得不得了!
　　　 Āiyā! Hǎo chī de bùdéliǎo!

❷ A：哇，真不得了！她考上四所美国一流大学！
　　　Wā, zhēn bùdéliǎo! Tā kǎoshàng sì suǒ měiguó yīliú dàxué!

　　B：嗨，有什么不得了的？我四个孩子都在哈佛！
　　　Hāi, yǒu shénme bùdéliǎo de? Wǒ sì ge háizi dōu zài Hāfó!

❸ A：不得了了！我的钱包不见了！
　　　Bùdéliǎo le! Wǒ de qiánbāo bùjiàn le!

　　B：谁说的？你手里是什么！
　　　Shéi shuō de? Nǐ shǒuli shì shénme!

 단 어

□	考上	kǎo shàng	(시험에) 합격하다.
□	所	suǒ	(양) 채. 동. [집이나 학교·병원 따위의 건축물에 쓰임]
□	哈佛	Hāfó	(고유) 하버드 대학.
□	钱包	qiánbāo	(명) 돈지갑. 돈주머니. 돈가방.
□	手里	shǒuli	(명) (물건을 갖고 있을 때의) 손. 수중.

유사 표현

□	顶级	dǐngjí	최고급. 최고 수준.
□	太棒了	tài bàng le	최고다. 너무 대단하다.
□	绝了	jué le	진짜 대단하다.
□	登峰造极	dēngfēng zàojí	최고봉에 이르다. 최고 수준에 이르다.

不服不行
bùfú bùxíng

인정하지 않으면 어떻게 하겠어.
받아들이는 수밖에 달리 방법이 없다.
받아들이기 싫어도 받아들이는 수밖에.

① A: 听说老李评上教授了!
　　　Tīngshuō lǎo Lǐ píng shàng jiàoshòu le!

　　B: 连他也评上了!真是不服不行啊。
　　　Lián tā yě píng shàng le! Zhēnshi bùfú bùxíng a.

② A: 哎!老李已经升到副部级啦!
　　　Āi! Lǎo Lǐ yǐjing shēng dào fùbùjí la!

　　B: 他呀,是会做官,不服也不行。
　　　Tā ya, shì huì zuòguān, bùfú yě bùxíng.

服	fú	(동) 설복하다. 설득하다. 심복(心服)시키다. 복종하다. 따르다. 지다.
评	píng	(명·동) 판정(하다). 심사(하다).
连	lián	(개) …조차도. …까지도. …마저도. [뒤에 '也', '都', '还' 따위와 호응하여 단어나 구(句)를 강조함]
升	shēng	(동) 승급[진급]하다. (등급 따위를) 올리다.
副部级	fùbùjí	(명) 차장급.
做官	zuòguān	(동) 관리가 되다. 벼슬하다.

생생 중국어 구어 표현

유사 표현

☐ 无可奈何　　wúkěnàihé　　어쩔 수 없다.
　　　　　　　　　　　　　　어찌할 도리가 없다.

☐ 不服又怎么样　bùfú yòu zěnmeyàng　승복하지 않는다 한들 어쩔 건데.

☐ 不甘心
bù gānxīn

단념하지 않다.
체념하지 않다.
승복할 수 없다.
달가워하지 않다.

---

1 A : 你就比他慢半步, 没得第一!
　　　 Nǐ jiù bǐ tā màn bàn bù, méi dé dì yī!

　　 B : 唉! 我实在不甘心!
　　　 Āi! Wǒ shízài bù gānxīn!

2 A : 听说老李等了她一辈子!
　　　 Tīngshuō lǎo Lǐ děng le tā yībèizi!

　　 B : 是啊, 老李是死不甘心哪!
　　　 Shì a, lǎo Lǐ shì sǐ bù gānxīn na!

단어

☐ 甘心　　gānxīn　　(동) 기꺼이 원하다. 달가워하다. 단념하다. 체념하다. 만족해하다. 흡족해하다.

☐ 步　　　bù　　　(명) 걸음. 보폭.

☐	得	dé	(동) 얻다. 획득하다.
☐	实在	shízài	(부) 확실히. 진정. 참으로. 정말.
☐	听说	tīngshuō	(동) 들은 바에 의하면[듣자 하니·듣건대]…이라 한다.
☐	一辈子	yībèizi	(명) 한평생. 일생.

☐	死不瞑目	sǐbùmíngmù	죽어도 눈을 감지 못하다.
☐	不服气	bù fúqì	인정하지 않다.
			복종하지 않다.
☐	不甘休	bù gānxiū	그만두려 하지 않다.
			손을 떼려 하지 않다.

☐ **不管怎么说**

bùguǎn zěnme shuō

어쨌거나.
어찌되었든.
네가 뭐라 하든.

① A: 我们对工作安排有意见!
Wǒmen duì gōngzuò ānpái yǒu yìjiàn!

B: 不管怎么说, 上边决定的事, 照办吧。
Bùguǎn zěnme shuō, shàngbiān juédìng de shì, zhàobàn ba.

② A: 我想上这所大学, 可是不喜欢这个专业!
Wǒ xiǎng shàng zhè suǒ dàxué, kěshì bù xǐhuan zhè ge zhuānyè!

B: 不管怎么说, 这是我和你妈反复考虑过的, 就这样吧。
Bùguǎn zěnme shuō, zhè shì wǒ hé nǐ mā fǎnfù kǎolǜ guo de, jiù zhèyàng ba.

□ 不管	bùguǎn	(접) 어쨌든. 물론하고. 막론하고.
□ 意见	yìjiàn	(명) 이견. 이의. 반대. 불만.
□ 决定	juédìng	(동) 결정하다. 정하다.
□ 照办	zhàobàn	(동) 그대로 처리하다.
□ 上	shàng	(동) (정해진 시간에) 어떤 활동을 하다. (어떤 곳으로) 가다.
□ 专业	zhuānyè	(명) 전공(학과). 전문(활동).
□ 反复	fǎnfù	(동) 반복하다. 되풀이하다.
□ 考虑	kǎolǜ	(명·동) 고려(하다).

□ 无论如何	wúlùn rúhé	어쨌든. 어떻게 해서든지. 어찌 되었든 관계없이.
□ 随你怎么说	suí nǐ zěnme shuō	네가 뭐라 하든 상관없이.

□ **不好意思**

bù hǎoyìsi

미안하다.
부끄럽다.
겸연쩍다.

1 A: 张医生, 老给您添麻烦, 真不好意思!
　　　Zhāng yīshēng, lǎo gěi nín tiān máfan, zhēn bù hǎoyìsi!

　　B: 老朋友了, 干吗那么客气。
　　　Lǎo péngyou le, gànmá nàme kèqi.

2 A : 抢了你的男朋友, 不好意思!
　　　Qiǎng le nǐ de nán péngyou, bù hǎoyìsi!

　　B : 做都做了, 还有什么不好意思!
　　　Zuò dōu zuò le, hái yǒu shénme bù hǎoyìsi!

□ 意思	yìsi	(명) 기분. 의사. 생각. 심정. 뜻. 의미.
□ 医生	yīshēng	(명) 의사.
□ 老	lǎo	(부) 늘. 항상. 언제나.
□ 添	tiān	(동) 보태다. 더하다. 덧붙이다. 첨가하다.
□ 麻烦	máfan	(동) 귀찮게 하다. 번거롭게 하다. 부담을 주다. 폐를 끼치다.
□ 老	lǎo	(형) 오래된. 옛부터의.
□ 干吗	gànmá	(대) 무엇 때문에. 어째서. 왜.
□ 客气	kèqi	(형) 예의 바르다. 정중하다. 겸손하다.
□ 抢	qiǎng	(동) 탈취하다. 빼앗다. 약탈하다.

유사 표현

□ 引以为耻	yǐn yǐwéi chǐ	부끄럽게 생각하다. 수치스럽게 생각하다.
□ 请原谅	qǐng yuánliàng	양해 바랍니다. 용서 바랍니다.
□ 对不起	duìbuqǐ	미안합니다. 죄송합니다.

□ **不是故意的**
bù shì gùyì de

모르고 그랬어.
고의로 그런 건 아니야.

생생 중국어 구어 표현

1 A : 哎呀，把你的裙子弄脏了，我可不是故意的。
　　　　Āiyā, bǎ nǐ de qúnzi nòng zāng le, wǒ kě bù shì gùyì de.

　　B : 没关系。
　　　　Méiguānxi.

2 A : 哎呀，踩你脚了，可我不是故意的。
　　　　Āiyā, cǎi nǐ jiǎo le, kě wǒ bù shì gùyì de.

　　B : ……!
　　　　……!

단어

- 故意　　gùyì　　　(부) 고의로. 일부러.
- 裙子　　qúnzi　　　(명) 치마. 스커트.
- 弄　　　nòng　　　(동) 하다. 행하다. 만들다.
- 脏　　　zāng　　　(형) 더럽다. 불결하다.
- 可　　　kě　　　　(부) 정말로. [강조를 나타냄]
- 踩　　　cǎi　　　　(동) 밟다. 짓밟다.
- 脚　　　jiǎo　　　(명) 발.

 유사 표현

- 我不知道啊　wǒ bù zhīdao a　난 모르겠는데.
　　　　　　　　　　　　　　　난 모르는 일이야.
- 一不小心　　yī bù xiǎoxīn　　부주의해서 그만….
　　　　　　　　　　　　　　　조심하지 않아서 그만….

不是我说你
bù shì wǒ shuō nǐ

네 탓을 하는 게 아니다.
너한테 뭐라고 하는 게 아니다.

A： 你干吗整天把嘴搁在我身上？
Nǐ gànmá zhěngtiān bǎ zuǐ gē zài wǒ shēnshang?

B： 不是我说你，你这一身毛病没个人说行吗？
Bù shì wǒ shuō nǐ, nǐ zhè yīshēn máobìng méi ge rén shuō xíng ma?

A： 不是我说你，全班这么多人，哪个喜欢你呀？
Bù shì wǒ shuō nǐ, quánbān zhème duō rén, nǎ ge xǐhuan nǐ ya?

B： 你少管我。
Nǐ shǎo guǎn wǒ.

단어

- 整天　　　zhěngtiān　　(명) (온)종일. 진(종)일. 꼬박 하루. 하루 종일.
- 搁　　　　gē　　　　　(동) 놓다. 두다. 방치하다. 내버려 두다. 보류해두다. 그만두다. 넣다. 첨가하다.

유사 표현

- 出于好心　　chūyú hǎoxīn　　좋은 마음에서 출발한 것이다.
- 我是关心你　wǒ shì guānxīn nǐ　네가 걱정돼서 그래.
　　　　　　　　　　　　　　　너한테 관심이 있어서야.

不惜一切代价
bùxī yīqiē dàijià

무엇이든지 하다.
어떤 것이라도 하다.
어떤 대가도 아끼지[아까워하지] 않다.

1 A：老李啊，听说你要不惜一切代价跟你老婆离婚？
Lǎo Lǐ a, tīngshuō nǐ yào bùxī yīqiē dàijià gēn nǐ lǎopo líhūn?

B：没错！不惜一切代价！
Méi cuò! Bùxī yīqiē dàijià!

2 A：什么？抓一个逃犯竟然用了28个警察！
Shénme? Zhuā yī ge táofàn jìngrán yòng le èr shí bā ge jǐngchá!

B：有什么不对吗？说了"不惜一切代价"！
Yǒu shénme búduì ma? Shuō le "bùxī yīqiē dàijià"!

- 代价　　dàijià　　　　(명) 대가.
- 竟然　　jìngrán　　　 (부) 뜻밖에도. 의외로. 상상 외로. 놀랍게도.
- 逃犯　　táofàn　　　 (명) 도주범. 탈주범.

- 破釜沉舟　　pòfǔchénzhōu　　　결사의 각오로 싸움에 임하다.
- 无论如何也要赢　wúlùn rúhé yě yào yíng　어떻게 해서라도 이겨야한다.

不在状态
bù zài zhuàngtài

맥이 빠지다.
의욕[기운]이 없다.

1 A: 还差三分钟就要比赛了，你怎么一点精神也没有？
Hái chà sān fēnzhōng jiù yào bǐsài le, nǐ zěnme yīdiǎn jīngshen yě méiyǒu?

B: 我，我紧张不起来，根本不在状态！
Wǒ, wǒ jǐnzhāng bù qǐlái, gēnběn bù zài zhuàngtài!

2 A: 今天大比分输给弱队，什么原因呢？
Jīntiān dà bǐfēn shū gěi ruòduì, shénme yuányīn ne?

B: 搞不清楚，可能不适应场地吧，
Gǎo bu qīngchu, kěnéng bù shìyìng chǎngdì ba,

反正大家都不在状态。
fǎnzhèng dàjiā dōu bù zài zhuàngtài.

단어

- 精神 jīngshen (명) 원기. 활력. 기력.
- 紧张 jǐnzhāng (형) (정신적으로) 긴장해 있다. 불안하다.
- 根本 gēnběn (부) 시종(始终). 처음부터 끝까지. 전혀. 도무지. 아예. [주로 부정형에 쓰임]
- 比分 bǐfēn (명) (경기에서의) 점수. 득점.
- 弱队 ruòduì (명) 약한 팀.
- 适应 shìyìng (동) 적응하다.
- 场地 chǎngdì (명) 장소. 공연장. 운동장. 용지. 마당. 그라운드. 공지. 공터.
- 反正 fǎnzhèng (부) 아무튼. 어떻든. 어쨌든. 여하튼. 하여튼. 어차피.

유사 표현

☐ **心猿意马**　xīnyuán yìmǎ　마음이 산란하다.
(원숭이나 말이 날뛰듯) 마음이 한 곳에 집중되지 않고 들뜨다.

☐ **提不起精神**　tí bu qǐ jīngshén　맥을 못 추다.
정신을 차리지 못하다.
기운을 차리지 못하다.

☐ **不怎么样**
bù zěnmeyàng

별로야.
그저 그래.
별로 좋지 않아.

---

① A : 老李! 好久不见, 怎么样?
Lǎo Lǐ! Hǎojiǔ bùjiàn, zěnmeyàng?

B : 老样子, 不怎么样。
Lǎo yàngzi, bù zěnmeyàng.

② A : 小红啊, 你过去的男朋友现在怎么样?
Xiǎo hóng a, nǐ guòqù de nán péngyou xiànzài zěnmeyàng?

B : 不怎么样, 他能怎么样!
Bù zěnmeyàng, tā néng zěnmeyàng!

☐ **不怎么样**　bùzěnmeyàng　보통이다. 별로 좋지 않다.
☐ **好久**　hǎojiǔ　(부) 오랫동안.

- **还那样** hái nàyàng   여전히 그래.
- **依然如故** yīrán rúgù   여전하다.
  예전 그대로이다.
  여전히 옛날과 같다.

C

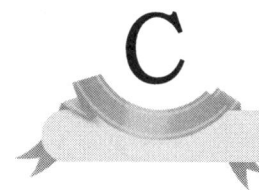

거의
거의 그렇다.
큰 차이가 없다.
그런대로 괜찮다.

1 A: 你看, 这样做可以吗?
Nǐ kàn, zhèyàng zuò kěyǐ ma?

B: 差不多。
Chàbuduō.

2 A: 这双鞋他能穿吗?
Zhè shuāng xié tā néng chuān ma?

생생 중국어 구어 표현

B: 差不多。
Chàbuduō.

③ A: 她们俩谁高?
Tāmen liǎ shéi gāo?

B: 差不多。
Chàbuduō.

④ A: 他们俩谁漂亮?
Tāmen liǎ shéi piàoliang?

B: 差不多
Chàbuduō.

⑤ A: 两个城市的物价呢?
Liǎng ge chéngshì de wùjià ne?

B: 差不多。
Chàbuduō.

⑥ A: 考试能通过吗?
Kǎoshì néng tōngguò ma?

B: 差不多。
Chàbuduō.

⑦ A: 你看咱们能赢吗?
Nǐ kàn zánmen néng yíng ma?

B: 差不多。
Chàbuduō.

- 物价　　　wùjià　　　　　(명) 물가.
- 赢　　　　yíng　　　　　 (동) 이익을 얻다. 이윤을 남기다. (도박이나 시합에서) 승리하여 (무엇을) 획득하다. 이기다. 승리하다.

- 相差无几　　xiāngchā wújǐ　　차이가 별로 없다. 비등하다. 차이가 얼마 되지 않는다. 엇비슷하다.
- 没什么区别　méi shénme qūbié　별 차이 없다.
- 说不好　　　shuō bu hǎo　　　어떻게 말해야 좋을지 모르다.
  (딱히) 말로 표현할 수 없다[말할 수 없다].
- 几乎一样　　jīhū yīyàng　　　거의 똑같다.

差得太远了
chà de tài yuǎn le

한참 멀었다.
한참 뒤떨어지다.
아예 비교가 안 된다.
모자라도 한참 모자라다.
부족해도 한참 부족하다.

1 A：老李啊，你看看现在的大学生，又会英语，
Lǎo Lǐ a, nǐ kàn kàn xiànzài de dàxuésheng, yòu huì yīngyǔ,

又会电脑，又会开车……什么都会！
yòu huì diànnǎo, yòu huì kāi chē……shénme dōu huì!

B：是啊，咱们差得太远了！只能等着下岗了。
Shì a, zánmen chà de tài yuǎn le! Zhǐ néng děng zhe xiàgǎng le.

생생 중국어 구어 표현

2 A：老李啊, 你看看人家发达国家, '硬件'好, '软件'更好!
　　　Lǎo Lǐ a, nǐ kàn kàn rénjia fādá guójiā, 'yìngjiàn' hǎo, 'ruǎnjiàn' gèng hǎo!

　　B：是啊! 咱们差得太远了! 玩命追吧。
　　　Shì a! Zánmen chà de tài yuǎn le! Wánmìng zhuī ba.

단어

- 电脑　　diànnǎo　　(명) 컴퓨터.
- 下岗　　xiàgǎng　　(동) 실업하다. 실직하다.
- 发达　　fādá　　(동) 발달하다.
- 硬件　　yìngjiàn　　(명) 하드웨어.
- 软件　　ruǎnjiàn　　(명) 소프트웨어.
- 玩命　　wánmìng　　(동) 목숨을 내던지다. 위험을 무릅쓰다. [풍자적으로 비꼬는 듯한 어감이 표현됨]
- 追　　zhuī　　(동) 쫓다. 추격하다. 뒤따르다. 따라잡다.

유사 표현

- 望尘莫及　　wàngchén mòjí　　발 밑에도 미치지 못하다.
  　　　　　　　　　　　　　　발전이 빨라서 도저히 따라 잡을 수 없다.
  　　　　　　　　　　　　　　앞사람이 일으키는 먼지만 바라볼 뿐 따라 가지 못하다.
- 一辈子也追不上　　yībèizi yě zhuībushàng　　한평생 해도 못 쫓아올걸.
- 没什么希望了　　méi shénme xīwàng le　　별 희망이 없어.
  　　　　　　　　　　　　　　　　　　　아무런 가망이 없어.
- 别比了　　bié bǐ le　　비교하지 마.
  　　　　　　　　　　　비교할 것도 없어.

扯淡
chědàn

잡담하다.
수다떨다.
실없는 소리를 하다.
허튼 소리를 지껄이다.
쓸데없는 이야기를 하다.

1 A : 老李! 你怎么一天到晚净扯淡!
　　　Lǎo Lǐ! Nǐ zěnme yītiān dào wǎn jìng chědàn!

　　B : 谁扯淡了? 我干的都是正经事。
　　　Shéi chědàn le? Wǒ gàn de dōu shì zhèngjīngshì.

2 A : 老李呀, 回来这么晚哪?
　　　Lǎo Lǐ ya, huílái zhème wǎn na?

　　B : 噢, 没事儿, 跟几个老朋友喝酒扯淡来着。
　　　Ō, méishìr, gēn jǐ ge lǎo péngyou hē jiǔ chědàn láizhe.

扯	chě	(동) 잡담하다. 한담하다. 쓸데없는 소리를 하다. 실없는 소리를 하다.
净	jìng	(부) 다만. 오직.
正经事	zhèngjīngshì	진지한 일.
没事儿	méishìr	대수롭지 않다. 괜찮다. 상관없다.

| 信口开河 | xìnkǒukāihé | 입에서 나오는 대로 거침없이 말하다[지껄이다]. |
| 瞎聊 | xiāliáo | 잡담하다. 한담하다. |

☐ 胡侃　　húkǎn　　함부로 말을 하다.
함부로 나오는 대로 하다.

吃什么醋啊
chī shénme cù a

뭘 시샘하고 그래.
왜 질투를 하고 그래.

1 A: 他和那个女人在谈工作, 你吃什么醋啊?
Tā hé nà ge nǚrén zài tán gōngzuò, nǐ chī shénme cù a?

B: 我也知道, 可是心里就是不舒服!
Wǒ yě zhīdao, kěshì xīnli jiùshì bù shūfu!

2 A: 他能干的我也能干, 老板为什么不用我?
Tā néng gàn de wǒ yě néng gàn, lǎobǎn wèishénme bùyòng wǒ?

B: 老板就是愿意用他, 你吃什么醋啊!
Lǎobǎn jiùshì yuànyi yòng tā, nǐ chī shénme cù a!

단어

☐ 吃醋　　chīcù　　(동) 시기하다. 질투하다. 강짜를 부리다. [주로 남녀 간의 관계에 많이 쓰임]

☐ 舒服　　shūfu　　(형) (육체나 정신이) 편안하다. 상쾌하다. 안락하다. 쾌적하다.

☐ 能干　　nénggàn　　(형) 유능하다. 재능 있다. 능란하다. 솜씨 있다. 일을 잘하다.

☐ 老板　　lǎobǎn　　(명) (상점의) 주인. 지배인.

☐ 愿意　　yuànyi　　(조동) …하기를 바라다.

유사 표현

☐ 嫉妒　　jídù　　질투하다.

| □ | 争风 | zhēngfēng | 사랑싸움을 하다. |
| □ | 酸溜溜的 | suānliūliū de | 시샘하다.
질투하다. |

□ **丑话说在前头**
chǒuhuà shuō zài qiántou

경고하겠는데.
미리 말해두겠는데.
솔직히 말하겠는데.
분명히 말하겠는데.

① A：丑话说在前头，跟我在一起，你得永远过苦日子。
Chǒuhuà shuō zài qiántou, gēn wǒ zài yīqǐ, nǐ děi yǒngyuǎn guò kǔrizi.

B：只要你永远爱我，就足够了。
Zhǐyào nǐ yǒngyuǎn ài wǒ, jiù zúgòu le.

② A：丑话说在前头，向我借钱，得还两倍。
Chǒuhuà shuō zài qiántou, xiàng wǒ jiè qián, děi huán liǎng bèi.

B：啊？可是……那少借点吧。
Á? Kěshì……nà shǎo jiè diǎn ba.

단어

□	丑话	chǒuhuà	(명) 꾸밈이 없는 솔직한 말. 수식하지도 않고 완곡하지도 않은 말. 비위에 거슬리는 말.
□	前头	qiántou	(명) (공간·장소 등의) 앞. 전면.
□	得	děi	(조동) (마땅히) …해야 한다.
□	永远	yǒngyuǎn	(부) 늘. 항상. 언제나. 언제까지나. 길이길이.
□	过	guò	(동) 지나다. 경과하다.
□	苦	kǔ	(형) 고통스럽다. 고되다. 고생스럽다. 괴롭다.

생생 중국어 구어 표현

- ☐ 日子　　rìzi　　　　　　(명) 생활. 살림. 삶. 형편. 처지. 시간. 세월. 날짜.
- ☐ 只要　　zhǐyào　　　　(접) …하기만 하면. 만약 …라면.
- ☐ 足够　　zúgòu　　　　 (형) 족하다. 충분하다. 만족하다.
- ☐ 向　　　xiàng　　　　　(개) …에. …에게. [행동의 대상을 가리킴]
- ☐ 借　　　jiè　　　　　　(동) 빌다. 꾸다.
- ☐ 还　　　huán　　　　　(동) 갚다. 보답하다.
- ☐ 倍　　　bèi　　　　　　(양) 배. 곱절. 갑절.
- ☐ (一)点　(yī)diǎn　　　　(양) 약간. 조금. [수량을 나타냄]

- ☐ 话要说清楚　huà yào shuō qīngchu　　분명히 말하다.
- ☐ 打招呼　　　dǎ zhāohu　　　　　　　경고하다.
  　　　　　　　　　　　　　　　　　　　주의를 주다.
- ☐ 打预防针　　dǎ yùfángzhēn　　　　　미리 알려주다.
  　　　　　　　　　　　　　　　　　　　예방주사를 맞다.

☐ **出去撮一顿**
chūqù cuō yī dùn

나가서 함께 자리하자.
(거하게) 식사 한 번 하자.
나가서 함께 식사나 하자.

---

① A: 头儿, 辛苦一年了, 出去撮一顿吧!
　　　Tóur, xīnkǔ yī nián le, chūqù cuō yī dùn ba!

　　B: 好! 告诉哥儿几个, 晚上我请客!
　　　Hǎo! Gàosu gēr jǐ ge, wǎnshang wǒ qǐngkè!

2 A: 哎，这领导也不白当啊，老出去吃好的！
Āi, zhè lǐngdǎo yě bù bái dāng a, lǎo chūqù chī hǎo de!

B: 你光看见人家出去'撮'，没想到人家平时有多累。
Nǐ guāng kànjiàn rénjia chūqù 'cuō', méi xiǎngdào rénjia píngshí yǒu duō lèi.

- ☐ 撮　　　cuō　　　(동) 긁어모으다. 쓸어 담다. 손으로 집다.
- ☐ 顿　　　dùn　　　(양) 번. 차례. 끼니. [식사·질책·권고 따위의 횟수에 쓰임]
- ☐ 告诉　　gàosu　　(동) 알리다. 말하다.
- ☐ 哥儿　　gēr　　　(명) 사이 좋은 친구. 단짝.
- ☐ 请客　　qǐngkè　　(동) 초대하다. 한턱내다.
- ☐ 白　　　bái　　　(형) 헛되다. 보람 없다. 쓸모없다.
- ☐ 光　　　guāng　　(부) 다만. 오직. 홀로. [분량·범위의 한계를 나타냄]
- ☐ 累　　　lèi　　　(형) 피곤하다. 피로하다. 지치다.

- ☐ 出来坐坐　　chū lái zuò zuò　　나와서 함께 자리하자.
- ☐ 大吃一顿　　dà chī yī dùn　　거하게 식사 한 번 하자.
- ☐ 有机会聚聚吧　yǒu jīhuì jù jù ba　기회 있으면 자리 한 번 갖자.

☐ 凑合点吧
còuhé diǎn ba

그럭저럭.
그런대로.
상황에 따라.
아쉬운 대로.

생생 중국어 구어 표현

1 A : 大中午的, 就吃方便面哪!
Dà zhōngwǔ de, jiù chī fāngbiànmiàn na!

B : 没钱了! 你凑合点吧。
Méi qián le! Nǐ còuhé diǎn ba.

2 A : 亲爱的, 以后我们会有房子, 车子和你想要的一切。
Qīn'ài de, yǐhòu wǒmen huì yǒu fángzi, chēzi hé nǐ xiǎng yào de yīqiè.

B : 对不起, 我一天也凑合不下去了! 再见吧。
Duìbuqǐ, wǒ yītiān yě còuhé bù xiàqù le! Zàijiàn ba.

단 어

- 凑合　　còuhé　　(동) 아쉬운 대로 지내다. 임시변통하다.
- 方便面　fāngbiànmiàn　(명) (인스턴트) 라면.
- 钱　　　qián　　　(명) 돈.
- 亲爱　　qīn'ài　　(동) 친애하다. 사랑하다.
- 房子　　fángzi　　(명) 집. 건물.
- 一切　　yīqiè　　(명) 일체. 모든 것. 온갖 것.

유사 표현

- 得过且过　déguò qiěguò　되는대로 지내다.
　　　　　　　　　　　　 그날그날 살아가다.
- 别要求太高　bié yāoqiú tài gāo　너무 큰 요구를 하지 마라.
- 将就点吧　jiāngjiù diǎn ba　그럭저럭 참고 쓰다.
　　　　　　　　　　　　 우선 아쉬운 대로 참고 견디다.
- 这就不错了　zhè jiù bùcuò le　이만하면 좋지.
　　　　　　　　　　　　 이만하면 됐지.
　　　　　　　　　　　　 이만하면 괜찮지.

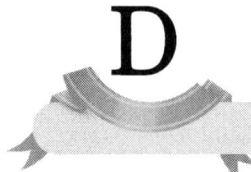

☐ **打耙**
dǎpá

마음이 돌아서다.
마지막에 뒤집다.
최후에 변(경)하다.
막판에 마음이 변하다.
막판에 (마음을) 바꾸다.
(이전에 승낙한 일을) 후회하여 번복하다.

❶ A : 原来说得好好的，怎么变了!
　　　Yuánlái shuō de hǎohǎo de, zěnme biàn le!

　B : 嗨，老李就是喜欢打耙。
　　　Hāi, Lǎo Lǐ jiùshì xǐhuan dǎpá.

❷ A : 这回可说定了，绝不能再打耙。
　　　Zhè huí kě shuōdìng le, jué bù néng zài dǎpá.

　B : 我说话算话。
　　　Wǒ shuōhuà suànhuà.

☐ 说定　　shuōdìng　　(동) (그렇게 하기로) 구두로 결정하다. 약속하다.
☐ 算话　　suànhuà　　(동) 말한 대로 하다. 한 말에 책임을 지다.

유사 표현

- 出尔反尔　　chū'ěr fǎn'ěr　　언행의 앞뒤가 맞지 않다. 이랬다저랬다 하다.
- 说话不算话　shuōhuà bù suànhuà　말한 대로 하지 않다. 말한 것에 책임을 지지 않다.
- 不讲信用　　bù jiǎng xìnyòng　신용이 없다.

大锅饭
dàguōfàn

평균 분배.
한 솥의 밥.
똑같은 대우를 받다.
(업적이나 능력에 상관없이) 똑같이 대우하다.

1 A : 这几年收入怎么样?
　　　Zhè jǐ nián shōurù zěnmeyàng?

　　B : 嗨, '大锅饭'呗, 能怎么样!
　　　Hāi, 'dàguōfàn' bei, néng zěnmeyàng!

2 A : 听说你下岗了?
　　　Tīngshuō nǐ xiàgǎng le?

　　B : 是啊! 连'大锅饭'也吃不上了!
　　　Shì a! Lián 'dàguōfàn' yě chī bu shàng le!

3 A : 改革就是要打破'平均主义', 多劳多得。
　　　Gǎigé jiùshì yào dǎpò 'píngjūn zhǔyì', duō láo duō dé.

　　B : 说的对, 可是多数人还得吃'大锅饭'。
　　　Shuō de duì, kěshì duōshù rén hái děi chī 'dàguōfàn'.

	收入	shōurù	(명) 수입. 소득.
□	下岗	xiàgǎng	(동) 퇴직하다. 직장을 그만두다. 퇴출되다. 실직하다.
□	吃不上	chī bu shàng	먹을 수 없다. 먹지 못하다.
□	改革	gǎigé	(명·동) 개혁(하다).
□	打破	dǎpò	(동) (기존의 제한, 구속, 속박 등을) 타파하다. 깨다. 때려 부수다.
□	平均主义	píngjūn zhǔyì	(명) 절대 평등주의.
□	多劳多得	duō láo duō dé	일을 많이 하면 소득도 많다.

□	平均分配	píngjūn fēnpèi	고르게 분배하다.
□	铁饭碗	tiěfànwǎn	철 밥통. 확실한 직업. 평생 직업. [주로 국영 기업체 직장을 가리킴]

□ **大腕儿**
dàwànr

스타.
거물(급 인사).
유력한 인물.

① A : 老李, 你先入席吧!
Lǎo Lǐ, nǐ xiān rùxí ba!

B : 哎哟! 那哪成啊! 您是大腕儿, 当然是您先请!
Āiyō! Nà nà chéng a! Nín shì dàwànr, dāngrán shì nín xiān qǐng!

② A : 老李呀, 你这个电影, 想请谁来演呢?
Lǎo Lǐ ya, nǐ zhè ge diànyǐng, xiǎng qǐng shéi lái yǎn ne?

생생 중국어 구어 표현

B： 还是请大腕儿吧，要不然上座率高不了。
Háishi qǐng dàwànr ba, yàoburán shàngzuòlǜ gāo bu liǎo.

단어

- 入席　　　rùxí　　　　　(동) (집회나 의식 따위에서) 착석하다.
- 当然　　　dāngrán　　　(부) 당연히. 물론.
- 电影　　　diànyǐng　　　(명) 영화.
- 演　　　　yǎn　　　　　(동) 연기하다. 공연[상연]하다.
- 要不然　　yàoburán　　　(접) 그렇지 않으면.
- 上座率　　shàngzuòlǜ　　(명) 입장률. 흥행률.

유사 표현

- 头面人物　tóumiàn rénwù　거물. 간부. 유력자.
- 大牌名星　dàpái míngxīng　거물급 스타.
- 龙头老大　lóngtóu lǎodà　세력[명성]이 있는 사람.

倒霉
dǎoméi

생리 중이다.
재수가 없다.
운이 나쁘다.
운수가 사납다.

---

1 A： 今天真倒霉!
Jīntiān zhēn dǎoméi!

干什么都不顺，刚才喝凉水都差点呛死!
Gàn shénme dōu bù shùn, gāngcái hē liángshuǐ dōu chà diǎn qiāng sǐ!

B: 老李呀! 那就歇歇手, 啥也别干, 过两天就好了。
  Lǎo Lǐ ya! Nà jiù xiē xiē shǒu, shá yě bié gàn, guò liǎng tiān jiù hǎo le.

2 A: 小红! 大家伙儿都在搬书, 你怎么不动啊?
  Xiǎo hóng! Dàjiāhuǒr dōu zài bān shū, nǐ zěnme bù dòng a?

B: 我倒霉了!
  Wǒ dǎoméi le!

단어

- 凉水　　　liángshuǐ　　(명) 찬물. 냉수.
- 呛　　　　qiāng　　　　(동) 사레들리다. (음식이나 물 따위가) 기관(氣管)에 들어가 기침을 하다.
- 歇手　　　xiēshǒu　　　(동) 일손을 멈추다. 잠시 중지하다.
- 大家伙儿　dàjiāhuǒr　　(명) 일정한 사람을 제외한 범위 내의 모든 사람.

유사 표현

- 走背字　　　zǒu bèi zì　　　운수가 사납게 되다.
  　　　　　　　　　　　　　신수가 나쁘게 되다.
- 背时　　　　bèi shí　　　　시운(時運)을 만나지 못하다.
- 不顺　　　　bù shùn　　　　뜻대로 되지 않다.
- 祸不单行　　huò bù dān xíng　설상가상.
  　　　　　　　　　　　　　엎친 데 덮치다.

得了
déle

됐어.
그만해.
다 됐어.
말도 마.

생생 중국어 구어 표현

1 A : 师傅, 我的车修好了吗?
Shīfu, wǒ de chē xiū hǎo le ma?

B : 早就得了。
Zǎojiù déle.

2 A : 昨天的电影很好。
Zuótiān de diànyǐng hěn hǎo.

B : 得了! 我一点也不喜欢。
Déle! Wǒ yīdiǎn yě bù xǐhuan.

3 A : 这孩子太不听话, 我要打他一顿。
Zhè háizi tài bù tīnghuà, wǒ yào dǎ tā yī dùn.

B : 得了得了, 和孩子生那么大气干嘛?
Déle déle, hé háizi shēng nàme dà qì gànmá?

단 어

☐ 得了	déle	마치다. 되다. 됐다. 좋다.
☐ 师傅	shīfu	(명) 그 일에 숙달한 사람. 숙련공. (학문·기예 따위의) 스승. 사부.
☐ 修	xiū	(동) 수리하다. 고치다.
☐ 早就	zǎojiù	(부) 이미. 일찍이. 진즉. 벌써. 훨씬 전에. 일찌감치.
☐ 电影	diànyǐng	(명) 영화.
☐ 一点	yīdiǎn	(수량) 조금. 약간.
☐ 听话	tīnghuà	(동) 말을 듣다. 순종하다.
☐ 打	dǎ	(동) 때리다. 치다.
☐ 那么	nàme	(대) 그렇게. 저렇게. 그런. 저런. [상태·방식·정도 등을 표시함]
☐ 生气	shēngqì	(동) 화를 내다. 성내다.

☐	完了	wánle	끝났다.
			다 됐다.
☐	好了	hǎole	다 됐다.
☐	打住	dǎzhù	그만두다.
			집어치우다.
☐	算了	suànle	됐다.
			그만두다.
			내버려두다.
☐	行了	xíngle	됐어.
			그만해.

☐ **吊人胃口**

diào rén wèikǒu

애타게 하다.
감질나게 하다.
조바심이 나게 하다.
마음을 졸이게 하다.

❶ A : 这个电视剧一天就放一集, 一到关键地方就打住!
　　　Zhè ge diànshìjù yītiān jiù fàng yī jí, yī dào guānjiàn dìfang jiù dǎzhù!

　B : 这叫吊人胃口。
　　　Zhè jiào diào rén wèikǒu.

❷ A : 她说：" 一周就见一次!"
　　　Tā shuō : "yī zhōu jiù jiàn yī cì!"

생생 중국어 구어 표현

B: 嗯, 这姑娘很会吊人胃口。
Ńg, zhè gūniang hěn huì diào rén wèikǒu.

단어

- 吊胃口   diào wèikǒu   상대방의 비위를 맞추다. 맛있는 음식으로 식욕을 돋구다. 흥미나 바램을 야기시키다.
- 电视剧   diànshìjù   (명) 텔레비전 드라마.
- 放   fàng   (동) (소리나 빛 따위를) 발하다. (총 따위를) 쏘다.
- 关键   guānjiàn   (명) 관건. 열쇠. 키 포인트.
- 地方   dìfang   (명) 부분. 점. 장소. 곳. 부위.
- 打住   dǎzhù   (동) 그만두다. 집어치우다.
- 叫   jiào   (동) …하게 하다.
- 周   zhōu   (명) 주. 주일.
- 次   cì   (양) 번. [횟수를 세는 단위]
- 姑娘   gūniang   (명) 처녀. 아가씨.

유사 표현

- 下次再说   xiàcì zài shuō   다음에 다시 이야기합시다.
- 抻着说   chēn zhe shuō   질질 끌며 말하다.

跌份
diēfèn

망신이다.
체면을 잃다.
체면이 깎이다.
면목이 서지 않다.

① A：哎，听说老李昨天在讲台上摔了一跤!
　　　Āi, tīngshuō lǎo Lǐ zuótiān zài jiǎngtáishang shuāi le yī jiāo!

　 B：咦，不服老不是？真跌份!
　　　Yí, bùfú lǎo bùshì? Zhēn diēfèn!

② A：哎，听说小红考英语四级'烤糊了'!
　　　Āi, tīngshuō xiǎo Hóng kǎo yīngyǔ sì jí 'kǎo hú le'!

　 B：是吗! 本来她想长一份，没想反倒跌了一份。
　　　Shì ma! Běnlái tā xiǎng zhǎng yī fèn, méi xiǎng fǎndào diē le yī fèn.

단어

□ 跌份	diēfèn	(동) 면목이 서지 않다. 체면을 잃다.
□ 讲台	jiǎngtái	(명) 교단. 강단. 연단.
□ 摔	shuāi	(동) 넘어지다. 자빠지다.
□ 跤	jiāo	(명) 곤두박질.
□ 烤	kǎo	(동) (불에) 굽다. (불을) 쪼이다[쬐다]. 불에 쬐어 말리다.
□ 糊	hú	(동) (끈적끈적·더덕더덕) 달라붙다.
□ 本来	běnlái	(부·형) 원래(의). 본래(의).
□ 反倒	fǎndào	(부) 오히려. 도리어.

유사 표현

□ 有失身份	yǒu shī shēnfèn	체면을 잃다.
□ 掉价儿	diào jiàr	신분[위신] 따위가 떨어지다.
□ 现眼	xiànyǎn	추태를 보이다. 실책하여 창피를 당하다. (사람들 앞에서) 면목을 잃다.

都怪你
dōu guài nǐ

다 네 탓이야.
다 너 때문이야.
모두 네 책임이야.
모두 다 네 잘못이야.

1 A : 哎呀! 饭烧焦了!
Āiyā! Fàn shāo jiāo le!

B : 都怪你! 老和我聊天!
Dōu guài nǐ! Lǎo hé wǒ liáotiān!

2 A : 喂, 车有点问题, 不能接你出去玩了。
Wèi, chē yǒudiǎn wèntí, bù néng jiē nǐ chūqù wán le.

B : 都怪你! 那我怎么办啊!
Dōu guài nǐ! Nà wǒ zěnme bàn a!

怪	guài	(동) 책망하다. 원망하다.
烧焦	shāo jiāo	타서 눋다.
聊天	liáotiān	(동) 한담하다. 잡담을 하다.

你呀你呀	nǐ ya nǐ ya	너, 너(때문이야).
都是你	dōushì nǐ	전부 너 때문이야.
真是的	zhēn shì de	정말. 참. [불만의 뜻을 나타냄]
你怎么搞的	nǐ zěnme gǎo de	(당신) 어떻게 된 거야.

多事
duōshì

할 일도 많네.
오지랖도 넓네.
쓸데없는 데 참견은.
할 일 되게 없나보군.

1 A: 哎，昨儿我帮着人家介绍对象来着!
Āi, zuór wǒ bāng zhe rénjia jièshào duìxiàng láizhe!

B: 你真多事!
Nǐ zhēn duōshì!

2 A: 前天我听老张说了老刘很多坏话，昨天我都
Qiántiān wǒ tīng lǎo Zhāng shuō le lǎo Liú hěn duō huàihuà, zuótiān wǒ dōu

告诉老刘了。
gàosù lǎo Liú le.

B: 你也太多事了! 你等着吵罗圈儿架吧!
Nǐ yě tài duōshi le! Nǐ děng zhe chǎo luóquānr jià ba!

3 A: 喂，菜里别放大蒜啊，我讨厌那种味儿!
Wèi, càili bié fàng dàsuàn a, wǒ tǎoyàn nà zhǒng wèir!

B: 哎，你怎么那么多事啊，大蒜是美容的!
Āi, nǐ zěnme nàme duōshi a, dàsuàn shì měiróng de!

□	人家	rénjia	(대) 그 사람. 그. 남. 다른 사람.
□	介绍	jièshào	(동) 중매하다. (결혼 상대를) 소개하다.
□	对象	duìxiàng	(명) 애인. 결혼의 상대.

생생 중국어 구어 표현

- 来着　láizhe　(조) …을 하고 있었다. …이었다. [문말에 두어 이미 일어난 행위나 일을 회상하는 기분을 나타내는 어기조사]
- 坏话　huàihuà　(명) 욕. 험담.
- 吵架　chǎojià　(동) 다투다. 말다툼하다.
- 罗圈儿　luóquānr　(명) 한없이 반복되는 일. 쳇바퀴.
- 喂　wèi　(감탄) 야. 어이. 여보세요. [부르는 소리]
- 菜　cài　(명) 요리. 반찬.
- 大蒜　dàsuàn　(명) 마늘.
- 味儿　wèir　(명) 냄새. 맛.
- 美容　měiróng　(동) 용모를 아름답게 꾸미다.

- 多管闲事　duō guǎn xiánshì　필요 없는 참견을 하다. 쓸데 없는 참견을 하다.
- 关你屁事　guān nǐ pìshì　너랑 무슨 상관이야.

多新鲜呢
duō xīnxiān ne

이상할 것 없어.
신기할 것 없어.
그게 뭐가 신기해.
그게 뭐가 이상해.
그게 뭐가 어때서.

---

1 A : 你为什么用这么贵的东西洗碗?
　　　Nǐ wèishénme yòng zhème guì de dōngxi xǐ wǎn?

　　B : 多新鲜呢? 这是最去油的。
　　　Duō xīnxiān ne? Zhè shì zuì qù yóu de.

2

A: 天气这么热, 你还关着窗户!
　　Tiānqì zhème rè, nǐ hái guān zhe chuānghu!

B: 多新鲜呢? 这样热空气进不来。
　　Duō xīnxiān ne? Zhèyàng rè kōngqì jìn bu lái.

 단 어

- [ ] 新鲜　　xīnxiān　　(형) (사물이) 새롭다. 신기하다. 보기 드물다.
- [ ] 去　　　qù　　　　(동) 제거하다. 없애다.
- [ ] 油　　　yóu　　　　(명) (식물성·동물성·광물성의) 기름.
- [ ] 窗户　　chuānghu　(명) 창문.
- [ ] 空气　　kōngqì　　(명) 공기.

유사 표현

- [ ] 这有什么可奇怪的　　zhè yǒu shénme kě qíguài de　　이게 뭐가 신기하다고.
- [ ] 有没有搞错　　　　　yǒu méi yǒu gǎocuò　　　　　　뭘 모르는군.
　　　　　　　　　　　　　　　　　　　　　　　　　　잘못 생각한 것 아니야.

F

□ **烦着呢**
fán zhe ne

성가셔.
귀찮아.
짜증나.
기분이 안 좋아.

① A: 老李啊, 你听我慢慢说嘛!
Lǎo Lǐ a, nǐ tīng wǒ mànmàn shuō ma!

B: 烦着呢! 别理我!
Fán zhe ne! Bié lǐ wǒ!

② A: 请问, 老板在里面吗?
Qǐngwèn, lǎobǎn zài lǐmiàn ma?

B: 嘘—! 老板正烦着呢! 谁进去谁挨骂!
Xū-! Lǎobǎn zhèng fán zhe ne! Shéi jìnqù shéi ái mà!

단 어

□ 理	lǐ	(동) 상관하다. 상대하다. 아랑곳하다. [주로 부정문에 씀]
□ 嘘	xū	(감탄) 쉬! [반대나 제지를 나타내는 소리]
□ 正	zhèng	(부) 마침(…하고 있다).
□ 挨骂	áimà	(동) 욕을 얻어먹다.

- **着急上火** zháojí shànghuǒ 벌컥 화를 내다.
  갑자기 화를 내다.
- **气急败坏** qìjí bàihuài 갈팡질팡하다.
  몹시 허둥대다.
  (노엽거나 다급하여) 정신을 못 차리다.

放不下
fàng bu xià

걱정하다.
놓을 수 없다.
마음에 걸리다.
안심할 수 없다.
마음이 안 놓이다.
방치해 둘 수 없다.

1 A: 我死以后……我的钱怎么办?
Wǒ sǐ yǐhòu……wǒ de qián zěnmebàn?

B: 你这么放不下，就不要死。
Nǐ zhème fàng bu xià, jiù búyào sǐ.

2 A: 我可以不当领导，但是很多工作放不下呀!
Wǒ kěyǐ bù dāng lǐngdǎo, dànshì hěn duō gōngzuò fàng bu xià ya!

B: 你永远当领导，永远有放不下的事情。
Nǐ yǒngyuǎn dāng lǐngdǎo, yǒngyuǎn yǒu fàng bu xià de shìqing.

생생 중국어 구어 표현

❸ A: 那个项目很重要，为什么不谈了？
　　　Nà ge xiàngmù hěn zhòngyào, wèishénme bù tán le?

　　B: 噢，老板是个拿得起，放得下的人。
　　　Ō, lǎobǎn shì ge ná de qǐ, fàng de xià de rén.

□ 办	bàn	(동) (일 따위를) 하다. 취급하다. 처리하다.
□ 放	fàng	(동) 내려놓다. 내버려두다. 제쳐놓다.
□ 死	sǐ	(동) 죽다. 사망하다.
□ 项目	xiàngmù	(명) 항목. 사항.
□ 拿得起	ná de qǐ	(자격 또는 재력 따위의 역량이 있어) 가질 수 있다[살 수 있다. 감당할 수 있다. 부담할 수 있다]. 다 할 수 있다.

□ 死不瞑目	sǐbùmíngmù	죽어도 눈을 감지 못하다.
□ 不放心	bù fàngxīn	걱정하다. 마음을 놓지 못하다.
□ 撒不开手	sā bu kāi shǒu	손을 뗄 수 없다. 그냥 버려둘 수 없다.

□ **非走不解了**
fēi zǒu bùjiě le

갈 수밖에 없다.
떠날 수밖에 없다.
헤어질 수밖에 없다.
출발할 수밖에 없다.

① A： 你再等等她吧!
Nǐ zài děng děng tā ba!

B： 离飞机起飞只有两分钟了! 我非走不解了!
Lí fēijī qǐfēi zhǐyǒu liǎng fēnzhōng le! Wǒ fēi zǒu bùjiě le!

② A： 你再跟他谈谈吧!
Nǐ zài gēn tā tán tán ba!

B： 他那样对我, 还有什么可谈的? 我非走不解了。
Tā nàyàng duì wǒ, hái yǒu shénme kě tán de? Wǒ fēi zǒu bùjiě le.

□ 非…不解	fēi …bùjiě	(…하지 않으면) 안 된다.
□ 离	lí	(개) …에서. …로부터. …까지. [공간적·시간적 거리를 나타낼 때 기준점이 되는 시간·공간을 나타내는 명사 앞에 씀]
□ 起飞	qǐfēi	(동) (비행기가) 이륙하다. 날아오르다.
□ 只	zhǐ	(부) 오직. 다만. 단지.

□ 别无良策	biéwú liángcè	별 다른 좋은 방법이 없다.
□ 没招了	méi zhāo le	별 뾰족한 수가 없다.
□ 只好这样了	zhǐhǎo zhèyàng le	어쩔 수 없이 이럴 수밖에 없다.
□ 只能这样了	zhǐnéng zhèyàng le	단지 이럴 수밖에 없다.

생생 중국어 구어 표현

> 废话
> fèihuà
>
> 헛소리 하지 마.
> 헛소리를 하는군.
> 쓸데없는 소리 하지 마.
> 쓸데없는 말을 하는군.

1 A : 哎, 下雨了, 我把衣服收了吧?
　　　Āi, xià yǔ le, wǒ bǎ yīfu shōu le ba?

　　B : 废话! 赶紧!
　　　Fèihuà! Gǎnjǐn!

2 A : 哎, 不少同事下岗了, 我该做好思想准备吧?
　　　Āi, bù shǎo tóngshì xiàgǎng le, wǒ gāi zuò hǎo sīxiǎng zhǔnbèi ba?

　　B : 废什么话! 你该去活动活动! 干嘛干等着呀!
　　　Fèi shénme huà! Nǐ gāi qù huódòng huódòng! Gànmá gàn děng zhe ya!

3 A : 我写了篇文章, 5,000字, 给你看看。
　　　Wǒ xiě le piān wénzhāng, wǔ qiān zì, gěi nǐ kàn kàn.

　　B : 嗯, 能用的就500字, 其余的全是废话。
　　　Ńg, néng yòng de jiù wǔ bǎi zì, qíyú de quán shì fèihuà.

단어

☐ 收	shōu	(동) (물건을) 거두어들이다. 거두다.
☐ 赶紧	gǎnjǐn	(부) 서둘러. 급히. 빨리.
☐ 同事	tóngshì	(명) 동료.
☐ 其余	qíyú	(명) 나머지. 남은 것.

- 扯淡　　　chědàn　　　　허튼 소리를 지껄이다.
- 屁话　　　pìhuà　　　　허튼 소리.
　　　　　　　　　　　　쓸데없는 소리.

废物
fèiwù

쓸모없는 놈.
무능한 녀석.

1 A： 你怎么那么废物，连自行车都不会修!
　　　Nǐ zěnme nàme fèiwù, lián zìxíngchē dōu bù huì xiū!

　　B： 嗨，我这方面是不行。
　　　Hāi, wǒ zhè fāngmiàn shì bùxíng.

2 A： 让老李去当门卫行吗?
　　　Ràng lǎo Lǐ qù dāng ménwèi xíng ma?

　　B： 那个老废物，连男的女的都看不清了。
　　　Nà ge lǎo fèiwù, lián nán de nǚ de dōu kàn bu qīng le.

- 废物　　　fèiwù　　　　(명) 폐품. 쓸모없는 놈. 무능한 사람. [주로 욕하는 말로 쓰임]
- 门卫　　　ménwèi　　　(명) 수위. 문지기. 경비(원).

☐	苗而不秀	miáo'érbùxiù	자질은 좋으나 성공하지 못하다. 겉만 그럴듯할 뿐 내용[실속]이 없다.
☐	银样蜡枪头	yínyàng làqiāngtóu	은빛 나는 납으로 된 창끝. 겉으로 보기에는 그럴듯하지만, 실제로는 쓸모가 없다. 빛 좋은 개살구. 겉만 번드르르하고 쓸모는 없다.
☐	没用的东西	méiyòng de dōngxi	쓸모없는 물건[사람].
☐	蠢才	chǔncái	미련한 놈. 바보. 머저리. 얼간이. 멍청이. 맹추. [욕하는 말로 쓰임]
☐	笨蛋	bèndàn	멍청이. 바보. 숙맥. 얼간이. [욕하는 말로 쓰임]

☐ **该怎么办怎么办**

gāi zěnme bàn zěnme bàn

어떻게 해야 한다면, 그렇게 해.
어떻게 하든 마땅한 방법대로 해.
마땅히 해야 할 것은 꼭 그렇게 해.

① A : 校长啊, 那个违反纪律的人是不是要开除?
　　　Xiàozhǎng a, nà ge wéifǎn jìlǜ de rén shì bu shì yào kāichú?

　　B : 不是有规章制度嘛, 该怎么办怎么办!
　　　Bù shì yǒu guīzhāng zhìdù ma, gāi zěnme bàn zěnme bàn!

2 A：老板，明天银行的人来检查营业情况之后，
Lǎobǎn, míngtiān yínháng de rén lái jiǎnchá yíngyè qíngkuàng zhīhòu,

要不要招待一下？
yào bu yào zhāodài yīxià?

B：当然，该怎么办就怎么办！
Dāngrán, gāi zěnme bàn jiù zěnme bàn!

단 어

☐ 违反	wéifǎn	(동) (법률·규정 따위를) 위반하다. 위배하다. 범하다. 어기다.
☐ 纪律	jìlǜ	(명) 기율. 기강. 법도.
☐ 开除	kāichú	(동) 제명하다. 해고하다. 자르다. 면직시키다.
☐ 规章	guīzhāng	(명) 규칙. 규정.
☐ 制度	zhìdù	(명) 제도. 규정.
☐ 检查	jiǎnchá	(동) 검사하다. 점검하다. 조사하다. (서적·문건 등을) 들추어 조사하다[참조하다·참고하다].
☐ 营业	yíngyè	(명·동) 영업(하다).
☐ 招待	zhāodài	(동) (손님이나 고객에게) 접대하다. 환대하다. 봉사하다. 대접하다.

유사 표현

☐ 公事公办	gōngshì gōngbàn	공적인 일은 원칙에 따라 공정하게 처리한다. 원칙대로 하여 사사로운 정에 끌리지 않다.
☐ 照老黄历办	zhào lǎohuángli bàn	옛날 방법으로 일을 처리하다.

☐ **该找谁找谁去**
gāi zhǎo shéi zhǎo shéi qù

(내 소관이 아니니) 자네가 알아서 해.
(나와는 상관없으니) 장본인한테 가서 얘기 해.

생생 중국어 구어 표현

1 A: 领导, 我们宿舍的暖气不热!
　　　Lǐngdǎo, wǒmen sùshè de nuǎnqì bù rè!

　　B: 我又不是水暖工! 该找谁找谁去。
　　　Wǒ yòu bùshì shuǐnuǎngōng! Gāi zhǎo shéi zhǎo shéi qù.

2 A: 老李, 我心里有很多委屈!
　　　Lǎo Lǐ, wǒ xīnli yǒu hěn duō wěiqu!

　　B: 别跟我说, 该找谁找谁去。
　　　Bié gēn wǒ shuō, gāi zhǎo shéi zhǎo shéi qù.

단어

- 宿舍　　sùshè　　　　(명) 숙소. 기숙사.
- 暖气　　nuǎnqì　　　 (명) 스팀. (난방용) 증기. 증기 난방장치.
- 热　　　rè　　　　　 (형) 덥다. 뜨겁다.
- 水暖工　shuǐnuǎngōng　(명) (수도·가스 따위의) 배관공.
- 委屈　　wěiqu　　　　(형) (부당한 대우나 지적을 받아) 억울하다. 원망스럽다.

유사 표현

- 与我无关　　yǔ wǒ wúguān　　　나와 상관없다.
- 不归我管　　bù guī wǒ guǎn　　 내 소관이 아니다.
- 我管得着吗　wǒ guǎn de zháo ma　내가 관여할 자격이 있어?

干吗去
gànmá qù

뭐 하러 가?

① A：老李，干吗去了？
　　　Lǎo Lǐ, gànmá qù le?

　 B：噢，去长城饭店吃饭！
　　　Ō, qù chángchéng fàndiàn chīfàn!

② A：老李，干吗去？
　　　Lǎo Lǐ, gànmá qù?

　 B：噢，没事，随便走走。
　　　Ō, méishì, suíbiàn zǒu zǒu.

③ A：老李，干吗去？
　　　Lǎo Lǐ, gànmá qù?

　 B：哎，买点儿东西去。
　　　Āi, mǎi diǎnr dōngxi qù.

| □ 没事 | méishì | (동) (할) 일이 없다. 한가하다. 직업이[일자리가] 없다. |
| □ 随便 | suíbiàn | (부) 마음대로. 좋을 대로. 자유로이. 함부로. 제멋대로. 그냥 편할 대로. 아무렇게나. |

□ 上哪儿去呀　shàng nǎr qù ya　어디 가?
□ 干什么去呀　gàn shénme qù ya　뭐 하러 가?

跟你说你也不懂
gēn nǐ shuō nǐ yě bù dǒng

너한테 얘기해줘도 모를 거야.

A: 你这首歌有点深，能不能解释一下？
Nǐ zhè shǒu gē yǒudiǎn shēn, néng bu néng jiěshì yīxià?

B: 嘿嘿，跟你说你也不懂。
Hēi hēi, gēn nǐ shuō nǐ yě bù dǒng.

A: 我跟她的感情吧，跟你说你也不懂！
Wǒ gēn tā de gǎnqíng ba, gēn nǐ shuō nǐ yě bù dǒng!

B: 我是过来人了，都懂。你要是不想说就算了。
Wǒ shì guòláirén le, dōu dǒng. Nǐ yàoshi bù xiǎng shuō jiù suàn le.

단어

- 深　　　　shēn　　　　(형) 심오하다. 어렵다. (정도가) 깊다. (색깔이) 짙다. 진하다.
- 过来人　　guòláirén　　(명) 경험자. 몸소 체험한 사람. 베테랑.

유사 표현

- 对牛弹琴　　duìniú tánqín　　쇠귀에 경 읽기.
- 说也白说　　shuō yě bái shuō　　말해 봐야 소용없다.
- 白费唾沫　　báifèi tuòmò　　입만 아프고 소득이 없다.
　　　　　　　　　　　　　　　입품을 팔았으나 얻는 게 없다.

跟着哄

gēn zhe hòng

유행을 쫓다.
시류를 따르다.
덩달아 따라하다.
무작정 따라하다.
남이 하는 대로 따라하다.

① A: 最近买VCD的人挺多，听说老李也买了。
Zuìjìn mǎi VCD de rén tǐng duō, tīngshuō lǎo Lǐ yě mǎi le.

B: 唉！他连电视都没有，纯粹是跟着哄！
Āi! Tā lián diànshì dōu méiyǒu, chúncuì shì gēn zhe hòng!

② A: 到底是谁有意见，站出来说！
Dàodǐ shì shéi yǒu yìjiàn, zhàn chūlái shuō!

B: 就是嘛，公司一直很照顾大家，不要跟着哄嘛。
Jiùshì ma, gōngsī yīzhí hěn zhàogù dàjiā, bùyào gēn zhe hòng ma.

跟着	gēn zhe	(부·동) …와 함께. …에 따라. 뒤따라. 잇달아. 따라가다. 쫓아가다.
哄	hòng	(동) 떠들어대다. 소란을 피우다. 소동을 일으키다.
纯粹	chúncuì	(부) 순전히. 완전히. 전적으로. 단순히. 오직.

人云亦云　rényún yìyún　　부화뇌동하다.
남이 하는 대로 자기도 따라 하다.
남이 말하는 대로 자기도 따라 말하다.

생생 중국어 구어 표현

- 赶时髦　　gǎn shímáo　　유행을 쫓다.
- 随大流　　suí dàliú　　대세에 순응하다.
　　　　　　　　　　　여러 사람의 의견에 따른다.

□ 够黄的
gòu huáng de

엄청 야한 거야.
얼마나 저속한 건데.

1 A: 老李! 你怎么看这种片子? 够黄的!
　　　Lǎo Lǐ! Nǐ zěnme kàn zhè zhǒng piànzi? Gòu huáng de!

　　B: 啊……, 不是, 是别人非借我看的!
　　　Ā……, bùshì, shì biérén fēi jiè wǒ kàn de!

2 A: 老李! 你怎么看这种小说? 够黄的!
　　　Lǎo Lǐ! Nǐ zěnme kàn zhè zhǒng xiǎoshuō? Gòu huáng de!

　　B: 噢……, 一开始不知道, 是, 是很没意思!
　　　Ō……, yī kāishǐ bù zhīdao, shì, shì hěn méi yìsi!

단 어

- 够　　gòu　　(형) 충분하다. 넉넉하다. [부사적으로도 쓰임]
- 黄　　huáng　　(형) 선정적이다. 퇴폐적이다. 속되다.
- 片子　　piānzi　　(명) 영화.
- 非　　fēi　　(부) 반드시. 꼭. 반드시 … 하지 않으면 안 된다.

 유사 표현

- 太低级　　tài dījí　　아주 저속하군.
- 真下流　　zhēn xiàliú　　진짜 수준 떨어지는 군.

顾不上啦
gù bu shàng la

챙길 수 없다.
생각도 할 수 없다.
돌볼 겨를[틈]이 없다.

1 A : 老李呀, 昨天好几个单位来人都没找到你!
　　　　Lǎo Lǐ ya, zuótiān hǎo jǐ ge dānwèi lái rén dōu méi zhǎo dào nǐ!

　　B : 哎呀! 我一个人管几十个单位, 只能抓住要的, 别的就
　　　　Āiyā! Wǒ yī ge rén guǎn jǐ shí ge dānwèi, zhǐnéng zhuāzhù yào de, bié de jiù

　　　　顾不上啦!
　　　　gù bu shàng la!

2 A : 老李呀, 那么多病人, 你怎么只照顾这一个呢?
　　　　Lǎo Lǐ ya, nàme duō bìngrén, nǐ zěnme zhǐ zhàogù zhè yī ge ne?

　　B : 她是我女朋友! 别人的病再重, 我也顾不上了。
　　　　Tā shì wǒ nǚ péngyou! Biérén de bìng zài zhòng, wǒ yě gù bu shàng le.

 단어

- 顾不上　　gù bu shàng　　돌볼 틈이 없다. 생각도 할 수 없다.
- 单位　　dānwèi　　(명) (단체·기관 등의) 단위[부문].

생생 중국어 구어 표현

- 管　　　guǎn　　　(동) 담당하다. 관리하다. 책임지다. 관할하다.
- 只能　　zhǐnéng　　다만[겨우. 기껏해야] …할 수 있을 뿐이다.
- 抓住　　zhuā zhù　　붙잡다. 움켜잡다. 틀어쥐다.
- 病人　　bìngrén　　(명) 환자.
- 照顾　　zhàogù　　(동) 돌보다. 보살펴주다. 배려하다.
- 重　　　zhòng　　　(형) (정도가) 심하다. 크다. 중하다.

 유사 표현

- 保一头儿　　bǎo yītóur　　한쪽만을 보호하다. 한쪽만 돌보다.

□ **怪不得呢**
guàibude ne

어쩐지.
그럼 그렇지.

---

① A : 哎! 老李因为贪污罪被抓走了!
　　　Āi! Lǎo Lǐ yīnwèi tānwūzuì bèi zhuā zǒu le!

　　B : 怪不得呢! 我一直奇怪, 他买奔驰车的钱是从哪儿来的!
　　　Guàibude ne! Wǒ yīzhí qíguài, tā mǎi Bēnchí chē de qián shì cóng nǎr lái de!

② A : 你们快来看哪! 小李的妈妈是中国人!
　　　Nǐmen kuài lái kàn na! Xiǎo Lǐ de māma shì Zhōngguórén!

　　B : 怪不得呢! 我说她的汉语怎么说得那么好!
　　　Guàibude ne! Wǒ shuō tā de hànyǔ zěnme shuō de nàme hǎo!

- 贪污罪　tānwūzuì　(명) 횡령죄.
- 抓走　zhuā zǒu　잡아가다. 끌고 가다. 붙들어가다.
- 奇怪　qíguài　(형) 이상하다. 의아하다. 뜻밖이다.
- 奔驰　Bēnchí　(고유) 벤츠.
- 从　cóng　(개) …부터. [장소·시간의 출발점을 나타냄]
- 怎么　zěnme　(대) 어떻게. 어째서. 왜. [상황·방식·원인 따위를 물음]
- 那么　nàme　(대) 그렇게. 저렇게. 그런. 저런. [상태·방식·정도 등을 표시함]

- 原来如此　yuánlái rúcǐ　원래 그랬었군.
  알고 보니 그렇군.
- 我说呢　wǒ shuō ne　내가 뭐라던.
  내가 그랬잖아.
- 要不然　yàoburán　그렇지 않으면.
  그러지 않으면.

□ 惯的

guàn de

응석받이로 키우다.
멋대로 하도록 내버려 두다.

❶ A：哎, 你瞧那孩子, 除了吃什么都不会!
Āi, nǐ qiáo nà háizi, chúle chī shénme dōu bù huì!

B：嗨, 都是她爹妈给惯的。
Hāi, dōu shì tā diē mā gěi guàn de.

2 A：你说这伙人可怎么管理呀？一去厕所就半个小时，
Nǐ shuō zhè huǒ rén kě zěnme guǎnlǐ ya? Yī qù cèsuǒ jiù bàn ge xiǎoshí,

打一个电话又是半个小时！
dǎ yī ge diànhuà yòu shì bàn ge xiǎoshí!

B：惯的！明天开始计件工资，看谁还耗点！
Guàn de! Míngtiān kāishǐ jìjiàn gōngzī, kàn shéi hái hào diǎn!

□ 惯	guàn	(동) (버릇없이) 멋대로 하도록 내버려 두다. 응석받이로 키우다.
□ 伙	huǒ	(양) 떼. 패. 무리.
□ 管理	guǎnlǐ	(동) (어떤 일을) 맡아서 처리하다. 관리하다. (사람이나 동물을) 돌보다. 관리하다.
□ 计件	jìjiàn	(동) 생산 건수로 계산하다.
□ 工资	gōngzī	(명) 월급. 임금. 노임.
□ 耗	hào	(동) 시간을 (질질) 끌다. 꾸물[어물]거리다.

□ 娇生惯养	jiāoshēng guànyǎng	응석받이로 자라다[키우다].
□ 宠的	chǒng de	총애하다.

H

还行
hái xíng

그저 그렇다.
그만그만하다.
그냥 그런대로.
그냥 지낼만하다.
그럭저럭 무난하다.
그다지 나쁘지 않다.

1 A : 老李! 最近身体很好吧!
　　　Lǎo Lǐ! Zuìjìn shēntǐ hěn hǎo ba!

　　B : 还行, 还行。
　　　Hái xíng, hái xíng.

2 A : 老李呀, 你们公司的经营状况怎么样?
　　　Lǎo Lǐ ya, nǐmen gōngsī de jīngyíng zhuàngkuàng zěnmeyàng?

　　B : 啊, 还行! 还可以。
　　　Ā, hái xíng! Hái kěyǐ.

- 行　　　xíng　　　(형) 좋다. 괜찮다. 충분하다.
- 身体　　shēntǐ　　(명) 몸. 신체. 건강.

생생 중국어 구어 표현

☐	经营	jīngyíng	(동) 경영하다. 조직하다. 운영하다.
☐	状况	zhuàngkuàng	(명) 상황. 정황. 형편. 상태. 처지.

 유사 표현

☐	还可以	hái kěyǐ	그럭저럭하다.
☐	还成	hái chéng	그냥 그런대로.
☐	还过得去	hái guòdequ	그냥 지낼만하다. 그럭저럭 무난하다.
☐	马马虎虎	mǎmǎhūhū	그저 그렇다. 그저 그만하다. 썩 좋지는 않다.

☐ 还真没看出来
hái zhēn méi kàn chūlái

볼 줄을 몰라서.
진짜 몰라봤는걸.
진짜 그렇게는 안 봤는데.

---

① A : 老李, 你睁开眼睛仔细看看, 这块玉是清朝的!
　　　Lǎo Lǐ, nǐ zhēngkāi yǎnjing zǐxì kàn kàn, zhè kuài yù shì Qīngcháo de!

　　B : 我再看看……, 哎呀! 还真没看出来!
　　　Wǒ zài kàn kàn……, āiyā! Hái zhēn méi kàn chūlai!

　　　我还以为是汉朝的呢!
　　　Wǒ hái yǐwéi shì Hàncháo de ne!

② A : 老李啊, 我这张画儿画了三个月呢!
　　　Lǎo Lǐ a, wǒ zhè zhāng huàr huà le sān ge yuè ne!

　　B : 噢? 还真没看出来!
　　　Ō? Hái zhēn méi kàn chūlái!

― H ―

□	睁开	zhēngkāi	(동) 눈을 뜨다.
□	眼睛	yǎnjing	(명) 눈.
□	仔细	zǐxì	(형) 자세하다. 꼼꼼하다. 세밀하다.
□	画儿	huàr	(명) 그림.

□	走眼了	zǒuyǎn le	빗보다.
			잘못 보다.
			눈이 삐다.
□	打眼	dǎyǎn	잘못 보다.
			눈이 삐다.
			(물건을) 속아서 사다.

□ **还知道姓什么吗**

hái zhīdao xìng shénme ma

뻐기기는.
뭘 그리 우쭐대나.
자랑할 건 아닌 것 같은데.
그리 자랑할 일은 아니지 않나.

① A：哎, 我儿子考上耶鲁大学了!
　　　Āi, wǒ érzi kǎo shàng Yēlǔ dàxué le!

　　B：哼, 还知道姓什么吗? 准备学费吧你!
　　　Hēng, hái zhīdao xìng shénme ma? Zhǔnbèi xuéfèi ba nǐ!

생생 중국어 구어 표현

2 A: 告诉你! 我评上副教授啦!
Gàosù nǐ! Wǒ píng shàng fù jiàoshòu la!

B: 嘿, 还知道姓什么吗? 你的同学早都是正教授了。
Hēi, hái zhīdao xìng shénme ma? Nǐ de tóngxué zǎo dōu shì zhèng jiàoshòu le.

耶鲁大学	Yēlǔ dàxué	(고유) 예일대학.
学费	xuéfèi	(명) 학비.
同学	tóngxué	(명) 동창. 학우. 동급생.

| 洋洋得意 | yángyáng déyì | 득의양양하다.
득의만면하다. |
| 还知道北吗 | hái zhīdao běi ma | 뭐가 뭔지 구분을 못하는군.
동서남북 구분이나 할 줄 알아. |

□ **好嘞 / 好吧 / 好的**
hǎo lei / hǎo ba / hǎo de

좋아.
그래.

---

1 A: 哎, 别睡了, 要查票了! (两个人掏出月票)
Āi, bié shuì le, yào chá piào le! (liǎng ge rén tāo chū yuèpiào)

B: (售货员对众人) 好嘞, 请收好, 好嘞, 好嘞……。
(shòuhuòyuán duì zhòngrén) Hǎo lei, qǐng shōu hǎo, hǎo lei, hǎo lei…….

❷ A： (男) 这个星期六总该去见爸爸妈妈了吧!
(nán) Zhè ge xīngqīliù zǒng gāi qù jiàn bàba māma le ba!

　B： (女) ……, 好吧。
(nǚ) ……, hǎo ba.

❸ A： 老板，该办的事都办好了，我们明天回总公司。
Lǎobǎn, gāi bàn de shì dōu bàn hǎo le, wǒmen míngtiān huí zǒnggōngsī.

　B： 好的，好的好的好的。
Hǎo de, hǎo de hǎo de hǎo de.

□ 查	chá	(동) 검사하다.
□ 掏	tāo	(동) (손이나 도구로) 꺼내다. 끄집어내다. 끌어내다.
□ 月票	yuèpiào	(명) 월 정기권(月定期券).
□ 众人	zhòngrén	(명) 많은 사람. 여러 사람. 뭇 사람.
□ 总公司	zǒnggōngsī	(명) 본사.

□ 就这样吧	jiù zhèyàng ba	(그래) 이렇게 하자.
□ 欸	èi	(승낙이나 동의 등을 나타내어) 응. 예.

□ **好是好**
hǎo shì hǎo

좋기는 좋은데.
되기는 됐는데.
괜찮기는 괜찮은데.

생생 중국어 구어 표현

① A: 老李呀, 对小红的建议, 你有什么看法?
　　　Lǎo Lǐ ya, duì xiǎo hóng de jiànyì, nǐ yǒu shénme kànfǎ?

　　B: 她的建议好是好, 就是不太完善, 补充一下就更好了。
　　　Tā de jiànyì hǎo shì hǎo, jiùshì bù tài wánshàn, bǔchōng yīxià jiù gèng hǎo le.

② A: 小红啊, 你的男朋友对你好不好?
　　　Xiǎo hóng a, nǐ de nán péngyou duì nǐ hǎo bu hǎo?

　　B: 好是好, 可他太穷了!
　　　Hǎo shì hǎo, kě tā tài qióng le!

단어

老	lǎo	(접두) 호칭. [형제·자매의 순서, 동·식물 이름 앞에 쓰임]
对	duì	(개) …에 대하여.
小	xiǎo	(접두) 성명(姓名) 또는 형제의 순서를 나타내는 수사 앞에 놓여져 호칭어로 쓰임. [주로 연소자에게 쓰임]
建议	jiànyì	(명·동) 건의(하다).
看法	kànfǎ	(명) 견해. 의견.
完善	wánshàn	(형) 완전하다. 완벽하다. 나무랄 데가 없다.
补充	bǔchōng	(동·명) 보충(하다). 보완(하다).
一下	yīxià	(수량) 한 번. 회. ['좀…해보다'라는 뜻으로 쓰임]
更	gèng	(부) 더욱. 일층 더.
穷	qióng	(형) 가난하다. 궁하다.

유사 표현

美中不足	měizhōng bùzú	옥에도 티가 있다. 훌륭한 가운데 조금 모자람이 있다.
成是成	chéng shì chéng	되기는 되는데….
行是行	xíng shì xíng	되기는 되는데….

☐ 可以是可以　　kěyǐ shì kěyǐ　　괜찮기는 괜찮은데….
괜찮기는 괜찮은데….

☐ 好说好说
hǎo shuō hǎo shuō

염려 마.
걱정 마.
문제없어.

① A：老李呀，我女儿刚进你们公司，今后请多关照！
Lǎo Lǐ ya, wǒ nǚ'ér gāng jìn nǐmen gōngsī, jīnhòu qǐng duō guānzhào!

B：好说，好说。
Hǎo shuō, hǎo shuō.

② A：小红啊，明天有个实习生去你那，你带带她。
Xiǎo hóng a, míngtiān yǒu ge shíxíshēng qù nǐ nà, nǐ dài dài tā.

B：好说好说。
Hǎo shuō hǎo shuō.

☐ 女儿　　　nǚ'ér　　　（명）딸.
☐ 关照　　　guānzhào　（동）돌보다.
☐ 实习生　　shíxíshēng　（명）실습생.
☐ 带　　　　dài　　　　（동）돌보다. 보살피다. 인도[인솔]하다. 이끌다.

생생 중국어 구어 표현

- □ 没问题　　méi wèntí　　문제없다.
- □ 不是问题　　bù shì wèntí　　별 문제 아니다.
- □ 放心吧　　fàngxīn ba　　걱정 마라.
- □ 漫不经心　　mànbùjīngxīn　　전혀 아랑곳하지 않다.
　　　　　　　　　　　　　　조금도 마음에 두지 않다.

□ **话不能这么说**
huà bù néng zhème shuō

너무 오버하는 거 아니야.
그렇게 말할 일은 아니지.
말을 그렇게 하면 안 되지.
말이 너무 지나친 거 아니야.

1 A: 哎, 美国多好啊, 又有钱, 又厉害!
　　　Āi, Měiguó duō hǎo a, yòu yǒuqián, yòu lìhai!

　　B: 老李呀, 话不能这么说, 你知道美国的钱是从哪儿来的!
　　　Lǎo Lǐ ya, huà bù néng zhème shuō, nǐ zhīdao Měiguó de qián shì cóng nǎr lái de!

2 A: 咱们老板今天这么说, 明天那么说, 一点儿准儿也没有!
　　　Zánmen lǎobǎn jīntiān zhème shuō, míngtiān nàme shuō, yīdiǎnr zhǔnr yě méiyǒu!

　　B: 话不能这么说, 情况是在不断变化的嘛。
　　　Huà bù néng zhème shuō, qíngkuàng shì zài bùduàn biànhuà de ma.

□ 又…又…　　yòu… yòu…　　(…하면서) 한편[또한. 동시에] (…하다). [동시적 상황임을 표시]

- ☐ 有钱　　yǒuqián　　　　돈이 (많이) 있다.
- ☐ 厉害　　lìhai　　　　　(형) 대단하다. 굉장하다.
- ☐ 准儿　　zhǔnr　　　　　(명) 확정적인 생각[방식·규율].
- ☐ 情况　　qíngkuàng　　　(명) 상황.
- ☐ 不断　　bùduàn　　　　(부) 끊임없이. 부단히. 늘.

- ☐ 言语偏激　　　yányǔ piānjī　　　　말이 너무 극단적이다.
- ☐ 你讲的太过分了　nǐ jiǎng de tài guòfèn le　말을 너무 지나치게 하는군.

☐ 话可得讲清楚
huà kě děi jiǎng qīngchu

말은 분명하게 해 두어야 한다.
말은 확실하게 해 두어야 한다.

1 A : 我说，话可得讲清楚！你管生产，我管销售，
Wǒ shuō, huà kě děi jiǎng qīngchu! Nǐ guǎn shēngchǎn, wǒ guǎn xiāoshòu,

谁也别瞎掺和！
shéi yě bié xiā chānhuo!

B : 没错，工作责任当然要分清楚。
Méi cuò, gōngzuò zérèn dāngrán yào fēn qīngchu.

2 A : 哎，这笔生意做成了，你拿三成，我拿七成，行吗？
Āi, zhè bǐ shēngyi zuò chéng le, nǐ ná sān chéng, wǒ ná qī chéng, xíng ma?

B : 那哪成啊？话可得讲清楚。咱们对半分才对！
Nà nǎ chéng a? Huà kě děi jiǎng qīngchu. Zánmen duìbàn fēn cái duì!

	销售	xiāoshòu	(동) 팔다. 판매하다. 매출하다.
□	瞎	xiā	(부) 되는대로. 마구. 근거 없이. 함부로. 괜히.
□	掺和	chānhuo	(동) 섞다. 혼합하다. 관계하다. 끼어들다. [흔히 혼란스럽게 되거나 귀찮게 되는 것을 말함]
□	成	chéng	(양) 분의 할.
□	对半	duìbàn	(명·동) 절반(으로 나누다).

□	有言在先	yǒuyánzàixiān	언명하다. 미리 말해 두다.
□	话可得说明白	huà kě děi shuō míngbai	분명하게 말해 두어야 한다. 말을 확실하게 해 두어야 한다.
□	这事不能含糊	zhè shì bù néng hánhu	이 일은 얼렁뚱땅 할 수 없다. 이 일은 불분명하게 해서는 안 된다.

□ 换成你吧

huàn chéng nǐ ba

역지사지해봐.
입장을 바꿔서 생각해봐.
입장을 바꿔놓고 생각해봐.

① A : 我有时喜欢欺负弱者。
Wǒ yǒushí xǐhuan qīfu ruòzhě.

B : 把被欺负的人换成你吧。
Bǎ bèi qīfu de rén huàn chéng nǐ ba.

A： 我有时会无意中伤害他人。
　　Wǒ yǒushí huì wúyì zhōng shānghài tārén.

B： 把被伤害的人换成你吧。
　　Bǎ bèi shānghài de rén huàn chéng nǐ ba.

단어

- 欺负　　qīfu　　(동) 얕보다. 괴롭히다. 업신여기다.
- 弱者　　ruòzhě　　(명) 약자.
- 无意　　wúyì　　(부) 무의식중에. 무심결에. 뜻밖에. 무심코. 생각 없이. 본의 아니게.
- 伤害　　shānghài　　(동) 상해하다. 해치다.

- 将心比心　　jiāngxīn bǐxīn　　역지사지하다.
　　　　　　　　　　　　　　　입장을[처지를] 바꿔 놓고 생각하다.

混得怎么样
hùn de zěnmeyàng

어떻게 살아.
사는 건 어때.
(어떻게) 지낼만 해.

A： 最近混得怎么样?
　　Zuìjìn hùn de zěnmeyàng?

B： 有点儿混不下去了。
　　Yǒudiǎnr hùn bu xiàqù le.

❷ A: 最近混得怎么样?
　　　Zuìjìn hùn de zěnmeyàng?

　B: 还算混得下去。
　　　Hái suàn hùn de xiàqù.

☐ 混　　　　hùn　　　　　　(동) 그럭저럭 살아가다. 되는대로 살아가다.
☐ 最近　　　zuìjìn　　　　　(명) 최근. 요즈음. 일간. [미래에 관해서도 쓰임]

☐ 得过且过　　déguò qiěguò　　그날그날 살아가다.
　　　　　　　　　　　　　　　　되는대로 살아가다.
☐ 过一天算一天　guò yītiān suàn yītiān　하루하루 살아가다.

☐ **豁出去了**
　huō chūqù le

끝까지 해보다.
죽자 살자 하다.
필사적으로 하다.
어떠한 희생을 치르더라도 하다.
어떠한 대가를 치르더라도 해내고야 말다.

❶ A: 你已经输了全部现金, 别再赌了!
　　　Nǐ yǐjing shū le quánbù xiànjīn, bié zài dǔ le!

　B: 不行! 把住宅也押上, 我豁出去了!
　　　Bùxíng! Bǎ zhùzhái yě yā shàng, wǒ huō chūqù le.

❷ A: 我们已经被包围了三天,不突围不行了!
　　Wǒmen yǐjing bèi bāowéi le sān tiān, bù tūwéi bùxíng le!

　B: 豁出去了! 宁可战死, 不能饿死!
　　Huō chūqù le! Níngkě zhànsǐ, bù néng èsǐ!

□ 输	shū	(동) (도박에서) 잃다. (승부에서) 지다. 패하다.
□ 赌	dǔ	(명·동) 도박(을 하다). 노름(을 하다).
□ 住宅	zhùzhái	(명) (규모가 비교적 큰) 주택.
□ 押	yā	(동) 저당하다. 저당 잡히다.
□ 包围	bāowéi	(동) 포위하다.
□ 突围	tūwéi	(동) 포위망을 돌파하다. 포위를 뚫다.
□ 宁可	nìngkě	(접) 차라리 (…하는 것이 낫다). 오히려 (…할지언정).
□ 战死	zhànsǐ	전사(하다).
□ 饿死	èsǐ	굶어 죽다. 굶겨 죽이다.

□ 赤膊上阵	chìbó shàngzhèn	웃통을 벗어부치고 적진에 나아가다.
		정신을 가다듬어 과감하게 일에 임하다.
□ 孤注一掷	gūzhù yīzhì	노름꾼이 남은 밑천을 다 걸고 최후의 승부를 걸다.
		위급할 때 온 힘을 다 발휘하여 한차례 모험을 걸다.
□ 拼了吧	pīn le ba	끝까지 싸워보자.
□ 就这一下子了	jiù zhè yīxiàzi le	이번만이야.
		이번 한 번 뿐이다.

생생 중국어 구어 표현

活该
huógāi

잘됐군.
꼴좋다.
싸다 싸.
고소하다.
쌤통이다.

1 A: 哎, 听说了吗? 老李昨天出车祸了!
　　　Āi, tīngshuō le ma? Lǎo Lǐ zuótiān chū chēhuò le!

　B: 活该! 那个人人恨的老东西!
　　　Huógāi! Nà ge rén rén hèn de lǎo dōngxi!

2 A: 哎, 听说了吗? 张小姐大肚子了!
　　　Āi, tīngshuō le ma? Zhāng xiǎojiě dà dùzi le!

　B: 活该! 她浪漫的也可以了!
　　　Huógāi! Tā làngmàn de yě kěyǐ le!

3 A: 哎, 听说了吗? 那个独裁者终于被抓起来了!
　　　Āi, tīngshuō le ma? Nà ge dúcáizhě zhōngyú bèi zhuā qǐlái le!

　B: 是吗? 活该! 老天爷总算睁开眼睛了!
　　　Shì ma? Huógāi! Lǎotiānyé zǒngsuàn zhēng kāi yǎnjing le!

단어

车祸	chēhuò	(명) 교통사고.
恨	hèn	(명·동) 원망(하다). 증오(하다). 적대시(하다).
老东西	lǎodōngxi	(명) 늙은이.
大肚子	dàdùzi	(명) 임신. 임신부.

- H -

- ☐ 浪漫　　　làngmàn　　　(형) 로맨틱하다. 낭만적이다. (남녀 관계에서) 방탕하다. 방종하다.
- ☐ 独裁者　　dúcáizhě　　　(명) 독재자.
- ☐ 终于　　　zhōngyú　　　(부) 결국. 마침내. 끝내.
- ☐ 抓　　　　zhuā　　　　(동) 붙들다. 체포하다. 붙잡다.
- ☐ 老天爷　　Lǎotiānyé　　(명) 하느님.
- ☐ 总算　　　zǒngsuàn　　(부) 마침내. 드디어.
- ☐ 睁开　　　zhēng kāi　　눈을 뜨다.

유사 표현

- ☐ 理应如此　　lǐyīng rúcǐ　　이치상 당연히 그렇다.
- ☐ 该他倒霉了　gāi tā dǎoméi le　그 사람 재수 없는 게 당연하다.
- ☐ 该轮到他了　gāi lún dào tā le　그 사람 차례가 되었다.

☐ 火得厉害
huǒ de lìhai

성황이나.
(아주) 잘되다.
아주 벅적거리다.
아주 인기가 좋다.

① A: 你的饭馆最近怎么样?
Nǐ de fànguǎn zuìjìn zěnmeyàng?

B: 哎呀! 火得厉害!
Āiyā! Huǒ de lìhai!

② A: 听说你的画廊火得厉害!
Tīngshuō nǐ de huàláng huǒ de lìhai!

B: 哪儿啊！看画儿的挺多，买画儿的太少。
　　Nǎr a! Kàn huàr de tǐng duō, mǎi huàr de tài shǎo.

□ 火	huǒ	(형) 번창하다. 흥성하다. 융성하다.
□ 饭馆	fànguǎn	(명) 요리집. 식당.
□ 画廊	huàláng	(명) 화랑.
□ 哪儿	nǎr	(대) 어디. 어째서. [반어구에 쓰여 부정을 표시함]

□ 火了	huǒ le	타오르다. 유행이다.
□ 火了一把	huǒ le yī bǎ	잘되다. 성황이다.
□ 红红火火	hónghóng huǒhuǒ	잘되다. 인기가 좋다.
□ 热闹非凡	rènào fēifán	아주 벅적거리다. 아주 떠들썩하다.

挤对谁呢
jǐduì shéi ne

누굴 뭘로 보고.
누굴 바보로 알아.
누굴 놀리는 거야.

① A: 老李呀, 你走路怎么一拐一拐的,
Lǎo Lǐ ya, nǐ zǒulù zěnme yī guǎi yī guǎi de,

是不是有一条腿短哪?
shì bu shì yǒu yī tiáo tuǐ duǎn na?

B: 挤对谁呢? 你腿脚才有问题呢!
Jǐduì shéi ne? Nǐ tuǐjiǎo cái yǒu wèntí ne!

② A: 老李呀, 你很少下馆子吃饭吧?
Lǎo Lǐ ya, nǐ hěn shǎo xià guǎnzi chī fàn ba?

B: 挤对谁呢? 昨儿我刚在长城饭店大吃了一顿!
Jǐduì shéi ne? Zuór wǒ gāng zài Chángchéng fàndiàn dà chī le yī dùn!

□ **挤对**　　jǐduì　　　(동) (말이나 행동으로) 업신여기다[헐뜯다].
□ **走路**　　zǒulù　　　(동) 걷다. 길을 가다. 길을 걷다.

생생 중국어 구어 표현

☐ 拐　　　　guǎi　　　　　(동) 다리를 절룩거리며 걷다.
☐ 腿　　　　tuǐ　　　　　 (명) 다리.
☐ 下馆子　　xià guǎnzi　　音식점에 식사하러 가다. 요리집에 가서 요리를 먹다.
☐ 刚　　　　gāng　　　　　(부) 막. 바로. 마침. 꼭.

☐ 糟改谁呢　zāogǎi shéi ne　누구를 비꼬고 그래.
☐ 埋汰谁呢　máitai shéi ne　누구를 욕하고 그래.
　　　　　　　　　　　　　누구를 야유하고 그래.
☐ 暗含机锋　ànhán jīfēng　은근히 가시 돋친 말을 하다.
　　　　　　　　　　　　　은근히 비판적인 말을 내포하다.

☐ **叫板**
jiàobǎn

덤비다.
겨루다.
도전하다.
대적하다.
(한판) 붙다.

---

❶ A : 我这么说，他非那么说！
　　　　Wǒ zhème shuō, tā fēi nàme shuō!

　　B : 是啊，这不是叫板吗?
　　　　Shì a, zhè bù shì jiàobǎn ma?

❷ A : 你在麦当劳对面开了一家中式快餐?
　　　　Nǐ zài Màidāngláo duìmiàn kāi le yī jiā zhōngshì kuàicān?

B: 对, 我就是要跟它叫板!
　　Duì, wǒ jiùshì yào gēn tā jiàobǎn!

단어

- 这么　　zhème　　　　(대) 이렇게. 이러한. 이와 같은.
- 麦当劳　Màidāngláo　　(고유) 맥도날드.
- 对面　　duìmiàn　　　(명) 맞은편.
- 开　　　kāi　　　　　(동) (사업·가게 따위를) 열다. 개업하다. 개설하다.
- 家　　　jiā　　　　　(양) 가정·가게·기업 따위를 세는 단위.
- 中式　　zhōngshì　　　(형) 중국식의. 중국풍의.
- 快餐　　kuàicān　　　(명) 즉석 음식. 패스트푸드.

유사 표현

- 对台戏　duìtáixì　　　(같은 사업이나 일로) 겨루는 것.
- 对着干　duì zhe gàn　　정면으로 대항하여 일을 하다.
- 叫阵　　jiàozhèn　　　(적진 앞에서 고함을 치며) 도전하다.

今晚我请
jīnwǎn wǒ qǐng

오늘 저녁은 내가 살게.

1 A: 明天是我生日, 今晚我请大家吃饭。
　　　Míngtiān shì wǒ shēngrì, jīnwǎn wǒ qǐng dàjiā chīfàn.

　　B: 太棒了, 我们去哪儿吃?
　　　Tài bàng le, wǒmen qù nǎr chī?

2 A : 昨晚是你请，我们又喝酒又唱卡拉OK。
　　　　Zuówǎn shì nǐ qǐng, wǒmen yòu hē jiǔ yòu chàng kǎlā OK.

　　　　今晚该我请了，咱们先蹦迪，后桑拿。
　　　　Jīnwǎn gāi wǒ qǐng le, zánmen xiān bèngdí, hòu sāngná.

　　B : 好啊!
　　　　Hǎo a!

□ 卡拉OK	kǎlā OK	(명) 가라오케. 노래방.
□ 蹦迪	bèngdí	(동) 디스코클럽(disco club)에 춤추러 가다. 디스코를 추다.
□ 桑拿	sāngná	사우나. [핀란드어 'sauna'의 음역. 대만에서는 '三温暖'이라고도 함]

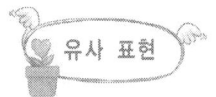

□ 我做东	wǒ zuòdōng	내가 한턱 낼게.
□ 我买单	wǒ mǎidān	내가 계산할게.

就等着那一天吧
jiù děng zhe nà yītiān ba

(언젠가는 될 거니까) 바로 그 날을 지켜봐.
(언젠가는 이루어질 거니까) 바로 그 날을 기다려봐.

1 A : 老李呀，听说你要攒钱买辆小车开，是吗?
　　　　Lǎo Lǐ ya, tīngshuō nǐ yào zǎn qián mǎi liàng xiǎochē kāi, shì ma?

　　B : 比较遥远是不是? 没问题，就等着那一天吧。
　　　　Bǐjiào yáoyuǎn shì bu shì? Méi wèntí, jiù děng zhe nà yītiān ba.

② A：孩子他爸，你什么时候能给我们娘儿俩买幢别墅住住?
Háizi tā bà, nǐ shénme shíhou néng gěi wǒmen niángr liǎ mǎi zhuàng biéshù zhù zhù?

B：有希望，啥时咱也能贷上款，不就齐了吗!
Yǒu xīwàng, shá shí zán yě néng dài shàng kuǎn, bù jiù qí le ma!

就等着那一天吧。
Jiù děng zhe nà yītiān ba.

단 어

☐ 听说	tīngshuō	(동) 듣건대. 듣자 하니. 듣기에는.
☐ 攒	zǎn	(동) 쌓다. 모으다. 축적하다.
☐ 辆	liàng	(양) 대. [차량을 셀 때 씀]
☐ 遥远	yáoyuǎn	(형) 요원하다. 아득히 멀다.
☐ 幢	zhuàng	(양) 채. 동. [건물을 세는 단위]
☐ 别墅	biéshù	(명) 별장.
☐ 娘儿	niángr	(명) 어머니와 아들 또는 어머니와 딸 등 손위의 여자와 손아래 남녀의 합칭.
☐ 希望	xīwàng	(명·동) 희망(하다) (어떤 바람이 실현되기를) 바라다.
☐ 啥	shá	(대) 어느. 무엇. 아무. 무슨.
☐ 贷款	dàikuǎn	(명·동) 대부금. 대출금. 차관. 대부하다. 대출하다.
☐ 齐	qí	(동) 갖추어지다. 완전하게 되다. 완비하다.

☐ 翘首以望	qiáoshǒuyǐwàng	학수고대하다.
☐ 慢慢熬吧	mànmàn áo ba	천천히 참고 견디다.
☐ 活着的人都看得见	huó zhe de rén dōu kàn de jiàn	살아있는 사람은 다 볼 수 있다.

就会耍嘴皮子
jiù huì shuǎ zuǐpízi

달변이다.
입담이 좋다.
입심이 대단하다.

1 A: 老李那个人怎么样?
Lǎo Lǐ nà ge rén zěnmeyàng?

B: 他呀! 就会耍嘴皮子。
Tā ya! Jiù huì shuǎ zuǐpízi.

2 A: 老李就会耍嘴皮子。
Lǎo Lǐ jiù huì shuǎ zuǐpízi.

B: 是吗?让他去做推销员吧。
Shì ma? Ràng tā qù zuò tuīxiāoyuán ba.

耍	shuǎ	(동) (수단 따위를) 부리다. 밖으로 내다. 발휘하다.
嘴皮子	zuǐpízi	(명) 입심. 입담. 변설.
推销员	tuīxiāoyuán	(명) 영업 사원.
适合	shìhé	(동) 적합하다. 알맞다.

| 健谈 | jiàntán | 능변(이다). 입담(이 좋다). |
| 侃侃而谈 | kǎnkǎnértán | 또박또박 말을 (잘) 하다. |

就这么定了
jiù zhème dìng le

그냥 이 상태로 하자.
그럼 이렇게 하는 거다.
그냥 이렇게 하기로 했다.

1 A: 老李啊, 要不要再研究研究?
　　　Lǎo Lǐ a, yào bu yào zài yánjiū yánjiū?

　　B: 算了, 就这么定了!
　　　Suànle, jiù zhème dìng le!

2 A: 您看, 会开了10天, 这件事还是定不下来!
　　　Nín kàn, huì kāi le shí tiān, zhè jiàn shì háishi dìng bu xiàlái!

　　B: 谁说的? 就这么定了!
　　　Shéi shuō de? Jiù zhème dìng le!

研究	yánjiū	(명·동) 고려(하다). 논의(하다). 검토(하다).
算了	suànle	그만두다. 개의치 않다. 내버려두다. 됐다.
开	kāi	(동) (모임 따위를) 열다. 개최하다. 거행하다.

决定	juédìng	결정하다.
拍板儿	pāibǎnr	(책임자가) 결정을 내리다.
我说了算	wǒ shuō le suàn	내 마음대로 정한다. (내가) 말한 대로 실행한다.

생생 중국어 구어 표현

□ **一锤定音**　yīchuí dìngyīn　결정을 짓다.
　　　　　　　　　　　　　　　　징을 한 번 쳐서 가락을 정하다.

□ **举手之劳**
jǔshǒuzhīláo

하찮은 일.
사소한 일.
별 거 아닌 일.

1 A： 主任, 这个老大难问题群众已经反映了很多年,
　　　 Zhǔrèn, zhè ge lǎodànán wèntí qúnzhòng yǐjing fǎnyìng le hěn duō nián,

　　　 不好解决啊!
　　　 bù hǎo jiějué a!

　　 B： 是吗? 对我来说, 不过是举手之劳。
　　　 Shì ma? Duì wǒ lái shuō, bùguò shì jǔshǒuzhīláo.

2 A： 他老说什么举手之劳, 可他就是不举那只手!
　　　 Tā lǎo shuō shénme jǔshǒuzhīláo, kě tā jiùshì bù jǔ nà zhī shǒu!

　　 B： 想让他举那只手, 比登天还难。
　　　 Xiǎng ràng tā jǔ nà zhī shǒu, bǐ dēngtiān hái nán.

□ 老大难	lǎodànán	(형) 해결하기 매우 어렵다.
□ 群众	qúnzhòng	(명) 대중. 군중. 민중.
□ 反映	fǎnyìng	(동) (상황이나 의견 등을 상급 기관이나 관련 부서에) 보고하다. 전달하다. 알게 하다.
□ 解决	jiějué	(동) 해결하다. 풀다. 없애다. 제거하다.

□ 登天 dēngtiān (동) 하늘에 오르다. 최고 직위[최고직]에 오르다. 최고의 경지에 이르다. 최고봉에 오르다. (하늘에 오르는 것처럼) 불가능하다.

□ 易如反掌 yìrúfǎnzhǎng 식은 죽 먹기이다.
일을 처리하기가 매우 쉽다.
손바닥을 뒤집는 것처럼 쉽다.

□ 这算什么 zhè suàn shénme 이까짓 게 뭐라고.
이깟 일이야 별것 아니다.

K

□ 看花眼了
kàn huāyǎn le

홀렸다.
현혹되었다.
눈이 멀었다.

1 A: 这么多衣服, 你到底买哪一套啊?
Zhème duō yīfu, nǐ dàodǐ mǎi nǎ yī tào a?

B: 哎呀, 都不错, 我都看花眼了。
Āiyā, dōu bùcuò, wǒ dōu kàn huāyǎn le.

생생 중국어 구어 표현

 A : 这么多漂亮姑娘, 你最喜欢哪个?
　　 Zhème duō piàoliang gūniang, nǐ zuì xǐhuan nǎ ge?

　　 B : 哇! 我都看花眼了, 我都喜欢。
　　 Wā! Wǒ dōu kàn huāyǎn le, wǒ dōu xǐhuan.

단어

- 看花　　　kànhuā　　　(동) 너무 보아서 눈이 흐리다.
- 这么　　　zhème　　　(대) 이러한. 이와 같은. 이렇게.
- 漂亮　　　piàoliang　　(형) (용모·의복·색채 따위가) 예쁘다. 귀엽다. 아름답다. 보기 좋다.
- 喜欢　　　xǐhuan　　　(동) 좋아하다. 호감을 가지다. 마음에 들다. 사랑하다.

유사 표현

- 眼睛不够使　yǎnjing bùgòu shǐ　눈을 뜨고 볼 수 없다.
　　　　　　　　　　　　　　　　눈이 멀어 더 이상 볼 수 없다.
- 看不过来　　kàn bu guòlái　　보고 있을 수 없다.
　　　　　　　　　　　　　　　　더 이상 볼 수 없다.

□ **看上了**
　kàn shàng le

반하다.
눈에 들다.
마음에 들다.

 A : 你是看上了, 人家呢?
　　 Nǐ shì kàn shàng le, rénjia ne?

B : 人家都看不上我。
　　Rénjia dōu kàn bu shàng wǒ.

 A : 昨天我看上了一套衣服。
　　Zuótiān wǒ kàn shàng le yī tào yīfu.

B : 看上了就买呗!
　　Kàn shàng le jiù mǎi bei!

단어

- 看不上　　kàn bu shàng　　눈에 차지 않다. 마음에 안 들다. 얕보다. 경시하다.
- 套　　　　tào　　　　　　　(양) 벌. 조. 세트. 질.

유사 표현

- 相中了　　xiāngzhòng le　　마음에 들다.
　　　　　　　　　　　　　　보고 반하다.
- 看中了　　kànzhòng le　　　보고 마음에 들다.
- 一见钟情　yījiàn zhōngqíng　한눈에 반하다.

□ 看上去很美
kàn shàngqù hěn měi

보기에는 좋다.
(겉으로) 보기에는 훌륭하다.

 A : 哎, 你见过咱们老板的夫人吗?
　　Āi, nǐ jiàn guo zánmen lǎobǎn de fūren ma?

생생 중국어 구어 표현

B : 远远地碰到过一次, 看上去很美。
　　Yuǎnyuǎn de pèng dào guo yī cì, kàn shàngqù hěn měi.

❷ A : 哎, 你去过张家界吗? 都说那儿是环境最好的旅游点。
　　Āi, nǐ qù guo Zhāngjiājiè ma? Dōu shuō nàr shi huánjìng zuì hǎo de lǚyóudiǎn.

B : 没去过, 可是我有一些风景照, 看上去很美!
　　Méi qù guo, kěshì wǒ yǒu yīxiē fēngjǐngzhào, kàn shàngqù hěn měi!

단어

□ 过	guo	(조) 동사 뒤에 놓여 과거의 경험을 나타냄.
□ 咱们	zánmen	(대) 우리(들).
□ 老板	lǎobǎn	(명) 주인. 지배인. 소유자. 기업주.
□ 夫人	fūren	(명) 부인. [아내의 높임말]
□ 远远	yuǎnyuǎn	(형) 멀다. 아득하다.
□ 地	de	(조) 동사나 형용사를 수식할 경우에 쓰임.
□ 碰	pèng	(동) (우연히) 만나다. 부딪치다. 시도해보다.
□ 张家界	Zhāngjiājiè	(고유) 장가계.
□ 环境	huánjìng	(명) 환경. 주위 상황[조건].
□ 风景	fēngjǐng	(명) 풍경. 경치.
□ 照(片)	zhào(piàn)	(명) 사진.

 유사 표현

□ 化妆美人儿	huàzhuāng měirénr	화장한 미인.
□ 看着挺不错的	kàn zhe tǐng bùcuò de	(겉)보기에 아주 훌륭하다.
□ 包装不错	bāozhuāng bùcuò	(겉)포장은 괜찮다.

□ 看我的
kàn wǒ de

내가 해볼게.
내가 하는 걸 봐.

① A: 哎呀，我修不好这破窗户！
　　 Āiyā, wǒ xiū bu hǎo zhè pò chuānghu!

　 B: 让开，看我的！
　　 Ràng kāi, kàn wǒ de!

② A: 这块大石头谁也搬不动。
　　 Zhè kuài dà shítou shéi yě bān bu dòng.

　 B: 这算什么，看我的。
　　 Zhè suàn shénme, kàn wǒ de.

□	修	xiū	(동) 수리하다.
□	破	pò	(형) 망가진. 부서진. 낡은. 닳아빠진.
□	窗户	chuānghu	(명) 창문.
□	让开	ràng kāi	길을 내주다. 비키다. 물러서다.
□	块	kuài	(양) 덩이. 조각. [덩어리 또는 조각 모양의 물건을 세는 단위]
□	石头	shítou	(명) 돌.
□	搬不动	bān bu dòng	(무겁거나 커서) 옮길 수 없다. 나를 수 없다.

□　大显身手　　dàxiǎn shēnshǒu　　실력을 과시하다.
　　　　　　　　　　　　　　　　　크게 솜씨를 떨치다.

생생 중국어 구어 표현

- 让我看看　　ràng wǒ kàn kàn　　내가 좀 해 볼게.
- 还是我来吧　háishi wǒ lái ba　　내가 하는 게 낫겠다.
- 我来　　　　wǒ lái　　　　　　 내가 할게.

看怎么说了
kàn zěnme shuō le

생각하기 나름이지.
어떻게 이야기를 해야 하나.
어떤 측면에서 보느냐에 따라 다르다.

---

1 A : 老李, 你对这件事有什么看法?
　　　Lǎo Lǐ, nǐ duì zhè jiàn shì yǒu shénme kànfǎ?

　　B : 这件事啊, 看怎么说了。
　　　Zhè jiàn shì a, kàn zěnme shuō le.

2 A : 老李啊, 听说你支持老张他们!
　　　Lǎo Lǐ a, tīngshuō nǐ zhīchí lǎo Zhāng tāmen!

　　B : 没有的事, 那得看怎么说了。
　　　Méiyǒu de shì, nà děi kàn zěnme shuō le.

단어

- 对　　duì　　　(개) …에 대하여[관하여].
- 件　　jiàn　　　(양) 일·사건·개체의 사물을 세는 단위.
- 事　　shì　　　(명) 일. 사건.
- 支持　zhīchí　　(동) 지지하다. 후원하다.
- 得　　děi　　　(조동) 마땅히 …해야 한다.

 유사 표현

☐ **话说回来**　　huà shuō huílái　　바꿔 말하자면.
　　　　　　　　　　　　　　　　　　　　다시 말하자면.

☐ **可不是吗**
kěbùshi ma

당연하다.
물론이다.
누가 아니래.
그렇고 말고.

① A： 你这份工作挺不容易的!
　　　 Nǐ zhè fèn gōngzuò tǐng bù róngyì de!

　　B： 可不是吗!
　　　 Kěbùshi ma!

② A： 我认为你的意见是对的。
　　　 Wǒ rènwéi nǐ de yìjiàn shì duì de.

　　B： 可不是吗!
　　　 Kěbùshi ma!

 단 어

☐ 份(儿)　　fèn(r)　　（양）분. 한 벌. 세트. 몫.
☐ 工作　　　gōngzuò　（명）일. 노동. 작업.
☐ 挺　　　　tǐng　　　（부）아주. 매우. 꽤.
☐ 容易　　　róngyì　　（형）쉽다. 용이하다.

- ☐ 那当然啦　　nà dāngrán la　　당연하지
- ☐ 敢情　　　　gǎnqing　　　　물론. 정말. 당연히.
- ☐ 你算说对了　nǐ suàn shuō duì le　옳다. 맞다.
- ☐ 所见略同　　suǒ jiàn lüè tóng　(가지고 있는) 생각[견해·의견]이 대체로 같다.

☐ **可话又说回来**
kě huà yòu shuō huílái

처음으로 다시 돌아가서 말하(자)면.
본론으로 다시 돌아가서 말하(자)면.
말을 다시 원점으로 되돌려 놓고 보면.

1 A：老李呀, 你和大家的矛盾, 要跳出来看, 从大局去想,
Lǎo Lǐ ya, nǐ hé dàjiā de máodùn, yào tiào chūlái kàn, cóng dàjú qù xiǎng,

不要太小心眼啦。
bùyào tài xiǎoxīnyǎn la.

B：领导啊, 你刚才讲得不少, 可话又说回来,
Lǐngdǎo a, nǐ gāngcái jiǎng de bù shǎo, kě huà yòu shuō huílái,

谁对谁错你只字没提呀!
shéi duì shéi cuò nǐ zhī zì méi tí ya!

2 A：老李啊, 我又进一步谈的那几点, 你认为怎么样?
Lǎo Lǐ a, wǒ yòu jìnyībù tán de nà jǐ diǎn, nǐ rènwéi zěnmeyàng?

B：领导啊, 你讲的都对, 可话又说回来, 我也不全错呀!
Lǐngdǎo a, nǐ jiǎng de dōu duì, kě huà yòu shuō huílái, wǒ yě bù quán cuò ya!

— K —

☐ 矛盾	máodùn	(명·동) 모순. 충돌. 모순되다.
☐ 跳	tiào	(동) 뛰다. 건너뛰다.
☐ 从	cóng	(개) …로부터. [장소나 시간의 출발점을 나타냄]
☐ 大局	dàjú	(명) 대국. 대세. 전반적인 정세.
☐ 小心眼	xiǎoxīnyǎn	(형) 마음이 좁다. 옹졸하다.
☐ 领导	lǐngdǎo	(명·동) 지도자. 영도자. 지도하다. 이끌고 나가다.
☐ 刚才	gāngcái	(명) 지금 막. 방금. 이제 금방.
☐ 讲	jiǎng	(동) 말하다. 이야기하다. 설명하다. 해석하다.
☐ 错	cuò	(형) 틀리다. 맞지 않다.
☐ 只	zhī	(형) 단독의. 단일의. 단 하나의.
☐ 提	tí	(동) 제시하다. 제기하다. 제출하다. 말을 꺼내다. 언급하다.
☐ 进一步	jìnyībù	진일보하다. 한 걸음 나아가다.
☐ 认为	rènwéi	(동) 여기다. 생각하다. 보다. 인정하다.
☐ 全	quán	(부) 전부. 완전히. 다.

☐ 这话看怎么说了   zhè huà kàn zěnme shuō le   이 말을 어떻게 보느냐에 따라 달렸다.

☐ **酷毙了**
kùbì le

근사하다.
끝내준다.
잘나간다.
최첨단이다.

생생 중국어 구어 표현

① A : 你瞧见那歌手没有，高颧骨，塌鼻子，长头发，再加上
Nǐ qiáojiàn nà gēshǒu méiyǒu, gāo quángǔ, tā bízi, cháng tóufa, zài jiāshang

声嘶力竭，真是要多难受有多难受！
shēngsī lìjié, zhēnshì yào duō nánshòu yǒu duō nánshòu!

B : 嘿，你还别说，现在最时兴的就是这样，叫"酷毙了"！
Hēi, nǐ hái bié shuō, xiànzài zuì shíxīng de jiùshì zhèyàng, jiào "kùbì le"!

② A : 哎！今天有三个红头发的老外来找小红！
Āi! Jīntiān yǒu sān ge hóng tóufa de lǎowài lái zhǎo Xiǎo hóng!

B : 哇塞！我说她不一般吧，真是酷毙了！
Wāsāi! Wǒ shuō tā bù yībān ba, zhēnshì kùbì le!

단어

☐ 酷毙	kùbì	매우 잘 생기다. 매우 좋다. 일반 대중과 다르다. 사람들의 주목을 받다.
☐ 歌手	gēshǒu	(명) 가수.
☐ 颧骨	quángǔ	(명) 광대뼈.
☐ 塌	tā	(동) 꺼지다. 움푹 패다. 납작하게 하다. 처지다. 가라앉다.
☐ 鼻子	bízi	(명) 코.
☐ 头发	tóufa	(명) 머리카락
☐ 加上	jiāshang	(접) 게다가.
☐ 声嘶力竭	shēngsī lìjié	목도 쉬고 힘[맥]도 다 빠지다. 목이 쉬도록 외치다. 기진맥진하다.
☐ 难受	nánshòu	(형) (육체적·정신적으로) 괴롭다. 참을 수 없다. 견딜 수 없다.
☐ 时兴	shíxīng	(명·동) 유행(하다).
☐ 老外	lǎowài	(명) 외국인.
☐ 一般	yībān	(형) 보통이다. 일반적이다.

유사 표현

- 目不忍睹　mùbùrěndǔ　목불인견이다.
  (너무 튀어서) 눈에 거슬리다.
  (너무 튀어서) 못 봐주겠다.

狂…了
kuáng…le

미친 듯이…하다.

1 A: 咦！你的眼睛都肿了，昨儿没睡好吧？
　　　 Yí! Nǐ de yǎnjing dōu zhǒng le, zuór méi shuì hǎo ba?

　　B: 那还用说，快考试了，昨儿狂背了半宿！
　　　 Nà hái yòng shuō, kuài kǎoshì le, zuór kuáng bèi le bànxiǔ!

2 A: 咦！昨天晚上你没回家吧？
　　　 Yí! Zuótiān wǎnshang nǐ méi huí jiā ba?

　　B: 啊，全考完了，昨晚去迪斯科狂跳了一夜。
　　　 Ā, quán kǎo wán le, zuówǎn qù dísīkē kuáng tiào le yī yè.

단어

- 狂　kuáng　(부) 기분 내키는 대로. 제멋대로. 미친 듯이.
- 肿　zhǒng　(동) 붓다. 부어오르다.
- 睡　shuì　(동) 잠자다.
- 考试　kǎoshì　(명·동) 시험(을 치다). 고사(를 보다).
- 背　bèi　(동) 외다. 암기하다. 암송하다.
- 半宿　bànxiǔ　(명) 한밤중. 심야.

생생 중국어 구어 표현

	迪斯科	dísīkē	(명) 디스코.
	跳	tiào	(동) (춤을) 추다. (껑충) 뛰(어 오르)다. 도약하다.
	夜	yè	(명) 밤. 밤중.

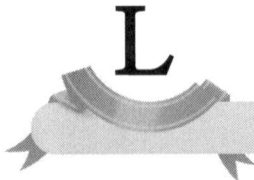
유사 표현

	你疯了	nǐ fēng le	너 미쳤구나.
	他抽疯了	tā chōufēng le	그 사람 미쳤다.
			그 사람 비정상이다.
	半疯啊你	bànfēng a nǐ	너 반 미쳤구나.
	失去控制	shīqù kòngzhì	자제력을 잃다.

L

□ **来不及了**
láibují le

(이미) 늦(었)다.
시간이 안 된다.
손쓸 틈이 없다.
시간이 맞지 않다.
(정해진) 시간 안에 못 맞추다.

① A : 老李快走！电影还差10分钟就开演了！
　　　　Lǎo Lǐ kuài zǒu! Diànyǐng hái chà shí fēnzhōng jiù kāiyǎn le!

　　　B : 来不及了！我的自行车还得打气呢！
　　　　Láibují le! Wǒ de zìxíngchē hái děi dǎqì ne!

② A : 小红啊，你应该和你男友谈谈，一起去美国发展。
　　　　Xiǎo hóng a, nǐ yīngāi hé nǐ nányǒu tán tán, yīqǐ qù Měiguó fāzhǎn.

　　　B : 来不及了，他昨天已经飞了。
　　　　Láibují le, tā zuótiān yǐjing fēi le.

☐ 电影	diànyǐng	(명) 영화.
☐ 差	chà	(형) 부족하다. 모자라다.
☐ 开演	kāiyǎn	(동) (연극·영화 따위를) 시작하다.
☐ 自行车	zìxíngchē	(명) 자전거.
☐ 打气	dǎqì	(동) (공이나 타이어에) 공기를[바람을] 넣다.
☐ 应该	yīngāi	(조동) 마땅히 …해야 한다. …하는 것이 당연하다.
☐ 发展	fāzhǎn	(명·동) 발전(하다). 확대(하다).

☐ 赶不上了	gǎn bu shàng le	따라가지 못하다. 따라 잡을 수 없다. 제 시간에 댈 수 없다.
☐ 晚了	wǎn le	늦었다.
☐ 悔之晚矣	huǐ zhī wǎn yǐ	후회해도 (이미) 늦다.

来电
láidiàn

전기가 오다[통하다].
[남녀 간에 서로 좋은 감정이 생겼을 때 사용하는 표현]

1 A: 老李呀, 你干吗老盯着那个漂亮姑娘啊?
　　　Lǎo Lǐ ya, nǐ gànmá lǎo dīng zhe nà ge piàoliang gūniang a?

　　B: 哎呀!多少年没这么来电了!
　　　Āiyā! Duōshao nián méi zhème láidiàn le!

2 A: 我一看见他就脸红心跳!
　　　Wǒ yī kànjiàn tā jiù liǎnhóng xīntiào!

　　B: 这就是来电了!
　　　Zhè jiùshì láidiàn le!

盯	dīng	(동) 주시하다. 응시하다. 뚫어져라 쳐다보다.
脸红	liǎnhóng	(동) 얼굴이 빨개지다. 부끄러워하다.
心跳	xīntiào	(동) 심장이 뛰다. 가슴이 두근거리다.

心有灵犀	xīn yǒu língxī	텔레파시가 통하다. (말 없는 가운데) 서로 마음이 통하다. 사랑하는 연인끼리 서로 마음이 통하다.
有感觉	yǒu gǎnjué	감정을 가지고 있다.
对上眼儿了	duì shàng yǎnr le	눈이 맞다.

理她呢
lǐ tā ne

내버려둬.
신경쓰지 마.
혼자 있게 놔둬.
상관[상대]하지 마.

1 A: 老李呀，是你把小红气哭的，你去劝劝吧!
Lǎo Lǐ ya, shì nǐ bǎ xiǎo hóng qì kū de, nǐ qù quàn quàn ba!

B: 理她呢，过一会儿她自己就好了，你越劝她她越来劲!
Lǐ tā ne, guò yīhuìr tā zìjǐ jiù hǎo le, nǐ yuè quàn tā tā yuè láijìn!

2 A: 哎，你女朋友闹了好几天了，你去哄哄吧!
Āi, nǐ nǚ péngyou nào le hǎo jǐ tiān le, nǐ qù hǒng hǒng ba!

B: 理她呢，让她再闹几天吧，闹累了，她自己就不闹了。
Lǐ tā ne, ràng tā zài nào jǐ tiān ba, nào lèi le, tā zìjǐ jiù bù nào le.

理	lǐ	(동) 상대하다. 아랑곳하다. 거들떠보다. [주로 부정문에 많이 쓰임]
劝	quàn	(동) 권고하다. 타이르다. 충고하다. 설득하다. 화해시키다.
来劲	láijìn	(동·형) (더욱) 강경해지다. 화를 내다. 도지다. 더하다. 성하다.
闹	nào	(동) (감정 따위를) 드러내다. (불평 따위를) 늘어놓다.
好	hǎo	(부) 아주. 매우. 꽤. [(수량사 혹은 시간을 나타내는 말 앞에 쓰여) 많거나 오래됐음을 나타냄]
哄	hǒng	(동) 구슬리다. 어르다. 달래다. 비위를 맞추다. 알랑거리다.

유사 표현

- 置之不理　zhìzhī bùlǐ　　내버려두고 상관하지 않다.
- 别管她　biéguǎn tā　　그녀를 상관 마라.
- 去她的　qù tā de　　그녀가 하는 대로 내버려둬라.

脸都丢尽了
liǎn dōu diū jìn le

면목이 없다.
체면이 다 깎이다.
사람 볼 낯이 없다.

1 A : 哎, 听说你老婆昨天到公司来骂了一天?
Āi, tīngshuō nǐ lǎopo zuótiān dào gōngsī lái mà le yītiān?

B : 嗨, 别提了, 我的脸都丢尽了。
Hāi, biétí le, wǒ de liǎn dōu diū jìn le.

2 A : 哎, 这件事要是让亲戚朋友们知道了怎么办?
Āi, zhè jiàn shì yàoshi ràng qīnqi péngyoumen zhīdao le zěnme bàn?

B : 是啊, 我怕的就是这个, 那咱们的脸就都丢尽了!
Shì a, wǒ pà de jiùshì zhè ge, nà zánmen de liǎn jiù dōu diū jìn le!

단어

- 脸　liǎn　　(명) 얼굴. 체면. 면목.
- 丢　diū　　(동) 잃다.
- 尽　jìn　　(동) 다하다. 다 없어지다. 다 쓰다.
- 骂　mà　　(동) 욕하다. 질책하다. 꾸짖다.

□	别提	biétí	(동) 말하지 마라. 제기하지 마라. 무슨 소리냐. 말도 마라. 그런 소리 마라. 말할 것도 없다. [정도가 심한 것을 나타냄]
□	要是	yàoshi	(접) 만일…이라면. 만약…하면.
□	亲戚	qīnqi	(명) 친척. 인척.
□	怕	pà	(동) 무섭다. 두려워하다. 걱정하다.

유사 표현

□	没脸见人	méiliǎn jiànrén	사람 볼 낯이 없다. 사람 볼 면목이 없다.
□	摘面儿	zhāi miànr	체면을 깎다.
□	无地自容	wúdì zìróng	부끄러워 어쩔 줄 모르다. 부끄러워 몸 둘 바를 모르다. 부끄러워 쥐구멍에라도 들어가고 싶다.

□ 了不得了
liǎobudé le

야단났다.
(큰)일 났다.

① A: 了不得了! 教学楼着火了!
Liǎobudé le! Jiàoxuélóu zháohuǒ le!

B: 快跑! 晚了就出不去了!
Kuài pǎo! Wǎn le jiù chū bu qù le!

② A: 可了不得了! 大街上全是人!
Kě liǎobudé le! Dàjiēshang quán shì rén!

B: 为什么呀! 快去看看!
　　Wèishénme ya! Kuài qù kàn kàn!

| 教学楼 | jiàoxuélóu | (명) 강의동. 강의실. |
| 着火 | zháohuǒ | (동) 불이 나다[붙다]. 화재가 발생하다. |

不好了	bù hǎo le	큰일 났다.
出事了	chū shì le	일이 발생했다.
十万火急	shíwàn huǒjí	대단히 급하다. 아주 다급하다.

了不起
liǎobuqǐ

놀랍다.
대단하다.
뛰어나다.
굉장하다.

1　A: 你知道老王帮助穷孩子上学的事吗?
　　　Nǐ zhīdao lǎo Wáng bāngzhù qióng háizi shàngxué de shi ma?

　　B: 听说了, 真了不起!
　　　Tīngshuō le, zhēn liǎobuqǐ!

2　A: 小刘会六门外语! 太了不起了!
　　　Xiǎo Liú huì liù mén wàiyǔ! Tài liǎobuqǐ le!

B: 了不起是了不起，就是中文太差!
Liǎobuqǐ shì liǎobuqǐ, jiùshì Zhōngwén tài chà!

❸ A: 小张开了一辆奔驰，特了不起的样子。
Xiǎo Zhāng kāi le yī liàng Bēnchí, tè liǎobuqǐ de yàngzi.

B: 有什么了不起，那车是他女朋友的!
Yǒu shénme liǎobuqǐ, nà chē shì tā nǚ péngyou de!

단어

□ 了不起	liǎobuqǐ	(형) 보통이 아니다. 뛰어나다. 놀랍다. 굉장하다.
□ 帮助	bāngzhù	(동) 돕다. 원조하다. 보좌하다.
□ 穷	qióng	(형) 가난하다. 궁하다.
□ 会	huì	(조동) …할 줄 알다. …할 수 있다.
□ 门	mén	(양) 가지. 과목. [학문·기술 따위를 세는데 쓰임]
□ 差	chà	(형) 나쁘다. 좋지 않다. 표준에 못 미치다.
□ 开	kāi	(동) (차량 따위를) 운전하다.
□ 辆	liàng	(양) 대. 량. [차를 세는데 쓰임]
□ 特	tè	(부) 특히. 아주.
□ 样子	yàngzi	(명) 모양. 꼴. 형태. 태도. 표정.

유사 표현

□ 一鸣惊人	yīmíng jīngrén	평소에는 특별한 것이 없다가도, 한번 시작하면 사람을 놀라게 할 정도의 큰일을 이루다.
□ 真不错	zhēn bùcuò	정말 훌륭하다.
□ 真行	zhēn xíng	정말 대단하다.
□ 不容易啊	bù róngyì a	쉽지 않다. 대단하다.

了不起呀
liǎobuqǐ ya

별거 아니야.
뭐가 놀라워.
뭐가 대단해.
뭐가 굉장해.
뭐가 훌륭해.

1 A : 昨儿我和美国朋友吃饭来着!
Zuór wǒ hé Měiguó péngyou chī fàn láizhe!

B : 和美国人吃饭了不起呀?
Hé měiguórén chī fàn liǎobuqǐ ya?

2 A : 我已经出了好几本书了!
Wǒ yǐjing chū le hào jǐ běn shū le!

B : 出几本书了不起呀?
Chū jǐ běn shū liǎobuqǐ ya?

- 昨儿　　Zuór　　(명사) 어제.
- 出　　　chū　　 (동) (밖으로) 내다. 발행하다. 발표하다. 출판하다.

- 不过如此　　bùguò rúcǐ　　그저 그런데.
　　　　　　　　　　　　　　그 정도 가지고 뭘.
- 很有面子吗　hěn yǒu miànzi ma　체면이 서나?
- 算什么呀　　suàn shénme ya　그깟 게 뭐라고.

另类
lìnglèi

별종.
다른 유형.
남다른 사람[사물].
색다른 사람[사물].
[개성과 특색을 갖춘 반전통적인 사람이나 사물을 가리키는 말]

1 A：哎，你看他那德行，言行穿戴，发型颜色都和别人不一样！
Āi, nǐ kàn tā nà déxing, yánxíng chuāndài, fàxíng yánsè dōu hé biéren bù yīyàng!

B：这就叫另类。
Zhè jiù jiào lìnglèi.

2 A：哎，哲学系那小伙子篇篇论文都有创意，
Āi, zhéxuéxì nà xiǎohuǒzi piān piān lùnwén dōu yǒu chuàngyì,

表达上也很有特点，真让人妒忌！
biǎodáshang yě hěn yǒu tèdiǎn, zhēn ràng rén dùjì!

B：有什么了不起，不过是哗众取宠的另类罢了。
Yǒu shénme liǎobuqǐ, bùguò shì huá zhòng qǔ chǒng de lìnglèi bàle.

단 어

德行	déxing	(명) 꼬락서니. 작태. 꼴불견.
言行	yánxíng	(명) 언행. 말과 행동.
穿戴	chuāndài	(명·동) 입고 쓰는 것. 옷과 장신구. 옷차림. 차림새. 몸치장하다. 분장하다.
发型	fàxíng	(명) 헤어스타일(hairstyle). 머리스타일.
哲学	zhéxué	(명) 철학.
系	xì	(명) 학과(學科).

생생 중국어 구어 표현

- 小伙子 　　xiǎohuǒzi 　　　　(명) 젊은이. 청년. 총각.
- 创意 　　　chuàngyì 　　　　(명·동) 독창적인 [창조적인·창의적인] 의견이나 구상(을 제시하다).
- 表达 　　　biǎodá 　　　　　(동) (자신의 사상이나 감정을) 나타내다. 표현하다. 드러내다.
- 妒忌 　　　dùjì 　　　　　　(동) 샘하다. 질투하다.
- 哗众取宠 　huázhòng qǔchǒng 　말이나 행동으로 사람들에게 영합하여 칭찬과 지지를 얻다. 뭇 사람을 웃기어 환심을 사다. 말재주를 부려 환심을 사다.
- 罢了 　　　bàle 　　　　　　(조) (서술문 끝에 쓰여) 단지 …일 따름이다. [주로 '不过·无非·只是' 등과 호응하여 쓰임]

- 与众不同 　yǔzhòng bùtóng 　뭇사람과 다르다. 남다르다. 남보다 뛰어나다.
- 新潮 　　　xīncháo 　　　　신사조. 새로운 경향[풍조·추세].
- 怪异 　　　guàiyì 　　　　　괴이하다. 기이하다. 별나다. 보통이 아니다.
- 各色 　　　gèsè 　　　　　　특별하다. 유별나다. 별나다. 독특하다.

□ 另想着儿吧
lìng xiǎng zhāor ba

수법을 바꿔 봐.
계획을 수정해 봐.
딴 방법을 찾아 봐.
다른 방법을 생각해 봐.

---

1 A : 老板, 人家不同意咱们的方案。
　　　　Lǎobǎn, rénjia bù tóngyì zánmen de fāng'àn.

　　B : 那就另想着儿吧。
　　　　Nà jiù lìng xiǎng zhāor ba.

2 A : 老大, 她对吃喝玩乐不感兴趣。
　　　　Lǎodà, tā duì chī hē wánlè bù gǎn xìngqù.

B： 奇怪，那就另想着儿吧。
　　Qíguài, nà jiù lìng xiǎng zhāor ba.

단 어

□ 另	lìng	(형) 다른. 그 밖의. 이외의.
□ 着儿	zhāor	(명) (바둑이나 장기 따위의) 수. 계책. 수단.
□ 人家	rénjia	(명) 남. 다른 사람.
□ 方案	fāng'àn	(명) 방안. 방책. 계획.
□ 玩乐	wánlè	(동) 즐기다. (흥겹게) 놀다. 장난치다.
□ 感	gǎn	(동) 느끼다. 생각하다.
□ 兴趣	xìngqù	(명) 흥미. 흥취. 재미.
□ 奇怪	qíguài	(형) 괴이하다. 괴상하다. 기이하다. 이상히 여기다.

유사 표현

□ 另作打算	lìng zuò dǎsuàn	다른 계획을 짜다.
□ 换个方式	huàn ge fāngshì	방법을 바꾸다.

□ **露了一怯**
lòu le yī qiè

망신당하다.
창피당하다.
창피해서 혼이 나다.
우스운 꼴을 보이다.

 A： 听说昨儿的会上你露了一怯?
　　Tīngshuō zuór de huìshang nǐ lòu le yī qiè?

B： 也没什么，就是把'阐述'念成'shan述'了。
　　Yě méi shénme, jiùshì bǎ 'chǎnshù' niàn chéng 'shānshù' le.

생생 중국어 구어 표현

2 A : 老李呀, 你会吃西餐吗?
　　　Lǎo Lǐ ya, nǐ huì chī xīcān ma?

　　B : 还说呢, 昨儿就把叉子掉到地上, 露了一怯。
　　　Hái shuō ne, zuór jiù bǎ chāzi diào dào dìshang, lòu le yī qiè.

단어

- 露怯　　lòuqiè　　(동) (잘 몰라서) 우스운 꼴을 보이다.
- 阐述　　chǎnshù　　(동) (비교적 심오한 문제를) 명백히 논술하다.
- 西餐　　xīcān　　(명) 양식.
- 叉子　　chāzi　　(명) 포크.

유사 표현

- 失言　　shīyán　　실언하다.
- 失手　　shīshǒu　　손에서 놓치다.
- 失措　　shīcuò　　갈팡질팡하다.
　　　　　　　　놀라고 당황하여 어찌할 바를 모르다.
- 偶有失态　ǒu yǒu shītài　우연히 실수를 드러내다.

☐ **乱了套了**
　　luàn le tào le

엉망진창이다.
난리도 아니다.
뒤죽박죽 되었다.
엉망이 되어버렸다.

① A: 快叫电工，四边的红绿灯都坏了！
Kuài jiào diàngōng, sìbiān de hónglǜdēng dōu huài le!

B: 啊！那不乱了套了吗！
Ā! Nà bù luàn le tào le ma!

② A: 课堂里怎么那么乱啊？
Kètánglǐ zěnme nàme luàn a?

B: 老师没来，当然就乱了套了。
Lǎoshī méi lái, dāngrán jiù luàn le tào le.

乱套	luàntào	(동) (차례나 질서 따위가) 어지러워지다. 혼란해지다.
叫	jiào	(동) 부르다. 찾다. 불러오다.
电工	diàngōng	(명) 전공. 전기 기술자.
四边	sìbiān	(명) 사방. 주위.
红绿灯	hónglǜdeng	(명) 신호등.
坏	huài	(동) 망가지다. 고장 나다. 탈나다.
课堂	kètáng	(명) 교실. 강의실.
老师	lǎoshī	(명) 선생님. 은사. 스승.

一锅粥	yī guō zhōu	한 솥 안의 죽. 뒤범벅. 뒤죽박죽. 엉망.
失去控制	shīqù kòngzhì	제어력을 잃다. 규제를 벗어나다.

M

没法说
méifǎ shuō

말하기 어렵다.
설명하기가 (좀) 그렇다.
이야기 꺼내기가 (좀) 그렇다.

1 A: 请说说你被人欺骗的经过。
Qǐng shuō shuō nǐ bèi rén qīpiàn de jīngguò.

B: 没法说。
Méifǎ shuō.

2 A: 你们说输球输得冤, 冤在哪了?
Nǐmen shuō shū qiú shū de yuān, yuān zài nǎ le?

B: 没法说。
Méifǎ shuō.

단어

- 法(儿) fǎ(r) (명) 방법. 방식.
- 被 bèi (개) (…에게) …당하다.
- 欺骗 qīpiàn (동) 기만하다. 속이다.
- 经过 jīngguò (명) 과정. 경력.
- 输 shū (동) (승부에서) 지다. 패하다. (도박에서) 잃다.

― M ―

- ☐ 球　　　qiú　　　　　　(명) 구기운동. 공. 볼. 구형에 가까운 물체.
- ☐ 冤　　　yuān　　　　　(명·동) 억울(하다). 원통(하다).

- ☐ 羞于启齿　xiū yú qǐchǐ　　이야기를 꺼내기가 부끄럽다.
- ☐ 没脸说　　méiliǎn shuō　　이야기할 낯이 없다.
　　　　　　　　　　　　　　이야기할 면목이 없다.
- ☐ 怎么说呀　zěnme shuō ya　어떻게 이야기를 해야 하나.
- ☐ 说不清楚　shuō bu qīngchu　분명히 말할 수 없다.

☐ **没感觉**
méi gǎnjué

(별) 느낌이 없다.
'Feel'이 안 온다.
별 생각이 안 든다.
마음이 내키지 않는다.

---

❶ A： 你为什么不喜欢那个漂亮姑娘？
　　　Nǐ wèishénme bù xǐhuan nà ge piàoliang gūniang?

　B： 漂亮是漂亮，就是没感觉。
　　　Piàoliang shì piàoliang, jiùshì méi gǎnjué.

❷ A： 你的交响乐快写完了吧？
　　　Nǐ de jiāoxiǎngyuè kuài xiě wán le ba?

　B： 哪儿啊？那种感觉再也找不到了。
　　　Nǎr a? Nà zhǒng gǎnjué zài yě zhǎo bu dào le.

생생 중국어 구어 표현

단어

- 感觉　　　gǎnjué　　　　(명·동) 감각. 느낌. 느끼다. 여기다.
- 交响乐　　jiāoxiǎngyuè　(명) 교향곡.
- 找不到　　zhǎo bu dào　찾을 수 없다.

유사 표현

- 兴味索然　xìngwèi suǒrán　흥미가 없다.
- 没意思　　méi yìsi　　　재미가 없다.
- 没味道　　méi wèidao　　재미가 없다.
- 白开水　　báikāishuǐ　　밍밍하다.
　　　　　　　　　　　　　무미하다.
- 温吞水　　wēntūnshuǐ　　미적지근하다.

☐ 没见过你这种人
méi jiàn guo nǐ zhè zhǒng rén

뭐 이런 사람이 다 있어.
당신 같은 사람은 보다보다 처음 본다.
여태껏 당신 같은 사람은 본 적이 없다.

 A : 喂, 你怎么踩了人家的脚, 连句'对不起'都不说呀?
　　　Wèi, nǐ zěnme cǎi le rénjia de jiǎo, lián jù 'duìbuqǐ' dōu bù shuō ya?

　　　没见过你这种人!
　　　Méi jiàn guo nǐ zhè zhǒng rén!

B : 咦? 车这么挤, 又不是故意的, 踩了就踩了呗,
　　Yí? Chē zhème jǐ, yòu bù shì gùyì de, cǎi le jiù cǎi le bei,

我也没见过你这种人!
wǒ yě méi jiàn guo nǐ zhè zhǒng rén!

② A： 老李呀，怄点气也是难免的，你怎么能一气就八年不
Lǎo Lǐ ya, òu diǎn qì yě shì nánmiǎn de, nǐ zěnme néng yī qì jiù bā nián bù

回家呢？没见过你这种人!
huí jiā ne? Méi jiàn guo nǐ zhè zhǒng rén!

B： 嗨，你不知道，这里面事多了，说不清楚。
Hāi, nǐ bù zhīdao, zhè lǐmiàn shì duō le, shuō bu qīngchu.

- □ 踩　　　cǎi　　　　　(동) 밟다. 짓밟다.
- □ 挤　　　jǐ　　　　　(동) 빽빽이 들어차다. 꽉 차다. 붐비다.
- □ 故意　　gùyì　　　　(부) 고의로. 일부러.
- □ 怄气　　òuqì　　　　(동) 화내다. 화나게 하다.
- □ 难免　　nánmiǎn　　(형) 불가피하다. 피할 수 없다.

- □ 不伦不类　bùlún bùlèi　　돼먹지 못하다.
  　　　　　　　　　　　　사람이 사람답지 않다.
- □ 真少见　　zhēn shǎojiàn　진짜로 희한하다. 보기 드물다.
- □ 什么人哪　shénme rén na　(당신) 뭐야.
  　　　　　　　　　　　　무슨 사람이 이래.
  　　　　　　　　　　　　(당신이) 뭔데 (그래).

생생 중국어 구어 표현

☐ **没劲**
méijìn

시시하다.
재미없다.
흥미 없다.
무미건조하다.

1 A : 你的女朋友可爱吗?
　　　Nǐ de nǚ péngyou kěài ma?

　　B : 除了生闲气, 她什么都不会! 没劲。
　　　Chúle shēng xiánqì, tā shénme dōu bù huì! Méijìn.

2 A : 当了三年大学生, 感觉怎么样?
　　　Dāng le sān nián dàxuésheng, gǎnjué zěnmeyàng?

　　B : 不能说没学东西, 可是骗局和陷阱太多, 真没劲!
　　　Bù néng shuō méi xué dōngxi, kěshì piànjú hé xiànjǐng tài duō, zhēn méijìn!

단 어

☐ 劲	jìn	(명) 흥미. 재미.
☐ 可爱	kěài	(형) 귀엽다. 사랑스럽다.
☐ 除了	chúle	(개) …을 제외하고(는). …외 또.
☐ 生	shēng	(동) (병·사건·효과 등이) 발생하다. 생기다. 야기하다.
☐ 闲气	xiánqì	(명) (하찮은 일로 내는) 노기[화]. 공연한 분노[시비].
☐ 骗局	piànjú	(명) 꿍꿍이. 사기 수단. 기만책. 속임수.
☐ 陷阱	xiànjǐng	(명) 함정.

- 没意思　　　méi yìsi　　　재미가 없다.
- 味同嚼蜡　　wèi tóng jiáo là　　양초를 씹는 맛 같다. 무미건조하다.

没看出好儿来
méi kàn chū hǎor lái

별 재미없었다.
특이한 건 없었다.
별로 좋은 건 없었다.

1 A: 老李呀, 昨儿的舞蹈晚会怎么样?
Lǎo Lǐ ya, zuór de wǔdǎo wǎnhuì zěnmeyàng?

B: 哼, 没看出好儿来。
Hēng, méi kàn chū hǎor lái.

2 A: 老李呀, 我这股票的走势怎么样?
Lǎo Lǐ ya, wǒ zhè gǔpiào de zǒushì zěnmeyàng?

B: 哎呀, 没看出好儿来。
Āiyā, méi kàn chū hǎor lái.

- 舞蹈　　wǔdǎo　　(명·동) 무도(하다). 춤(추다). 무용(하다).
- 晚会　　wǎnhuì　　(명) 야회(夜會). 이브닝 파티(evening party).
- 走势　　zǒushì　　(명) (가격 따위의) 동향[추세].

□	没什么意思	méi shénme yìsi	별 재미가 없다.
□	不怎么样	bù zěnmeyàng	별로다. 그저 그렇다.
□	平淡无奇	píngdàn wúqí	특이한 점이 없이 평범하다.

□ **没您不成**

méi nín bùchéng

너 없으면 안 돼.
네가 빠지면 안 돼.

1 A : 我晚上有个应酬，我得走了。
Wǒ wǎnshang yǒu ge yìngchou, wǒ děi zǒu le.

B : 怎么着老李！你没见这'三缺一'吗？没您不成！
Zěnmezhe lǎo Lǐ! Nǐ méi jiàn zhè 'sān quē yī' ma? Méi nín bùchéng!

2 A : 老李呀，明儿的新闻发布会我就不参加了，你主持吧。
Lǎo Lǐ ya, míngr de xīnwén fābùhuì wǒ jiù bù cānjiā le, nǐ zhǔchí ba.

B : 那哪行啊？第一把手不在，还有什么信任度啊？
Nà nǎ xíng a? Dì yī bǎ shǒu bù zài, háiyǒu shénme xìnrèndù a?

没您不成！
Méi nín bùchéng!

| □ | 应酬 | yìngchou | (명·동) (사적인) 연회. 응대(하다). 교제(하다). 사교(하다). 접대 |

- M -

		(하다).
☐ 怎么着	zěnmezhe	어떻게 합니까? 어떻게 할 것인가? [동작·행위·상황을 물음]
☐ 缺	quē	(형) 부족하다.
☐ 明儿	míngr	(명) 내일.
☐ 新闻	xīnwén	(명) 뉴스.
☐ 发布会	fābùhuì	(명) 발표회.
☐ 主持	zhǔchí	(동) 주관하다. 책임지고 집행하다.

你走了我们怎么办哪　nǐ zǒu le wǒmen zěnme bàn na　네가 가버리면 우리는 어떻게 하라고.

☐ **美女**
měinǚ

미녀.
미인.
아름다운 여자.

① A : 快过来吧, 这儿有大美女等着你呢!
　　　Kuài guòlái ba, zhèr yǒu dà měinǚ děng zhe nǐ ne!

　B : 真的? 我马上就到!
　　　Zhēn de? Wǒ mǎshàng jiù dào!

② A : 怎么刚来就走啊?
　　　Zěnme gāng lái jiù zǒu a?

　B : 这就是你说的美女? 比大猩猩还可怕!
　　　Zhè jiùshì nǐ shuō de měinǚ? Bǐ dàxīngxing hái kěpà!

143

- 大猩猩　　dàxīngxing　　(명) 고릴라.
- 可怕　　　kěpà　　　　 (형) 두렵다. 무섭다. 겁나다. 끔찍하다. 소름이 끼치다. 무시무시하다. 간담이 서늘해지다.

- 倾国倾城　qīngguó qīngchéng　　절세의 미인. 경국지색.
- 大美女　　dà měinǚ　　　　　　굉장한[대단한] 미인.
- 靓女　　　jìngnǚ　　　　　　　미녀. 미인. [주로 젊은 여성을 가리킴]

N

□ 拿把
nábǎ

골탕 먹이다.
한 방 먹이다.
고의로 애먹이다.
일부러 속을 썩이다.

 A：咦? 怎么才干一半就不干了!
　　　 Yí? Zěnme cái gàn yībàn jiù bù gàn le!

B： 老板给的钱太少！我拿他一把，让他自己干吧！
　　Lǎobǎn gěi de qián tài shǎo! Wǒ ná tā yī bǎ, ràng tā zìjǐ gàn ba!

② A： 这种技术只有老李会，快去叫他！
　　Zhè zhǒng jìshù zhǐyǒu lǎo Lǐ huì, kuài qù jiào tā!

B： 老李，老板叫你呢！
　　Lǎo Lǐ, lǎobǎn jiào nǐ ne!

C： 他平时看不起我，现在想起我来，我该拿一把了！
　　Tā píngshí kàn bu qǐ wǒ, xiànzài xiǎng qǐ wǒ lái, wǒ gāi ná yī bǎ le!

단어

- 一半　　　yībàn　　　(명) 반. 절반.
- 老板　　　lǎobǎn　　(명) 사장. 지배인.
- 技术　　　jìshù　　　(명) 기술.
- 只　　　　zhǐ　　　　(부) 오직. 오로지. 다만.
- 看不起　　kàn bu qǐ　　경멸하다. 업신여기다. 깔보다.

유사 표현

- 将他一军　　jiāng tā yī jūn　　그를 궁지에 몰다.
　　　　　　　　　　　　　　그를 난처하게 하다.
　　　　　　　　　　　　　　그에게 한 방 먹이다.
- 要价儿　　　yàojiàr　　　대가를 요구하다.
　　　　　　　　　　　　(담판 시) 조건을 제시하다.
- 搁车　　　　gē chē　　　(일을) 그만두다. 중지하다.
　　　　　　　　　　　　차를 세워두다[방치하다].
- 给他撂了　　gěi tā liào le　　(일을) 떠넘기다.
　　　　　　　　　　　　　　(일을 하다가 도중에) 방치하다.

생생 중국어 구어 표현

□ **拿什么大呀**

ná shénme dà ya

잘난 척은.
꼴값 떨기는.
잘난 척 하지 마.
뭐가 잘나서 (그래).
뭐가 (그리) 대단한데.

A：喂, 这种菜我不吃! 会发肥的!
　　Wèi, zhè zhǒng cài wǒ bù chī! Huì fā féi de!

B：哟! 你拿什么大呀? 我记得你在村儿里什么都吃!
　　Yō! Nǐ ná shénme dà ya? Wǒ jìde nǐ zài cūnrli shénme dōu chī!

A：哎, 怎么叫的 '面的' 呀! 我什么时候坐过这种车?
　　Āi, zěnme jiào de 'miàndī' ya! Wǒ shénme shíhou zuò guo zhè zhǒng chē?

B：喝! 你拿什么大呀? 忘了你天天挤车那会儿啦!
　　Hē! Nǐ ná shénme dà ya? Wàng le nǐ tiān tiān jǐ chē nà huìr la!

단 어

□ 发肥	fā féi	(동) 살찌다.
□ 村儿	cūnr	(명) 마을. 동네. 촌락. 시골.
□ 面的	miàndī	(명) 소형 승합차 모양의 택시. ['**面包车**(miànbāochē : 미니버스)'와 '**的士**(dīshì : 택시)'를 합친 말]

유사 표현

□ 暴发户	bàofāhù	졸부(주제에).
□ 你以为你是谁	nǐ yǐwéi nǐ shì shéi	네가 뭔데.

☐ 装蒜　　　　zhuāngsuàn　　　내숭을 떨다.
　　　　　　　　　　　　　　　시치미를 떼다.

☐ 拿下
náxià

체포해.
구속해.
처리하다.
해결하다.

① A：皇上，您的意见不对！
　　　Huángshàng, nín de yìjiàn búduì!

　 B：你敢反对我！(对卫兵说：) 给我拿下！
　　　Nǐ gǎn fǎnduì wǒ! (duì wèibīng shuō：) Gěi wǒ náxià!

② A：已经打了三天，那个山头还在敌人手里！
　　　Yǐjing dǎ le sān tiān, nà ge shāntóu hái zài dírén shǒuli!

　 B：军长放心，今晚我一定把它拿下来！
　　　Jūnzhǎng fàngxīn, jīnwǎn wǒ yīdìng bǎ tā náxiàlái!

③ A：我让你办的事怎么样了？
　　　Wǒ ràng nǐ bàn de shì zěnmeyàng le?

　 B：领导，我克服重重困难，刚刚拿下！
　　　Lǐngdǎo, wǒ kèfú chóngchóng kùnnan, gānggāng náxià!

☐ 皇上　　huángshàng　　(명) 폐하.
☐ 意见　　yìjiàn　　　　 (명) 의견.

생생 중국어 구어 표현

☐	敢	gǎn	(조동) 감히…하다.
☐	反对	fǎnduì	(동) 반대하다.
☐	卫兵	wèibīng	(명) 호위병.
☐	打	dǎ	(동) 공격하다. 싸우다.
☐	山头	shāntóu	(명) 산봉우리. 산꼭대기.
☐	敌人	dírén	(명) 적.
☐	手里	shǒuli	(명) 손. 수중.
☐	军长	jūnzhǎng	(명) 군단장.
☐	放心	fàngxīn	(동) 마음을 놓다. 안심하다.
☐	克服	kèfú	(동) 극복하다. 이기다. 인내하다. 참고 견디다.
☐	重重	chóngchóng	(형) 겹겹의. 겹쳐진. 매우 많다.
☐	困难	kùnnan	(명·형) 빈곤. 곤란. 애로. 어려움. 곤란하다. 어렵다. 빈곤하다. 곤궁하다.

유사 표현

☐	摆平	bǎipíng	해결하다. 처리하다.
☐	大功告成	dàgōng gàochéng	(대형 프로젝트·대형 사업·중요 임무 등) 큰일의 완성을 선언하다. 큰일을 마치다. 큰 성공을 거두다.
☐	搞掂	gǎodiān	(타당하게) 처리하다. 해결하다. 풀다. 해내다.
☐	OK		오케이. 됐다. 만사 해결.

☐ **哪能啊**

nǎ néng a

불가능 해.
말도 안 돼.
(그게) 어떻게 가능해.
(그게) 말이 될 소리야.
절대로 그럴 리가 없어.
어떻게 그럴 수가 있어.

 A： 老李呀，听说你20年来一直对我有意见？
　　　　Lǎo Lǐ ya, tīngshuō nǐ èrshí nián lái yīzhí duì wǒ yǒu yìjian?

　　 B： 哪能啊，我根本不了解你。
　　　　Nǎ néng a, wǒ gēnběn bù liǎojiě nǐ.

 A： 哎，听说明年地球得爆炸！
　　　　Āi, tīngshuō míngnián dìqiú děi bàozhà!

　　 B： 哪能啊！你听那些干吗？
　　　　Nǎ néng a! Nǐ tīng nà xiē gànmá?

단어

一直	yīzhí	(부) 계속해서. 내내. 연속해서. 끊임없이. 줄곧.
根本	gēnběn	(부) 근본적으로. 아예. 전연. 도무지.
了解	liǎojiě	(동) 이해하다. 알다.
明年	míngnián	(명) 내년. 명년.
地球	dìqiú	(명) 지구.
爆炸	bàozhà	(동) 폭발하다. 작렬하다.

유사 표현

绝无可能	juéwú kěnéng	절대로 불가능하다.
矢口否认	shǐkǒu fǒurèn	완강히 부인하다.
		절대로 인정하지 않다.
怎么会呢	zěnme huì ne	그럴 리가.
		어떻게 그럴 수가 (있어).

哪儿啊
nǎr a

아니야.
무슨 소리야.
천만에 말씀.
그렇지 않아.
실제로는 안 그래.

1 A: 老李呀, 你当过农民吧?
Lǎo Lǐ ya, nǐ dāng guo nóngmín ba?

B: 哪儿啊! 我们家几代都是读书人。
Nǎr a! Wǒmen jiā jǐ dài dōu shì dúshūrén.

2 A: 老李啊, 从来没有女人追过你吧?
Lǎo Lǐ a, cónglái méiyǒu nǚrén zhuī guo nǐ ba?

B: 哪儿啊! 好几个开电梯的都对我有意思。
Nǎr a! Hǎo jǐ ge kāi diàntī de dōu duì wǒ yǒu yìsi.

农民	nóngmín	(명) 농민.
读书人	dúshūrén	(명) 지식인. 학자. 독서인.
从来	cónglái	(부) 지금까지.
追	zhuī	(동) 쫓다. 따라잡다. 뒤따르다.
开	kāi	(동) 열다. (기계 따위를) 조종하다.
电梯	diàntī	(명) 엘리베이터(elevator).
有意思	yǒu yìsi	(남녀가) 마음에 들다. 재미있다. 의미심장하다.

 유사 표현

- 根本不是那么回事   gēnběn bù shì nàme huí shì   근본적으로 그렇지 않다.
- 不以为然   bùyǐwéirán   그렇다고 생각하지 않다.
- 大相径庭   dàxiāng jìngtíng   매우 동떨어지다. 현저한 차이가 있다.

哪儿跟哪儿啊这是
nǎr gēn nǎr a zhè shì

이게 도대체 뭐야.
뭐가 어쩌고 어째.
무슨 소리를 하는 거야.
도대체 무슨 말을 하는 거야.
이게 웬 자다가 봉창 두드리는 소리야.

① A: 我小时候被猫抓过，所以我也怕狗！
Wǒ xiǎoshíhou bèi māo zhuā guo, suǒyǐ wǒ yě pà gǒu!

B: 猫跟狗有什么关系？哪儿跟哪儿啊这是！
Māo gēn gǒu yǒu shénme guānxi? Nǎr gēn nǎr a zhè shì!

② A: 你刚才说头疼，现在又说肚子疼，哪儿跟哪儿啊这是！
Nǐ gāngcái shuō tóuténg, xiànzài yòu shuō dùzi téng, nǎr gēn nǎr a zhè shì!

B: 你没听说过肠胃型感冒吗？
Nǐ méi tīngshuō guo chángwèixíng gǎnmào ma?

 단어

- 抓   zhuā   (동) (손가락·발톱으로) 꽉 쥐다. 할퀴다. 긁다. 붙잡다. 체포하다.
- 肠胃   chángwèi   (명) 창자와 위. 소화기관.

| □ 感冒 | gǎnmào | (명·동) 감기(에 걸리다). |

| □ 毫不相干 | háobù xiānggān | 조금도 상관이[관계가] 없다. |
| □ 不搭界 | bù dājiè | 관련이 없다. 무관하다. |

□ **那还用说**

nà hái yòng shuō

물론이지.
당연하지.
더 말해 뭘 해.
두말하면 잔소리지.
무슨 말이 더 필요해.

1 A : 哎, 天这么热, 应该吃点清淡的吧?
　　　Āi, tiān zhème rè, yīnggāi chī diǎn qīngdàn de ba?

　　B : 那还用说。
　　　Nà hái yòng shuō.

2 A : 您说, 我儿子读完硕士, 是不是继续读博士?
　　　Nín shuō, wǒ érzi dú wán shuòshì, shì bu shì jìxù dú bóshì?

　　B : 那还用说。
　　　Nà hái yòng shuō.

| □ 清淡 | qīngdàn | (형) (맛·색깔 따위가) 담백하다. 산뜻하다. 연하다. 담담하다. |
| □ 读 | dú | (동) 공부하다. 학교에 가다. |

- ☐ 硕士　　　shuòshì　　　(명) 석사.
- ☐ 继续　　　jìxù　　　　(부) 계속해서. 이어서.
- ☐ 博士　　　bóshì　　　 (명) 박사.

- ☐ 无须赘言　　wúxū zhuìyán　　군말이 필요 없다.
- ☐ 这是常识　　zhè shì chángshí　이건 상식이다.
- ☐ 废什么话呀　fèi shénme huà ya　웬 쓸데없는 소리야.
　　　　　　　　　　　　　　　　쓸데없는 소리 마라.

☐ **那可没准儿**

nà kě méizhǔnr

딱히 말할 수 없다.
확실히는 말을 못하다.
확정적으로 말할 수 없다.
(지금은 딱히 뭐라고 말하기 곤란하니까) 다음에 다시 이야기하자.

❶ A: 晚上七点, 我在北京饭店等你, 一定来啊!
　　　Wǎnshang qī diǎn, wǒ zài běijīng fàndiàn děng nǐ, yīdìng lái a!

　 B: 哟! 那可没准儿!
　　　Yō! Nà kě méizhǔnr!

❷ A: 咱们的协议书已经签字, 就等着贵公司汇款了!
　　　Zánmen de xiéyìshū yǐjing qiānzì, jiù děng zhe guì gōngsī huìkuǎn le!

　 B: 协议归协议, 资金什么时候到位, 那可没准!
　　　Xiéyì guī xiéyì, zījīn shénme shíhou dàowèi, nà kě méizhǔn!

3 A：明年春天咱们就结婚吧!
　　　Míngnián chūntiān zánmen jiù jiéhūn ba!

　　B：那可没准!
　　　Nà kě méizhǔn!

단 어

□ 准儿	zhǔnr	(명) 확정적인 생각[방식·규율].
□ 饭店	fàndiàn	(명) 레스토랑. 식당. 호텔. 여관.
□ 等	děng	(동) 기다리다.
□ 一定	yīdìng	(부) 반드시. 필히. 꼭.
□ 咱们	zánmen	(대) 우리(들).
□ 协议书	xiéyìshū	(명) 협의서. 합의서.
□ 已经	yǐjing	(부) 이미. 벌써.
□ 签字	qiānzì	(동) 서명하다. 사인하다.
□ 公司	gōngsī	(명) 회사.
□ 汇款	huìkuǎn	(명·동) 송금한 돈. 부친(부쳐온) 돈. 송금하다.
□ 归	guī	중첩동사 사이에 놓여 동작이 서로 관련되지 않거나, 결과가 없음을 나타냄.
□ 资金	zījīn	(명) 자금.
□ 到位	dàowèi	(동) 도착하다. 때가 되다. 상황이 되다.
□ 明年	míngnián	(명) 내년.
□ 春天	chūntiān	(명) 봄.
□ 结婚	jiéhūn	(동) 결혼하다.

□ 犹豫不决	yóuyù bùjué	주저주저하다. 결단을 내리지 못하고 망설이다.
□ 说不准	shuō bu zhǔn	확정적으로 말할 수 없다.
□ 说不好	shuō bu hǎo	딱히 말할 수 없다.
□ 再说吧	zài shuō ba	(다음에) 다시 이야기 하자.

那哪行啊
nà nǎ xíng a

어떻게 그래.
그러면 안 되지.
그럴 수는 없지.
그게 어떻게 가능해.

1 A: 老李，今晚我去你家住吧。
Lǎo Lǐ, jīnwǎn wǒ qù nǐ jiā zhù ba.

B: 那哪行啊！我们家没地儿！
Nà nǎ xíng a! Wǒmen jiā méi dìr!

2 A: 这笔生意虽然有风险，咱们也得咬牙做了！
Zhè bǐ shēngyi suīrán yǒu fēngxiǎn, zánmen yě děi yǎoyá zuò le!

B: 那哪行啊！我们不能拿国家的钱开玩笑！
Nà nǎ xíng a! Wǒmen bù néng ná guójiā de qián kāi wánxiào!

단어

住	zhù	(동) 묵다. 살다. 거주하다. 머무르다.
地儿	dìr	(명) 장소. 좌석.
笔	bǐ	(양) 금액[금전]이나 그것과 관계있는 데에 쓰임.
生意	shēngyi	(명) 장사. 사업.
虽然	suīrán	(접) 비록 …일지라도(하지만). 설령 …일지라도.
风险	fēngxiǎn	(명) 위험.
咱们	zánmen	(대) 우리(들).
咬牙	yǎoyá	(이를 악물고) 참다. 강경하다. 단호하다. 고집 세다.
拿	ná	(개) …을[를]. [목적어를 술어 앞에 끌어내어 쓸 때 사용함]
开玩笑	kāi wánxiào	농담하다. 웃기다. 놀리다. 장난으로 여기다.

| ☐ 那可不成 | nà kě bùchéng | 그러면 안 되지. |
| ☐ 别价 | biéjie | 안 돼. |

☐ 那我就不客气了
nà wǒ jiù bù kèqi le

그럼, 체면 차리지 않을게.
그럼, 예의 차리지 않을게.

1 A: 老李，这些菜都是为你点的，怎么还不使劲吃啊？
Lǎo Lǐ, zhè xiē cài dōu shì wèi nǐ diǎn de, zěnme hái bù shǐjìn chī a?

B: 哎，那我就不客气了！
Āi, nà wǒ jiù bù kèqi le!

☐ 客气	kèqi	(형) 예의바르다. 정중하다. 겸손하다.
☐ 菜	cài	(명) 요리. 음식.
☐ 点	diǎn	(동) (음식 따위를) 골라 시키다. 가리키다. 지적하다.
☐ 使劲	shǐjìn	(동) 힘을 쓰다.

| ☐ 假惺惺 | jiǎxīngxīng | 진심인 체하는 모양.
그럴듯하게 꾸미는 모양. |

那也得看是谁
nà yě děi kàn shì shéi

예외가 있다.
그건 사람에 따라 다르다.
그야 상대가 누구냐에 따라 다르다.
그야 (그 사람이) 누구인지를 봐야한다.

① A : 喂, 你不是说办出国签证最少得等三个月吗?
Wèi, nǐ bù shì shuō bàn chūguó qiānzhèng zuìshǎo děi děng sān ge yuè ma?

B : 对呀, 一般是这样。但那也得看是谁!
Duì ya, yībān shì zhèyàng. Dàn nà yě děi kàn shì shéi!

有人三天就办下来了。
Yǒu rén sān tiān jiù bàn xiàlái le.

② A : 奇怪! 全世界的图书馆都不许抽烟啊!
Qíguài! Quán shìjiè de túshūguǎn dōu bùxǔ chōuyān a!

B : 那也得看是谁, 刚才那位是新来的第一把手!
Nà yě děi kàn shì shéi, gāngcái nà wèi shì xīn lái de dìyībǎshǒu!

喂	wèi	(감) 야. 어이. 여보세요. [부르는 소리]
办	bàn	(동) (일 따위를) 하다. 처리하다. 다루다. 취급하다.
签证	qiānzhèng	(명) 비자.
奇怪	qíguài	(형) 의아하다. 이상하다. 뜻밖이다. 괴상하다. 기괴하다.
不许	bùxǔ	(동) 불허하다. …할 수 없다.
抽烟	chōuyān	(동) 담배를 피우다.
第一把手	dìyībǎshǒu	(명) 제 1인자. 직장의 최고 책임자.

유사 표현

- 区别对待　　qūbié duìdài　　차별을 두어 대접하다.
- 这得分人哪　zhè děi fēn rén na　(이건) 사람에 따라 차이를 두어야 한다.
- 那你可比不了　nà nǐ kě bǐ bù liǎo　너는 비교가 안 된다.

那有什么难的
nà yǒu shénme nán de

그거 별거 아니다.
그게 뭐가 어렵다고 (그래).

1 A：哎，'考研'可难了！尤其是英语和政治！
　　Āi, 'kǎo yán' kě nán le! Yóuqí shì yīngyǔ hé zhèngzhì!

　B：那有什么难的，下功夫就不难。
　　Nà yǒu shénme nán de, xià gōngfu jiù bù nán.

2 A：做买卖太难了，谈来谈去也成不了一笔。
　　Zuò mǎimai tài nán le, tán lái tán qù yě chéng bu liǎo yībǐ.

　B：那有什么难的，只要你有诚意。
　　Nà yǒu shénme nán de, zhǐyào nǐ yǒu chéngyì.

단어

- **考研**　　kǎoyán　　(동) 대학원 시험을 치다.
- **尤其**　　yóuqí　　(부) 특히. 더욱.
- **下功夫**　xià gōngfu　공을 들이다. 시간과 정력을 쏟아붓다. 힘쓰다. 노력하다. 공부하다.

	一笔	yībǐ	한 몫. [많은 돈을 나타낼 때 쓰임]
	只要	zhǐyào	(접) …하기만 하면. 만약 …라면.
	诚意	chéngyì	(명) 성의. 진심.

	一点都不难	yīdiǎn dōu bù nán	전혀 어렵지 않다.
			하나도 안 어렵다.
	不过尔尔	bùguò ěr'ěr	그 정도에 불과하다.
			그저 그러할 따름이다.

那又怎么样
nà yòu zěnmeyàng

그래서?
그게 뭐 어떻다고?
그런들 또 어쩌겠어?
그렇다고 한들 뭘 어떻게 하겠어?

1 A： 老李, 你还赖在简易房里! 推土机可要来了!
Lǎo Lǐ, nǐ hái lài zài jiǎnyìfángli! Tuītǔjī kě yào lái le!

B： 那又怎么样? 不给单元楼, 我死也不搬!
Nà yòu zěnmeyàng? Bù gěi dānyuánlóu, wǒ sǐ yě bù bān!

2 A： 老李, 你居然敢跟领导吵架!
Lǎo Lǐ, nǐ jūrán gǎn gēn lǐngdǎo chǎojià!

B： 那又怎么样? 他还能把我吃喽!
Nà yòu zěnmeyàng? Tā hái néng bǎ wǒ chī lou!

생생 중국어 구어 표현

단 어

- 赖　　　　　lài　　　　　　(동) 버티다. 눌러앉다. 머물러 떠나려 하지 않다.
- 简易房　　　jiǎnyìfáng　　　(명) 간이 가옥[주택].
- 推土机　　　tuītǔjī　　　　　(명) 불도저.
- 单元楼　　　dānyuánlóu　　(명) 현관이 있는 조그만 단층 아파트. [주로 북방에서 많이 씀]
- 搬　　　　　bān　　　　　　(동) 이사 가다.
- 居然　　　　jūrán　　　　　(부) 뜻밖에. 생각밖에. 의외로.
- 吵架　　　　chǎojià　　　　(동) 말다툼하다. 다투다.

유사 표현

- 他能怎么样　　tā néng zěnmeyàng　　그가 뭘 어쩌겠어.
　　　　　　　　　　　　　　　　　　　그가 어떻게 할 수 있겠어.

□ 耐不住啦
nài bu zhù la

참기 힘들어서 그래.
견디기 힘들어서 그래.
참을 수 없어서 그러는 거야.
(더 이상) 견딜 수 없어서 그러는 거야.
(더 이상) 버틸 수가 없어서 그러는 거야.

---

1 A : 哎, 我也想下海赚点钱去!
　　　　Āi, wǒ yě xiǎng xiàhǎi zhuàn diǎn qián qù!

　　B : 怎么了老李, 耐不住啦? 想去就去呗!
　　　　Zěnme le Lǎo Lǐ, nài bu zhù la? Xiǎng qù jiù qù bei!

2 A: 哎，我想找个中年女友，你看……？
　　　Āi, wǒ xiǎng zhǎo ge zhōngnián nǚyǒu, nǐ kàn……?

　　B: 噢！老李终于耐不住啦！我帮你介绍几个好不好？
　　　Ō! Lǎo Lǐ zhōngyú nài bu zhù la! Wǒ bāng nǐ jièshào jǐ ge hǎo bu hǎo?

- **下海**　　xiàhǎi　　(동) 원래 '바다로 흘러간다'는 뜻인데, 갱단 같은 조직에 가입하거나 양반집 규수가 기생이 되는 등 '좋지 않은 상황으로 전락하거나 무모한 일을 하는 것'을 가리키기도 했다. 지금은 그 뜻이 바뀌어 시장경제의 발전에 따라 정부기관에 있는 사람이나 연구소의 기술자, 지식인들이 '**铁饭碗**(tiěfànwǎn：수입과 직위가 보장된 안정된 직종)'을 버리고, 큰 외국기업·중외 합작기업으로 직장을 옮기거나 경영, 개발, 무역 등의 분야에 진출하는 등 '경쟁 사회에 뛰어 드는 것'을 가리킨다.

- **赚钱**　　zhuànqián　　(동) 돈을 벌다.
- **中年**　　zhōngnián　　(명) 중년.
- **终于**　　zhōngyú　　(부) 결국. 마침내.

- **挺不住了**　　tǐng bu zhù le　　버틸 수 없다.
　　　　　　　　　　　　　　　　견딜 수 없다.
　　　　　　　　　　　　　　　　지탱 할 수 없다.
- **扛不住了**　　káng bu zhù le　　참을 수 없다.

你比我强多了
nǐ bǐ wǒ qiáng duō le

네가 나보다 훨씬 낫다.
(나는) 너한테 비할 바가 못 된다.

생생 중국어 구어 표현

1 A : 老李呀, 你气色不错呀!
Lǎo Lǐ ya, nǐ qìsè bùcuò ya!

B : 哪里话? 你比我强多了!
Nǎlǐ huà? Nǐ bǐ wǒ qiáng duō le!

2 A : 老李呀, 听说院领导对你的工作评价挺高的!
Lǎo Lǐ ya, tīngshuō yuàn lǐngdǎo duì nǐ de gōngzuò píngjià tǐng gāo de!

B : 可别这么说, 您做的那个大项目, 部里特满意, 中央
Kě bié zhème shuō, nín zuò de nà ge dà xiàngmù, bùli tè mǎnyì, zhōngyāng

领导同志还问过呢! 你比我强多了!
lǐngdǎo tóngzhì hái wèn guo ne! Nǐ bǐ wǒ qiáng duō le!

단어

□ 比	bǐ	(개) …보다. …에 비하여. [시기·수량·정도·능력 등의 비교에 쓰임]
□ 强	qiáng	(형) 우수하다. 좋다. [주로 비교에 쓰임]
□ 气色	qìsè	(명) 얼굴 빛. 기색. 안색. 혈색.
□ 哪里	nǎli	(대) 어디. 어느 곳. [반어문에 쓰여 부정적인 의미를 나타냄]
□ 院	yuàn	(명) 어떤 기관이나 공공 장소의 명칭.
□ 评价	píngjià	(명·동) 평가(하다).
□ 项目	xiàngmù	(명) 프로젝트.
□ 中央	zhōngyāng	(명) 정부의 최고 기관. 중앙.

| □ 比不了 | bǐ bu liǎo | 비교할 수 없다. 비교가 안 된다. |
| □ 没法比 | méifǎ bǐ | 비교 할 수 없다. |

□ 差多了　　chà duō le　　차이가 많이 난다.
　　　　　　　　　　　　많이 뒤떨어진다.

□ 你不是开玩笑吧
nǐ bù shì kāi wánxiào ba

정말이지.
두말하기 없기야.
농담(하는 거) 아니지.
장난(하는 거) 아니지.

1 A： 明天我给你一万块钱买衣服!
　　　　Míngtiān wǒ gěi nǐ yī wàn kuài qián mǎi yīfu!

　　B： 你不是开玩笑吧?
　　　　Nǐ bù shì kāi wánxiào ba?

2 A： 我想把自己所有的钱都送给穷人，一分钱也不给你留!
　　　　Wǒ xiǎng bǎ zìjǐ suǒyǒu de qián dōu sòng gěi qióngrén, yī fēn qián yě bù gěi nǐ liú!

　　B： 你不是开玩笑吧!
　　　　Nǐ bù shì kāi wánxiào ba!

□	开玩笑	kāi wánxiào	(동) 농담을 하다. 웃기다. 놀리다.
□	衣服	yīfu	(명) 옷. 의복.
□	所有	suǒyǒu	(형) 모든. 일체의.
□	穷人	qióngrén	(명) 가난한 사람.
□	留	liú	(동) 남겨두다. 보류하다. 보존하다. 물려주다. 전하다.

생생 중국어 구어 표현

유사 표현

☐ **真的吗**　　　　　zhēn de ma　　　　　진짜?
　　　　　　　　　　　　　　　　　　　　정말?

☐ **当真吗**　　　　　dāngzhēn ma　　　　정말이야?
　　　　　　　　　　　　　　　　　　　　참말이야?

☐ **你不是说着玩的吧**　nǐ bù shì shuō zhe wán de ba　농담[말장난]하는 거 아니지?

☐ **君子一言**　　　　jūnzǐ yīyán　　　　　남아일언 (중천금).

☐ **驷马难追**　　　　sìmǎ nánzhuī　　　　말이 입 밖을 나가면 사두마차도 따라가지 못한다. 한번 뱉은 말은 네 마리의 말이 끄는 수레도 따라잡지 못한다. 말은 한번 하면 다시 수습하지 못한다. 말은 조심해야 한다.

☐ **你成吗**

nǐ chéng ma

(너) 되겠어?
(너) 괜찮겠어?
(너) 자신 있어?
(네가) 할 수 있겠어?

① A : 老李呀, 有人推荐你当总经理, 你成吗?
　　　　Lǎo Lǐ ya, yǒu rén tuījiàn nǐ dāng zǒngjīnglǐ, nǐ chéng ma?

　　B : 总经理也是人干的, 我为什么不成!
　　　　Zǒngjīnglǐ yě shì rén gàn de, wǒ wèishénme bùchéng!

② A : 老李呀, 我要给你介绍的这个女人很凶,
　　　　Lǎo Lǐ ya, wǒ yào gěi nǐ jièshào de zhè ge nǚrén hěn xiōng,

　　　　还带着个孩子……这副重担, 你成吗?
　　　　hái dài zhe ge háizi……zhè fù zhòngdàn, nǐ chéng ma?

B：'凶'是有味道，有孩子热闹！我什么时候去见面？
　　'Xiōng' shì yǒu wèidao, yǒu háizi rènao! Wǒ shénme shíhou qù jiànmiàn?

단 어

☐ 成	chéng	(동) 성사시키다. (일 따위가) 완성되도록 하다. 좋다. [동의나 허락을 나타냄]
☐ 推荐	tuījiàn	(동) 추천하다. 천거하다.
☐ 当	dāng	(동) (직무 따위를) 담당하다. (…의 일을) 맡다. …이 되다.
☐ 总经理	zǒngjīnglǐ	(명) 총지배인. 최고 책임자. 최고 경영자.
☐ 干	gàn	(동) (일을) 하다.
☐ 为什么	wèishénme	(대) 무엇 때문에. 왜. 어째서.
☐ 介绍	jièshào	(동) (결혼 상대를) 소개하다. 중매하다.
☐ 凶	xiōng	(형) 사납다. 포악하다. 독하다.
☐ 带	dài	(동) 데리다. 이끌다. 거느리다. 인솔하다.
☐ 孩子	háizi	(명) 아이. 아동. 자녀. 자식.
☐ 副	fù	(양) 조. 벌. 쌍. [한 벌 또는 한 쌍으로 되어 있는 물건에 쓰임]
☐ 重担	zhòngdàn	(명) 무거운 짐. 중책. 중임.
☐ 味道	wèidao	(명) 재미. 흥미. 취미. 맛. 느낌. 기분.
☐ 热闹	rènao	(형) 벅적벅적하다. 왁자지껄하다. 떠들썩하다. 즐겁게 하다.
☐ 时候	shíhou	(명) 때. 시각.
☐ 见面	jiànmiàn	(동) 만나다. 대면하다.

유사 표현

☐ 勉为其难	miǎnwéiqínán	어려운 일을 참고 해내다. 어려운 일을 마지못해 하다.
☐ 你行吗	nǐ xíng ma	(너) 되겠어? (너) 할 수 있겠어?
☐ 你有把握吗	nǐ yǒu bǎwò ma	(너) 자신 있어?

생생 중국어 구어 표현

☐ 你放心
nǐ fàngxīn

안심해.
마음 놓아.
걱정하지 마.

1 A: 你会永远爱我吗?
　　　Nǐ huì yǒngyuǎn ài wǒ ma?

　　B: 你放心。
　　　Nǐ fàngxīn.

2 A: 那件事情能成吗?
　　　Nà jiàn shìqing néng chéng ma?

　　B: 你放一万个心。绝对没问题!
　　　Nǐ fàng yī wàn ge xīn. Juéduì méi wèntí!

☐ 永远　　yǒngyuǎn　　(부) 영원히. 길이길이. 언제까지나. 언제나. 항상.
☐ 绝对　　juéduì　　　(부) 완전히. 절대로. 반드시.

☐ 没有问题　méiyǒu wèntí　문제가 되지 않는다.
☐ 我发誓　　wǒ fāshì　　(내가) 맹세할게.
☐ 我保证　　wǒ bǎozhèng　(내가) 약속할게[보장할게].

你累不累啊
nǐ lèi bu lèi a

(너) 안 피곤해.
(너) 안 힘들어.
싫증나지도 않아.
진저리나지도 않아.
(너) 힘들지(도) 않아.
(너) 피곤하지(도) 않아.

1 A : 我每天都忙到晚上10点多才回家。
Wǒ měitiān dōu máng dào wǎnshang shí diǎn duō cái huíjiā.

B : 你累不累啊? 一分钱也不多挣。
Nǐ lèi bu lèi a? Yī fēn qián yě bù duō zhèng.

2 A : 为了孩子的教育问题,我操碎了心。
Wèile háizi de jiàoyù wèntí, wǒ cāo suì le xīn.

B : 你又不懂教育! 你累不累啊?
Nǐ yòu bù dǒng jiàoyù! Nǐ lèi bu lèi a?

3 A : 我白天也想她,晚上也想她。
Wǒ báitiān yě xiǎng tā, wǎnshang yě xiǎng tā.

B : 这是爱情? 你累不累啊!
Zhè shì àiqíng? Nǐ lèi bu lèi a!

| | 挣 | zhèng | (동) (돈이나 재산 등을) 노력하여 얻다[벌다]. |
| | 教育 | jiàoyù | (명·동) 교육(하다). |

□ 操心　　　cāoxīn　　　(동) 노심하다. 걱정[고민]하다. 마음을 쓰다[졸이다]. 애태우다.

□ 如牛负重　　rúniú fùzhòng　　매우 부담스럽다.
□ 有这个必要吗　yǒu zhè ge bìyào ma　그럴 필요(까지) 있어?
□ 你图个什么呀　nǐ tú ge shénme ya　(도대체) 뭘 바라고 그러는 거야. 무슨 의도인데. 뭘 생각하고[무슨 생각으로] 그러는 건데.

□ **你少管我**
nǐ shǎo guǎn wǒ

상관 마.
간섭하지 마.
(날) 내버려 둬.
(나한테) 신경 쓰지 마.

❶ A：小红，你每天都回来那么晚，妈妈不放心！
　　　Xiǎo hóng, nǐ měitiān dōu huílái nàme wǎn, māma bù fàngxīn!

　　B：妈——，你少管我！
　　　Mā—, nǐ shǎo guǎn wǒ!

❷ A：小红，那个老家伙不是好人，你别理他！
　　　Xiǎo hóng, nà ge lǎojiāhuo bù shì hǎorén, nǐ bié lǐ tā!

　　B：你是我的什么人？你少管我！
　　　Nǐ shì wǒ de shénme rén? Nǐ shǎo guǎn wǒ!

□	放心	fàngxīn	(동) 마음을 놓다. 안심하다.
□	老家伙	lǎojiāhuo	(명) 늙은이. 늙다리. 늙정이.
□	好人	hǎorén	(명) (품행이) 좋고 모범적인 사람. 호인.

유사 표현

□	不劳费心	bù láo fèixīn	신경 쓰지 마.
□	你管得太多了吧	nǐ guǎn de tài duō le ba	지나치게 관여하네.
□	你省点心吧	nǐ shěng diǎn xīn bā	걱정 마.

□ **你说怎么办**
nǐ shuō zěnme bàn

어떻게 해야 좋을까.
어떻게 해야 될지 말 좀 해봐.
어떻게 해야 좋을지 방법을 좀 강구해 봐.

① A: 老李, 这件事挺复杂, 你说怎么办?
Lǎo Lǐ, zhè jiàn shì tǐng fùzá, nǐ shuō zěnme bàn?

B: 啧, 我也没什么好办法。
Zé, wǒ yě méi shénme hǎo bànfǎ.

② A: 嗨, 这也不成, 那也不成, 老李! 你说说到底怎么办才成!
Hāi, zhè yě bùchéng, nà yě bùchéng, Lǎo Lǐ! Nǐ shuō shuō dàodǐ zěnme bàn cái chéng!

B: 我虽然没什么好主意, 可是你们刚才那几个方案也
Wǒ suīrán méi shénme hǎo zhǔyi, kěshì nǐmen gāngcái nà jǐ ge fāng'àn yě

생생 중국어 구어 표현

确实不行!
quèshí bùxíng!

단어

- 到底　　dàodǐ　　　(부) 도대체.
- 主意　　zhǔyi　　　(명) 방법. 생각. 의견.
- 方案　　fāng'àn　　(명) 방안. 방책.

유사 표현

- 你拿个意见吧　　nǐ ná ge yìjiàn ba　　의견 좀 내놔 봐.
- 谈谈你的看法　　tán tán nǐ de kànfǎ　　네 생각을 좀 말해 봐.

你算干什么的呀
nǐ suàn gàn shénme de ya

당신 뭐야.
당신이 뭔데.
당신이 뭔데 참견이야.
당신이 무슨 상관이야.

---

1 A: 喂, 你为什么随地吐痰!
　　　Wèi, nǐ wèishénme suídì tǔtán!

　　B: 你算干什么的呀!
　　　Nǐ suàn gàn shénme de ya!

2 A: 喂, 你怎么骑车逆行啊!
　　　Wèi, nǐ zěnme qí chē nìxíng a!

B : 你算干什么的呀!
　　Nǐ suàn gàn shénme de ya!

단어

- 随地　　　suídì　　　(부) 어디서나. 아무데다.
- 吐痰　　　tǔtán　　　가래를 뱉다.
- 逆行　　　nìxíng　　　(동) 역행하다.

- 你有什么资格　　nǐ yǒu shénme zīgé　　당신이 무슨 자격으로?
- 你凭什么管我　　nǐ píng shénme guǎn wǒ　　당신 무슨 근거로 상관하는 건데?
- 你算老几　　nǐ suàn lǎo jǐ　　당신이 뭔데?
- 你是什么东西　　nǐ shì shénme dōngxi　　당신 뭐야?
　　　　　　　　　　　　　　　　　　당신 뭐 하는 사람이야?

你太抬举我了
nǐ tài táiju wǒ le

너무 띄우는데.
너무 오버하네.
너무 과장이 심하네.
너무 비행기 태우는데.

1　A : 我觉得你的剧本比《哈姆雷特》还好!
　　　　Wǒ juéde nǐ de jùběn bǐ 《Hāmǔléitè》 hái hǎo!

　　　B : 你太抬举我了, 我怎么能和莎士比亚比呢!
　　　　Nǐ tài táiju wǒ le, wǒ zěnme néng hé Shāshìbǐyà bǐ ne!

생생 중국어 구어 표현

2 A : 你将来肯定比比尔·盖茨还有钱!
　　　Nǐ jiānglái kěndìng bǐ Bǐěr·gàicí hái yǒu qián!

　　B : 你太抬举我了, 那怎么可能呢!
　　　Nǐ tài táiju wǒ le, nà zěnme kěnéng ne!

단어

- 抬举　　　táiju　　　　　(동) (사람을) 밀어주다. 뒷받침해주다. 발탁하다.
- 剧本　　　jùběn　　　　　(명) (연극의) 극본. 각본. 대본.
- 哈姆雷特　Hāmǔléitè　　　(고유) 햄릿.
- 莎士比亚　Shāshìbǐyà　　(고유) 셰익스피어.
- 将来　　　jiānglái　　　　(명) 장래. 미래.
- 肯定　　　kěndìng　　　　(형·부) 틀림없다. 명확하다. 확실히. 틀림없이. 반드시. 꼭.
- 比尔·盖茨　Bǐěr·gàicí　　(고유) 빌 게이츠.

유사 표현

- 我有那么好吗　　wǒ yǒu nàme hǎo ma　　내가 그렇게 대단해?
- 这是说谁呢　　　zhè shì shuō shéi ne　　(지금) 누구 얘길 하는 거야?

□ **你也来了**
nǐ yě lái le

너도 왔어.
너도 왔구나.
너도 와 있었어.

---

1 A : 小红! 我都等半天了, 快坐下。咦! 老李? 你也来了!
　　　Xiǎo hóng! Wǒ dōu děng bàntiān le, kuài zuò xià. Yí! Lǎo Lǐ? Nǐ yě lái le!

B： 噢，不是，我是在饭店门口碰上小红的，
Ō, bù shì, wǒ shì zài fàndiàn ménkǒu pèng shàng xiǎo hóng de,

顺便进来瞧一眼就走。
shùnbiàn jìn lái qiáo yī yǎn jiù zǒu.

A： 今天的会很重要，都是各部门的第一把手。
Jīntiān de huì hěn zhòngyào, dōu shì gè bùmén de dìyībǎshǒu.

咦！老李？你也来了？
Yí! Lǎo Lǐ? Nǐ yě lái le?

B： 噢，我不是开会，我是来找我们头儿签个字就走。
Ō, wǒ bù shì kāihuì, wǒ shì lái zhǎo wǒmen tóur qiān ge zì jiù zǒu.

단 어

☐ 半天	bàntiān	(명) 한참동안. 한나절.
☐ 饭店	fàndiàn	(명) 호텔. 레스토랑. 여관. 식당.
☐ 门口	ménkǒu	(명) 입구. 현관.
☐ 碰	pèng	(동) (우연히, 뜻밖에) 만나다. 마주치다.
☐ 顺便	shùnbiàn	(부) …하는 김에.
☐ 瞧	qiáo	(동) 보다. 구경하다. 방문하다. 찾다.
☐ 部门	bùmén	(명) 부문. 부. 분과. 파트.
☐ 第一把手	dìyībǎshǒu	(명) 제1인자. 직장의 최고 책임자.
☐ 开会	kāihuì	(동) 회의를 하다. 회의를 열다.
☐ 找	zhǎo	(동) 찾다. 구하다.
☐ 头儿	tóur	(명) 책임자. 우두머리.
☐ 签字	qiānzì	(동) 서명하다. 사인하다. 조인하다.

☐ 不请自来	bùqǐng zìlái	(초) 청하지 않았는데 스스로 오다.

생생 중국어 구어 표현

☐ 你又来了　　nǐ yòu lái le　　(너) 또 왔어.
☐ 你怎么来的　nǐ zěnme lái de　(너) 왜 왔어.
　　　　　　　　　　　　　　　(너) 어떻게 왔어.

☐ **你以为你是谁呀**
nǐ yǐwéi nǐ shì shéi ya

네가 뭔데.
별나게 구네.
네가 뭐라도 되냐.
네가 뭐 그리 대단하다고 그래.
네가 뭐라도 되는 줄 아는 모양이지.

---

① A : 老张啊! 有关的事儿你都安排一下, 别忘了把茶沏上。
Lǎo Zhāng a! Yǒuguān de shìr nǐ dōu ānpái yīxià, bié wàng le bǎ chá qī shàng.

B : 老李呀! 你以为你是谁呀? 我们是同级!
Lǎo Lǐ ya! Nǐ yǐwéi nǐ shì shéi ya? Wǒmen shì tóngjí!

② A : 这饭店条件太差了!
Zhè fàndiàn tiáojiàn tài chà le!

你知道我一天要洗三次澡, 这不, 又没热水了!
Nǐ zhīdao wǒ yītiān yào xǐ sān cì zǎo, zhè bù, yòu méi rèshuǐ le!

B : 喂! 你以为你是谁呀? 麦当娜啊! 你凑合点儿吧, 过几天就
Wèi! Nǐ yǐwéi nǐ shì shéi ya? Màidāngnà a! Nǐ còuhé diǎnr ba, guò jǐ tiān jiù

习惯了。
xíguàn le.

단 어

有关	yǒuguān	(동) 관계가 있다. 관계하다. 연계되다. 관계되다.
安排	ānpái	(동) 처리하다. 준비하다. 마련하다. 안배하다. 배분하다.
一下	yīxià	(수량) 한번. 1회. [동사 뒤에 놓여 '좀…해보다'라는 뜻으로 쓰임]
沏	qī	(동) (차 따위를) 타다.
同级	tóngjí	(명) 같은 등급. 동료.
条件	tiáojiàn	(명) (상태로서의) 조건. (요구하는) 조건. 기준.
热水	rèshuǐ	(명) 더운 물. 뜨거운 물.
麦当娜	Màidāngnà	(고유) 마돈나.
凑合	còuhé	(동) 임시변통하다. 아쉬운 대로 지내다.

 유사 표현

你还知道自己姓什么吗	nǐ hái zhīdao zìjǐ xìng shénme ma	네가 뭐 잘났다고 (그래)?
自命不凡	zìmìng bùfán	자신이 훌륭하다고 생각하다.

你有病啊
nǐ yǒu bìng a

너 미쳤어.
너 지금 제정신이야.
너 어디 아픈 거 아냐.
너 좀 이상 있는 거 아냐.
(지금) 네가 정상이라고 생각해.

① A : 你怎么能这么想呢! 你有病啊?
　　　Nǐ zěnme néng zhème xiǎng ne! Nǐ yǒu bìng a?

　　B : 你才有病呢!
　　　Nǐ cái yǒubìng ne!

생생 중국어 구어 표현

2 A : 你怎么能跟泰森打呢! 你有病啊?
　　　Nǐ zěnme néng gēn Tàisēn dǎ ne! Nǐ yǒu bìng a?

　　B : 谁是泰森?
　　　Shéi shì Tàisēn?

☐ 泰森　　　Tàisēn　　　(고유) 타이슨.
☐ 打　　　　dǎ　　　　　(동) 공격하다. 싸우다.

☐ 你有毛病啊　nǐ yǒu máobìng a　당신 어디 이상 있는 거 아냐.
☐ 你疯啦　　　nǐ fēng la　　　　(너) 미쳤어.

☐ **你再考虑考虑**

nǐ zài kǎolǜ kǎolǜ

거듭 생각해 봐.
신중하게 잘 생각해 봐.
재삼 신중히 생각해 봐.
다시 한 번 잘 생각해 봐.

1 A : 离婚可是件麻烦事, 你再考虑考虑。
　　　Líhūn kěshì jiàn máfan shì, nǐ zài kǎolǜ kǎolǜ.

　　B : 嗯。
　　　Ńg.

 A: 是回国，还是留在这儿，我拿不定主意。
Shì huíguó, háishi liú zài zhèr, wǒ ná bu dìng zhǔyi.

B: 你再考虑考虑吧。
Nǐ zài kǎolǜ kǎolǜ ba.

단어

☐ 考虑	kǎolǜ	(명·동) 고려(하다).
☐ 离婚	líhūn	(명·동) 이혼(하다).
☐ 回国	huíguó	(동) 귀국하다.
☐ 拿	ná	(동) 약속하다. 결정하다.
☐ 主意	zhǔyi	(명) 방법. 생각. 의견.

유사 표현

☐ 反复思考	fǎnfù sīkǎo	거듭 생각하다.
☐ 你再琢磨琢磨	nǐ zài zuómo zuómo	다시 한 번 생각해 봐.
☐ 你再好好想想	nǐ zài hǎohǎo xiǎng xiǎng	다시 잘 생각해 봐.
☐ 再三斟酌	zàisān zhēnzhuó	재삼 참작하다. 신중히 생각하다.

☐ **你怎么不早说呀**
nǐ zěnme bù zǎo shuō ya

왜 미리 말하지 않았어.
진작에 이야기를 했어야지.
왜 이제야 이야기하는 거야.

 A: 帮我搞两张'天鹅湖'的票好吗?
Bāng wǒ gǎo liǎng zhāng 'tiān'éhú' de piào hǎo ma?

B: 你怎么不早说呀！刚才我手里还有10张！
　　Nǐ zěnme bù zǎo shuō ya! Gāngcái wǒ shǒuli hái yǒu shí zhāng!

② A: 这件事情要是照我说的那样做就好了。
　　Zhè jiàn shìqíng yàoshi zhào wǒ shuō de nàyàng zuò jiù hǎo le.

B: 你怎么不早说呀！现在说什么也没用了。
　　Nǐ zěnme bù zǎo shuō ya! Xiànzài shuō shénme yě méi yòng le.

단어

- □ 早　　zǎo　　　　(부) 일찍이. 오래 전에. 벌써.
- □ 帮　　bāng　　　　(동) 돕다. 거들어주다.
- □ 搞　　gǎo　　　　(동) …을 하다. …을 만들다. (…과 관련된 일을) 행하다.
- □ 张　　zhāng　　　(양) 종이. 책상. 침대 따위의 넓은 표면을 가진 것을 세는 단위.
- □ 票　　piào　　　　(명) 표. 증서. 증명서.
- □ 刚才　gāngcái　　(명) 지금 막. 방금. 이제. 금방.

유사 표현

- □ 你早怎么不说呀　nǐ zǎo zěnme bù shuō ya　　왜 일찍 말하지 않았어.
- □ 你早干什么来着　nǐ zǎo gàn shénme láizhe　전에는 뭐하고 있다가 (이제야).

□ **你怎么跟二奶似的**
　nǐ zěnme gēn èrnǎi shì de

　네가 작은마누라냐.
　세컨드가 따로 없네.
　어째 하는 짓이 꼭 첩 같네.

❶ A：我昨天去'燕莎'买了点东西，花了7,000多。
　　　Wǒ zuótiān qù 'Yànshā' mǎi le diǎn dōngxi, huā le qī qiān duō.

　B：你怎么跟二奶似的？花钱像流水一样！
　　　Nǐ zěnme gēn èrnǎi shì de? Huā qián xiàng liúshuǐ yīyàng!

❷ A：早上我打打网球，下午看点VCD，晚上'蹦迪'或者
　　　Zǎoshang wǒ dǎ dǎ wǎngqiú, xiàwǔ kàn diǎn VCD, wǎnshang 'bèngdí' huòzhě

　　'泡吧'。
　　　'pàobā'.

　B：哎呀！你怎么跟二奶似的？一点儿正事都没有！
　　　Āiyā! Nǐ zěnme gēn èrnǎi shì de? Yīdiǎnr zhèngshì dōu méiyǒu!

단어

□ 二奶	èrnǎi	(명) 첩.
□ 燕莎	Yànshā	(고유) 옌샤. [지명(地名)]
□ 花	huā	(동) 소비하다. 쓰다. 소모하다.
□ 多	duō	(수량사 뒤에 쓰여) …여. …남짓.
□ 流水	liúshuǐ	(명) 유수. 흐르는 물. [끊이지 않고 계속됨을 나타냄]
□ 打网球	dǎ wǎngqiú	테니스를 치다.
□ 蹦迪	bèngdí	(동) 디스코를 추다
□ 或者	huòzhě	(접) …이 아니면 …이다. 혹은. 또는.
□ 泡吧	pàobā	(동) 바(Bar)에 가서 죽치고 있다.
□ 正事	zhèngshì	(명) 정당한 사업. 올바른 일. 직무상 당연히 해야 할 일.

| □ 寄人篱下 | jìrénlíxià | 남에게 얹혀살다. 남에게 의지하여 살아가다. |
| □ 金丝雀 | jīnsīquè | 카나리아. [첩을 비유하는 말] |

생생 중국어 구어 표현

> **你怎么又来了**
> nǐ zěnme yòu lái le
>
> (너) 왜 또 왔어.
> 이제 그만 좀 와(라).
> 이제 그만 좀 해(라).
> 번거롭게 왜 자꾸 그래.

1 A：小红，我呼你好几次，你怎么不理呀？
　　　Xiǎo hóng, wǒ hū nǐ hǎo jǐ cì, nǐ zěnme bù lǐ ya?

　　B：嗨，我当是谁呢，原来是老李，你怎么又来了！
　　　Hāi, wǒ dàng shì shéi ne, yuánlái shì lǎo Lǐ, nǐ zěnme yòu lái le!

2 A：领导，我来看看我的出国报告批了没有？
　　　Lǐngdǎo, wǒ lái kàn kàn wǒ de chūguó bàogào pī le méiyǒu?

　　B：还没研究呢。
　　　Hái méi yánjiū ne.

　　C：这家伙！怎么又来了！这两天来了八趟了！
　　　Zhè jiāhuo! Zěnme yòu lái le! Zhè liǎng tiān lái le bā tàng le!

단어

呼	hū	(동) (사람을) 부르다. 삐삐를 치다.
好	hǎo	(부) (수량사 혹은 시간을 나타내는 말 앞에 쓰여) 많거나 오래되었음을 나타냄.
理	lǐ	(동) 상대하다. 아랑곳하다. 거들떠보다. [주로 부정문에 많이 쓰임]
当	dàng	(동) …라고 생각하다. (…이라고) 간주하다. (…으로) 여기다.
原来	yuánlái	(부) 알고 보니. [실제 상황을 알아냈음을 나타냄]
出国	chūguó	(동) 출국하다. 외국에 가다.
报告	bàogào	(명·동) 보고(하다). 보고서. 리포트.

☐ 批	pī	(동) 상급 관청이 하부 관청 또는 민간의 상신(上申)에 대하여 가부(可否)를 대답하다. 결재하다. 허가하다.
☐ 研究	yánjiū	(명·동) 고려(하다). 논의(하다). 검토(하다).
☐ 家伙	jiāhuo	(명) 녀석. 자식. 놈. [사람을 깔보거나, 서로 친해서 막 부르는 칭호]
☐ 趟	tàng	(양) 차례. 번.

☐ 三番五次	sānfān wǔcì	거듭거듭. 재삼. 여러 번.
☐ 多余来	duōyú lái	너무 자주 오다.
☐ 你不用来	nǐ bùyòng lái	(너는) 올 필요 없다.
☐ 你腿倒挺勤	nǐ tuǐ dào tǐng qín	(너는) 다리가 참 부지런하기도 하구나.

☐ 你怎么这么不知趣啊

nǐ zěnme zhème bù zhīqù a

(너) 왜 이렇게 눈치가 없어.
(너) 왜 이렇게 상황 파악을 못해.

---

❶ A : 老李呀,你怎么这么不知趣啊! 小红已经有对象了,
Lǎo Lǐ ya, nǐ zěnme zhème bù zhīqù a! Xiǎo hóng yǐjing yǒu duìxiàng le,

你还瞎掺和什么?
nǐ hái xiā chānhuo shénme?

B : 我怎么知道她有了? 再说,不是可以公平竞争吗?
Wǒ zěnme zhīdào tā yǒu le? Zàishuō, bù shì kěyǐ gōngpíng jìngzhēng ma?

❷ A : 老李呀,你怎么这么不知趣啊! 院长和书记正谈事儿呢!
Lǎo Lǐ ya, nǐ zěnme zhème bù zhīqù a! Yuànzhǎng hé shūjì zhèng tán shìr ne!

생생 중국어 구어 표현

你闯进去干吗?
Nǐ chuǎng jìnqù gànmá?

B : 嗨, 不是提倡'集体办公'吗? 何况我确实有事!
Hāi, bù shì tíchàng 'jítǐ bàngōng' ma? Hékuàng wǒ quèshí yǒu shì!

단어

知趣	zhīqù	(동) 눈치가 있다. 남의 기분을 잘 알아차리다. 약삭빠르게 굴다.
瞎	xiā	(부) 괜히. 되는 대로. 마구. 근거 없이. 함부로.
掺和	chānhuo	(동) 관계하다. 끼어들다. [흔히 혼란스럽게 되거나 귀찮게 되는 것을 말함]
公平	gōngpíng	(형) 공평하다.
竞争	jìngzhēng	(명·동) 경쟁(하다).
院长	yuànzhǎng	(명) 원장.
书记	shūjì	(명) 서기. [공산당·청년단 등 각급 조직의 책임자]
闯	chuǎng	(동) 갑자기 뛰어 들다. 돌입(突入)하다.
提倡	tíchàng	(동) 제창하다.
集体	jítǐ	(명) 집단. 단체.
办公	bàngōng	(동) 집무하다. 공무를 보다. 근무하다.
何况	hékuàng	(접) 하물며. 더군다나.
确实	quèshí	(부·형) 확실히. 정말로. 확실하다.

유사 표현

傻头傻脑	shǎtóu shǎnǎo	어리숭하다. 맹하다. 멍청하다. 우둔하다.
不识相	bù shíxiàng	눈치없이 행동하다. 분별없이 행동하다.
二百五	èr bǎi wǔ	천치. 멍청이. 바보. 멍텅구리.
13点	shí sān diǎn	바보. 멍청이. 얼간이.

你怎么知道的
nǐ zěnme zhīdao de

(네가) 어떻게 알았어?

1 A : 哎，院长和书记昨天吵架了！
Āi, yuànzhǎng hé shūjì zuótiān chǎojià le!

B : 你又不在场，你怎么知道的？
Nǐ yòu bù zàichǎng, nǐ zěnme zhīdao de?

2 A : 据说老李在外边还有一所房子。
Jùshuō Lǎo Lǐ zài wàibian hái yǒu yī suǒ fángzi.

B : 不会吧，你怎么知道的？
Bù huì ba, nǐ zěnme zhīdao de?

3 A : 快买点油吧！又要涨价啦！
Kuài mǎi diǎn yóu ba! Yòu yào zhǎngjià la!

B : 你怎么知道的？别瞎说！
Nǐ zěnme zhīdao de? Bié xiāshuō!

단어

院长	yuànzhǎng	(명) 원장.
书记	shūjì	(명) 서기. [공산당·청년단 등 각급 조직의 책임자]
吵架	chǎojià	(동) 말다툼하다. 다투다.
在场	zàichǎng	(동) 그 자리에 있다. 현장에 있다.
据说	jùshuō	(동) 말하는 바에 의하면…라 한다. 다른 사람의 말에 의하면…라 한다. 전해지는[들리는] 말에 의하면…라 한다.
涨价	zhǎngjià	(동) 물가가 오르다. 가격을 인상하다.
瞎说	xiāshuō	(동) 함부로 말하다. 마구 지껄이다. 허튼소리를 하다. 무책임한 말을 하다.

□ 从何得知　　cóng hé dé zhī　　어떻게 알았어.
□ 从哪儿听说的　cóng nǎr tīngshuō de　어디서 들었어.

□ **你这话什么意思**
nǐ zhè huà shénme yìsi

그게 무슨 말이야.
무슨 의미인지 모르겠는걸.
그렇게 말하는 의도가 뭐야.
네가 한 말, 그거 무슨 뜻이야.
무슨 뜻으로 그런 말을 하는 거야.

① A : 哎，他结婚了吗?
　　　Āi, tā jiéhūn le ma?

　 B : 你这话什么意思?
　　　Nǐ zhè huà shénme yìsi?

② A : 马克，你喜欢这门课吗?
　　　Mǎkè, nǐ xǐhuan zhè mén kè ma?

　 B : 噢，对不起，你这话什么意思?
　　　Ō, duìbuqǐ, nǐ zhè huà shénme yìsi?

□ 门　　mén　　(양) 가지. 과목. [학문·기술 따위의 항목을 세는 단위]
□ 课　　kè　　(명) 수업 과목.

- ☐ 你想怎么样　　nǐ xiǎng zěnmeyàng　네 생각은 뭐야?
  (넌) 어떻게 생각해?
- ☐ 你想干嘛　　　nǐ xiǎng gànmá　뭐 하려고?
  뭐 하려는 거야?

☐ **你自己好好想想吧**
nǐ zìjǐ hǎohǎo xiǎng xiǎng ba

자신에게 물어 봐.
스스로 반성해 봐.
스스로 잘 생각해 봐.

❶ A : 为什么我一个好朋友都没有呢?
Wèishénme wǒ yī ge hǎo péngyou dōu méiyǒu ne?

B : 你是怎么对待他人的? 你自己好好想想吧。
Nǐ shì zěnme duìdài tārén de? Nǐ zìjǐ hǎohǎo xiǎng xiǎng ba.

❷ A : 我的老婆, 孩子都不要我了, 你说, 这是怎么回事呢?
Wǒ de lǎopo, háizi dōu bùyào wǒ le, nǐ shuō, zhè shì zěnme huí shì ne?

B : 那谁知道啊? 你还是自己好好想想吧。
Nà shéi zhīdao a? Nǐ háishi zìjǐ hǎohǎo xiǎng xiǎng ba.

- ☐ 朋友　　péngyou　　(명) 친구.
- ☐ 对待　　duìdài　　　(동) 대우하다. 접대하다.
- ☐ 孩子　　háizi　　　　(명) 자식. 자녀. 아이.

- 你还是问问自己吧   nǐ háishi wèn wèn zìjǐ ba   자신에게 (좀) 물어 봐.
- 自我批评   zìwǒ pīpíng   스스로 자신을 비판하다.

牛
niú

허풍을 떨다.
거만하고 우쭐거리다.
(자기) 스스로 (자기가) 훌륭하다고 생각하다.

1 A: 昨天我一个人踢进四个球!
Zuótiān wǒ yī ge rén tī jìn sì ge qiú!

B: 牛!
Niú!

2 A: 我再喝一瓶XO, 就可以打倒泰森。
Wǒ zài hē yī píng XO, jiù kěyǐ dǎdǎo Tàisēn.

B: 牛什么呀!
Niú shénme ya!

3 A: 去年我一共赚了200万。
Qùnián wǒ yīgòng zhuàn le liǎng bǎiwàn.

B: 够牛的!
Gòu niú de!

단어

- **泰森**   Tàisēn   (고유) 타이슨(Tyson). [인명(人名)]
- **赚**   zhuàn   (동) (장사로) 돈을 벌다. 이윤을 남기다.

유사 표현

- **登峰造极**   dēngfēng zàojí   절정[정점]에 이르다. 극에 달하다.
- **牛气**   niúqi   허풍. 허세. 거만한 태도.

农民
nóngmín

촌놈.
시골뜨기.
촌스럽기는.

 A : 哎, 什么叫电子邮件啊?
      Āi, shénme jiào diànzǐyóujiàn a?

B : 嗨, 你这农民, 反正你也用不着, 就别问了。
      Hāi, nǐ zhè nóngmín, fǎnzhèng nǐ yě yòng bu zháo, jiù bié wèn le.

 A : 哎, 你会打领带吗?
      Āi, nǐ huì dǎ lǐngdài ma?

B : 嗨, 你这农民, 不会打领带, 穿什么西装!
      Hāi, nǐ zhè nóngmín, bù huì dǎ lǐngdài, chuān shénme xīzhuāng!

□ 电子邮件	diànzǐyóujiàn	(명) E-mail.
□ 反正	fǎnzhèng	(부) 어차피. 결국. 어쨌든.
□ 用不着	yòng bu zháo	소용되지 않다. 필요치 않다. 쓸모없다.
□ 打领带	dǎ lǐngdài	넥타이를 매다.
□ 西装	xīzhuāng	(명) 양복.

□ 庄户人家	zhuānghù rénjia	시골뜨기. 촌사람.
□ 老土	lǎotǔ	촌뜨기. 시골뜨기.
□ 阿乡	āxiāng	시골 사람.

P

□ PK就PK
PK jiù PK

PK가 별거야.
PK (그까짓 거) 아무 것도 아니야.

 A: 明天去卡拉OK, 你敢跟我PK吗?
　　　Míngtiān qù kǎlā OK, nǐ gǎn gēn wǒ PK ma?

― P ―

　B： PK就PK! 谁怕谁啊?
　　　PK jiù PK! Shéi pà shéi a?

❷　A： 现在到处都动不动就PK，我好怕哟!
　　　Xiànzài dàochù dōu dòngbudòng jiù PK, wǒ hǎo pà yō!

　B： PK就PK，怕什么! 淘汰了再上别处去。
　　　PK jiù PK, pà shénme! Táotài le zài shàng biéchù qù.

□ PK		(명) 인터넷 게임에서 다른 플레이어를 죽이는 플레이어 킬링 (Player Killing) 또는 그 일을 행하는 플레이어 킬러(Player Killer)의 줄임말.
□ 动不动	dòngbudòng	(부) 걸핏하면. 툭하면. 자주. 언제나. 종종. 늘.
□ 淘汰	táotài	(동) (쓸데없거나 적합하지 않은 것 등을) 도태하다. 추려 내다. 가려내다. 골라내다. 제거하다. (물에 일어서) 가리다.
□ 别处	biéchù	(명) 다른 곳. 딴 데.

□ 较量	jiàoliàng	(실력·기량을) 겨루다. 대결하다. 경쟁하다.
□ 比一比	bǐ yī bǐ	겨루어 보다.
□ 谁怕谁	shéi pà shéi	안 무서워. 누가 겁난데. 겁날 거 없어. 하나도 겁 안 나. 누가 무서워한데.

Q

墙里开花墙外香
qiángli kāihuā qiáng wài xiāng

등잔 밑이 어둡다.

1 A：只有见老李每天写东西, 原来他在外边很有面子!
Zhǐyǒu jiàn Lǎo Lǐ měitiān xiě dōngxi, yuánlái tā zài wàibian hěn yǒu miànzi!

B：没想到吧, 墙里开花墙外香!
Méi xiǎng dào ba, qiángli kāihuā qiáng wài xiāng!

2 A：你为什么非要出国讲学呢?
Nǐ wèishénme fēi yào chūguó jiǎngxué ne?

B：这你就不懂了, 墙里开花墙外香嘛。
Zhè nǐ jiù bù dǒng le, qiángli kāihuā qiáng wài xiāng ma.

墙	qiáng	(명) 담. 벽.
面子	miànzi	(명) 면목. 체면.
非	fēi	(부) 반드시…하지 않으면 안 된다. 반드시. 꼭.
讲学	jiǎngxué	(동) 학문을 강의하다. 학술강연을 하다.

 유사 표현

☐ 远来的和尚会念经　yuǎn lái de héshang huì niànjīng　먼 곳에서 온 스님이 염불을 잘한다.
본지[본 부서]의 인재를 중시하지 않고, 외지[외부 부서]의 인재를 더 신임하다.

☐ 灯下黑　dēng xià hēi　등잔 밑이 어둡다.

☐ **瞧把她美的**
qiáo bǎ tā měi de

뻐기는 꼴 하고는.
잘난 척하는 것 좀 봐.
잘난 척하는 꼴 하고는.
거들먹거리는 꼴 하고는.

① A : 哎, 小红要嫁到美国去了, 真不错!
　　　Āi, Xiǎo hóng yào jià dào Měiguó qù le, zhēn bùcuò!

　　B : 瞧把她美的! 不就是去美国刷碗吗?
　　　Qiáo bǎ tā měi de! Bù jiùshì qù Měiguó shuā wǎn ma?

② A : 哎, 老李这一评上副教授, 连走路的姿势全变了!
　　　Āi, Lǎo Lǐ zhè yī píng shàng fù jiàoshòu, lián zǒu lù de zīshì quán biàn le!

　　B : 没错, 瞧把她美的! 有事没事也穿西服打领带。
　　　Méi cuò, qiáo bǎ tā měi de! Yǒu shì méi shì yě chuān xīfú dǎ lǐngdài.

 단어

☐ 嫁　　jià　　(동) 시집가다. 출가하다. 시집보내다.
☐ 瞧　　qiáo　(동) 보다. 구경하다. 판단하다. 생각하다.

생생 중국어 구어 표현

- 刷　　　shuā　　　　　(동) 가시다. 부시다. 씻다. 솔로 닦다. 솔질을 하다.
- 碗　　　wǎn　　　　　(명) 그릇. 사발. 공기.
- 姿势　　zīshì　　　　　(명) 자세. 모양.
- 西服　　xīfú　　　　　(명) 양복.
- 打领带　dǎ lǐngdài　　 넥타이를 매다.

유사 표현

- 看她那得意劲　kàn tā nà déyì jìn　뻐기는 꼴 좀 봐.
　　　　　　　　　　　　　　　　의기양양해 하는 모습 하고는.

瞧你那德行
qiáo nǐ nà déxing

저 꼴 좀 봐.
저 행실 좀 봐.

---

1 A : 爸, 咱们上王府井吧!
　　　Bà, zánmen shàng wángfǔjǐng ba!

B : 瞧你那德行, 我怎么领你出门啊!快去洗洗脸, 换身衣服。
　　Qiáo nǐ nà déxing, wǒ zěnme lǐng nǐ chūmén a! Kuài qù xǐ xǐ liǎn, huàn shēn yīfu.

2 A (一个男职员哭着跑进办公室)：老板不好了!
　　(yī ge nán zhíyuán kū zhe pǎo jìn bàngōngshì): Lǎobǎn bù hǎo le!

　　警察把咱们公司的大门给封了!
　　Jǐngchá bǎ zánmen gōngsī de dàmén gěi fēng le!

B : 瞧你那德行, 好像死了人似的! 没什么大不了的。
　　Qiáo nǐ nà déxing, hǎoxiàng sǐ le rén shì de! Méi shénme dàbuliǎo de.

❸ A (队员比赛失败后，垂头丧气，一言不发)：……。
(duìyuán bǐsài shībài hòu, chuítóu sàngqì, yīyán bù fā): …….

B (教练)：瞧你那德行，不就是输场球吗？真不像条汉子。
(jiàoliàn): Qiáo nǐ nà déxing, bù jiùshì shū chǎng qiú ma? Zhēn bù xiàng tiáo hànzi.

단어

□ 德行	déxing	(명) 꼬락서니. 작태. 꼴불견.
□ 领	lǐng	(동) 인도하다. 통솔하다. 인솔하다. 이끌다.
□ 身	shēn	(양) 벌. [옷을 세는 단위]
□ 封	fēng	(동) (통행·활동·연락 등을) 금지하다. 제한하다. 막다. 봉하다.
□ 失败	shībài	(동) (일이나 사업을) 실패하다. 패배하다.
□ 垂头丧气	chuítóu sàngqì	의기소침하다. 풀이 죽고 기가 꺾이다.
□ 一言不发	yīyán bù fā	한 마디도 하지 않다.
□ 汉子	hànzi	(명) 사나이(대장부).

유사 표현

| □ 太不像样 | tài bù xiàngyàng | 점잖지 않다. 꼴 같지 않다. |
| □ 看你那样 | kàn nǐ nàyàng | 네 꼴[모습] 좀 봐. |

□ **且得耗着呢**
qiě děi hào zhe ne

한참 기다려야 될 겁니다.
한참 기다려야 될 것 같아요.

---

❶ A：几点开机?
　　Jǐ diǎn kāi jī?

B : 嗨，那边还没化妆呢，且得耗着呢！
　　Hēi, nàbian hái méi huàzhuāng ne, qiě děi hào zhe ne!

　A : 咱们的报告什么时候批下来？
　　Zánmen de bàogào shénme shíhou pī xiàlái?

B : 领导出国了，且得耗着呢！
　　Lǐngdǎo chūguó le, qiě děi hào zhe ne!

단 어

- 且…呢　　qiě…ne　　(부) 오랫동안. 한참 동안.
- 耗　　　　hào　　　　(동) 시간을 끌다. 질질 끌다. 꾸물거리다. 소모하다. 소비하다. 낭비하다.
- 开机　　　kāijī　　　　(동) (영화나 텔레비전 드라마의) 촬영을 시작하다.
- 化妆　　　huàzhuāng　(동) 화장하다.
- 批　　　　pī　　　　　(동) 상급 관청이 하급 관청 또는 민간의 상신(上申)에 대하여 가부(可否)를 대답하다. 결재하다. 허가하다.

- 也不知还得等多久　yě bù zhī hái děi děng duō jiǔ　얼마나 오래 기다려야 할지 모르다.

求人不如求己
qiú rén bùrú qiú jǐ

남에게 부탁하기 싫다.
내가 하는 것이 더 낫다.
남에게 부탁하는 것보다 내가[자신이] 직접 하는 것이 낫다.

— Q —

① A : 你为什么自己修理水龙头?
　　　Nǐ wèishénme zìjǐ xiūlǐ shuǐlóngtóu?

　　B : 嗨, 找人修又麻烦又花钱, 求人不如求己。
　　　Hāi, zhǎo rén xiū yòu máfan yòu huā qián, qiú rén bùrú qiú jǐ.

② A : 我们国家没有国际上的帮助不行。
　　　Wǒmen guójiā méiyǒu guójìshang de bāngzhù bùxíng.

　　B : 不对! 求人不如求己。
　　　Bùduì! Qiú rén bùrú qiú jǐ.

□ 求	qiú	(동) 부탁하다. (요)청[간청]하다. 희망하다. 바라다.
□ 不如	bùrú	(동) …만 못하다. …하는 편이 낫다.
□ 修理	xiūlǐ	(동) 수리하다. 보수하다. 고치다. 수선하다.
□ 水龙头	shuǐlóngtóu	(명) 수도꼭지.
□ 花钱	huā qián	돈을 쓰다.
□ 国际	guójì	(명) 국제.
□ 帮助	bāngzhù	(동) 돕다. 원조하다. 보조하다.

□ 我自己能行　　　wǒ zìjǐ néng xíng　　　(내) 스스로 (잘) 할 수 있다.
□ 我不想麻烦别人　wǒ bù xiǎng máfan biéren　다른 사람에게 폐를 끼치고 싶지 않다.
□ 自力更生　　　　zìlì gēngshēng　　　　자력갱생(하다).

생생 중국어 구어 표현

全都红了眼
quán dōu hóng le yǎn

다들 질투하다.
다들 시샘을 하며 부러워하다.
눈이 벌게지도록 질투하며 부러워하다.

1 A : 领导啊，一车间每人发了1,000块钱奖金！
Lǐngdǎo a, yī chējiān měi rén fā le yī qiān kuài qián jiǎngjīn!

咱们的人全都红了眼！
Zánmen de rén quán dōu hóng le yǎn!

B : 老李呀，咱们车间情况不同，100块也发不出来呀！
Lǎo Lǐ ya, zánmen chējiān qíngkuàng bù tóng, yī bǎi kuài yě fā bu chūlái ya!

2 A : 书记，邻村生产搞得好，小伙子们全娶了媳妇！
Shūjì, líncūn shēngchǎn gǎo de hǎo, xiǎohuǒzimen quán qǔ le xífu!

B : 咱们村的光棍全都红了眼是不是？
Zánmen cūn de guānggùn quán dōu hóng le yǎn shi bu shi?

那就玩命干活吧！还等什么？
Nà jiù wánmìng gànhuó ba! Hái děng shénme?

단어

□ 红眼	hóngyǎn	(동) (눈에 핏발을 세우고) 시샘을 부리다. 질투하다.
□ 车间	chējiān	(명) (회사·공장 등의) 작업장. 직장. 작업 현장.
□ 发	fā	(동) (노임을) 내주다. 교부하다. 발송하다.
□ 奖金	jiǎngjīn	(명) 상금. 장려금. 상여금. 보너스.
□ 邻村	líncūn	(명) 이웃 마을.
□ 小伙子	xiǎohuǒzi	(명) 젊은이. 총각.
□ 娶	qǔ	(동) 장가가다. 장가들다. 아내를 얻다.

– Q –

- 媳妇　　　xífu　　　　　(명) 처. 아내.
- 光棍　　　guānggùn　　(명) 남자 독신자. 홀아비.
- 玩命　　　wánmìng　　 (동) 목숨을 걸다[내던지다]. 위험을 무릅쓰다. [풍자적으로 비꼬는 듯한 어감이 포함됨]

- 红眼病　　hóngyǎnbìng　(남의 수입이 많은 것을) 눈에 핏발을 세우고 병적으로 시샘하는 마음. 질투병.

全仗您了
quán zhàng nín le

자네만 믿네.
전부 자네한테 맡기네.

1 A: 这件事求谁也没用，我们全仗您了。
　　　Zhè jiàn shì qiú shéi yě méi yòng, wǒmen quán zhàng nín le.

　　B: 包在我身上。
　　　Bāo zài wǒ shēnshang.

2 A: 这么大的麻烦，全仗您才给搞定了。
　　　Zhème dà de máfan, quán zhàng nín cái gěi gǎodìng le.

　　B: 嗯，你们怎么谢我呀!
　　　Ńg, nǐmen zěnme xiè wǒ ya!

- 全　　　quán　　　(부) 모두. 전부.

- 仗　　zhàng　　　　　(동) 기대다. 믿다. 의지하다.
- 求　　qiú　　　　　　(동) 부탁하다. (요)청[간청] 하다. 희망하다. 바라다.
- 没用　méi yòng　　　소용없다. 쓸모없다. 효과가 없다. 도움이 안 되다.
- 麻烦　máfan　　　　 (형) 귀찮다. 번거롭다. 성가시다.
- 搞定　gǎodìng　　　 (동) (타당하게) 처리하다. 해결하다. 풀다. 해내다.
- 谢　　xiè　　　　　　(명·동) 감사(하다). 사례(하다).

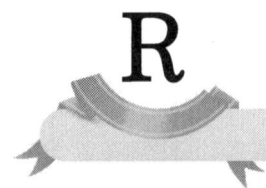

- 全权拜托　　quán quán bàituō　　모든 권한을 위임합니다.
- 就指望您了　jiù zhǐwàng nín le　　당신만 믿습니다.

R

- 让您见笑了
  ràng nín jiànxiào le

  쑥스럽네.
  미안하네.
  부끄럽네.
  자네에게 웃음만 샀네.
  자네에게 우스운 꼴을 보였네.

① A：老李呀, 你这文章里语法错误不少啊!
　　　Lǎo Lǐ ya, nǐ zhè wénzhāngli yǔfǎ cuòwù bù shǎo a!

B：是，是，让您见笑了，我的语法真的不灵!
Shì, shì, ràng nín jiànxiào le, wǒ de yǔfǎ zhēn de bù líng!

❷ A：老李呀，你昨天给我家送那些礼物干吗？
Lǎo Lǐ ya, nǐ zuótiān gěi wǒ jiā sòng nà xiē lǐwù gànmá?

B：哎呀，什么礼物？都是老家的土产，让您见笑了!
Āiyā, shénme lǐwù? Dōu shì lǎojiā de tǔchǎn, ràng nín jiànxiào le!

단어

- 见笑　　　jiànxiào　　　(동) 웃음거리가 되다. 비웃음을 당하다. (나를) 비웃다. 부끄러워하다. 창피해하다.
- 文章　　　wénzhāng　　(명) 글. 문장.
- 语法　　　yǔfǎ　　　　(명) 어법. 문법.
- 错误　　　cuòwù　　　 (명·형) 틀린 행위. 실수. 잘못. 잘못된. 틀린.
- 不灵　　　bù líng　　　 (기능이나 역할을) 잘 하지 못하다. (성능이나 작동이) 나쁘다[둔하다]. 효과가 없다. 소용이 없다.
- 礼物　　　lǐwù　　　　(명) 선물.
- 老家　　　lǎojiā　　　 (명) 고향(집).
- 土产　　　tǔchǎn　　　(명) 토산품. 지방 특산품.

유사 표현

- 拿不出手　ná bu chū shǒu　　볼품이 없다.
　　　　　　　　　　　　　　남 앞에 내놓을 수가 없다.
- 不好意思　bù hǎoyìsi　　　　겸연쩍다.
　　　　　　　　　　　　　　부끄럽다.
　　　　　　　　　　　　　　쑥스럽다.

让我怎么说你的
ràng wǒ zěnme shuō nǐ de

내가 (너한테) 말 해 뭐 하겠냐.
내가 (너한테) 무슨 말을 하겠냐.
내가 (너한테) 무슨 말을 해야 할지[좋을지] 모르겠다.
(이럴 때) 내가 (너한테) 뭐라고 해야 하는 건지. 원.

1 A: 妈妈, 我的作业本在哪儿呢?
Māma, wǒ de zuòyèběn zài nǎr ne?

B: 我的宝贝女儿, 让我怎么说你呢?
Wǒ de bǎobèi nǚ'ér, ràng wǒ zěnme shuō nǐ ne?

2 A: 老板, 一会儿签合同的时候, 咱们是甲方还是乙方?
Lǎobǎn, yīhuìr qiān hétong de shíhou, zánmen shì jiǎ fāng háishi yǐ fāng?

B: 让我怎么说你呢! 你还是去做'中方'吧。
Ràng wǒ zěnme shuō nǐ ne! Nǐ háishi qù zuò 'zhōng fāng' ba.

단 어

- 作业本　zuòyèběn　숙제 노트.
- 宝贝　bǎobèi　(명) 귀염둥이. 귀여운 아이. 착한 아기. 예쁜이. 달링(darling). [아이나 사랑하는 사람에 대한 애칭]
- 签　qiān　(동) 서명하다. 사인하다.
- 合同　hétong　(명) 계약서.

- 不可理喻　bùkě lǐyù　이해할 수 없다. 납득이 안 된다. 한심스럽다.
- 我简直没法说你　wǒ jiǎnzhí méifǎ shuō nǐ　정말 (더는) 뭐라 할 말이 없다.
정말 (더는) 뭐라 말 못하겠다.

S

上赶着不是买卖
shàng gǎn zhe bù shì mǎimai

억지로 하니까 그렇지.
너무 지나치게 (가까이) 다가서니까 그렇지.
너무 지나치게 밀어붙이니까 그러는 거야.
너무 잘 보이려고 (친한 척)하는 것도 상책은 아니다.
(자진하여·적극적으로) 너무 잘 보이려고 달려드는 것도 올바른 방법이 아니다.

① A : 我对她那么好！她为什么没感觉呢？
　　　 Wǒ duì tā nàme hǎo! Tā wèishénme méi gǎnjué ne?

　　 B : 上赶着不是买卖。
　　　 Shàng gǎn zhe bù shì mǎimai.

② A : 我非常殷勤地向顾客们介绍商品，可是没人理我。
　　　 Wǒ fēicháng yīnqín de xiàng gùkèmen jièshào shāngpǐn, kěshì méi rén lǐ wǒ.

　　 B : 上赶着不是买卖。
　　　 Shàng gǎn zhe bù shì mǎimai.

③ A : 我特别使劲地拍部长的马屁，可是他看不起我！
　　　 Wǒ tèbié shǐjìn de pāi bùzhǎng de mǎpì, kěshì tā kànbuqǐ wǒ!

　　 B : 上赶着不是买卖。
　　　 Shàng gǎn zhe bù shì mǎimai.

생생 중국어 구어 표현

단어

- 上赶(着)   shàng gǎn(zhe)   (남에게 잘 보이거나 접근하려고) 억지로. 자진하여. 적극적으로.
- 感觉   gǎnjué   (명) 감각. 느낌.
- 非常   fēicháng   (부) 매우. 아주. 대단히.
- 殷勤   yīnqín   (형) 정성스럽다. 은근하다. 따스하고 빈틈없다.
- 向   xiàng   (개) …에. …에게. [행동의 대상을 가리킴]
- 顾客   gùkè   (명) 고객. 손님.
- 介绍   jièshào   (동) 소개하다.
- 商品   shāngpǐn   (명) 상품.
- 特别   tèbié   (부) 특히. 각별히. 유달리. 아주.
- 使劲   shǐjìn   (동) 힘을 쓰다.
- 拍马屁   pāi mǎpì   아첨하다. 비위를 맞추다. 알랑거리다.
- 看不起   kànbuqǐ   무시하다. 업신여기다. 깔보다.

유사 표현

- 亲极反疏   qīn jí fǎn shū   아주 친하면 되려 소원해진다.
- 别太近乎了   bié tài jìn hū le   너무 가까이 하지 마라.
- 取点距离   qǔ diǎn jùlí   거리를 (좀) 유지하다.

- 折了
  shé le

  밑지다.
  손해보다.

 A: 老李呀, 这一段股市倍儿火, 发财了吧!
　　　Lǎo Lǐ ya, zhè yī duàn gǔshì bèir huǒ, fācái le ba!

B : 发昏吧！最近折了几十万。
　　Fāhūn ba! Zuìjìn shé le jǐ shí wàn.

② A : 老李，咱们上回谈那项目怎么样了？
　　Lǎo lǐ, zánmen shànghuí tán nà xiàngmù zěnmeyàng le?

B : 嗨，别提了！早折了。
　　Hāi, bié tí le! Zǎo shé le.

③ A : 哎，昨儿半夜那场球儿，咱们女足赢了吗？
　　Āi, zuór bànyè nà chǎng qiúr, zánmen nǚzú yíng le ma?

B : 唉，折了。
　　Āi, shé le.

단어

一段	yī duàn	한 시기. 한 기간.
股市	gǔshì	(명) 주식 시장. 주가.
倍儿	bèir	(부) 매우.
火	huǒ	(형) 왕성[흥성]하다. 번창하다. 열렬하다.
发财	fācái	(동) 큰돈을 벌다. 부자가 되다. 큰 재산을 모으다.
发昏	fāhūn	(동) 정신[의식]이 흐리멍덩[혼미]해지다. 어지러워[아찔해]지다. 정신이 멍해지다[나가다]. 이성을 잃다. 멍청해지다. 바보가 되다.
上回	shànghuí	(명) 먼젓번. 지난번.
项目	xiàngmù	(명) 항목. 종목. 사항. 과제. 프로젝트. 사업.

| 出师不利 | chūshī bùlì | 경기 시작이 순조롭지 않다. 첫 전투가 순조롭지 못하다. 시작이 불리하다. 출병 후 첫 싸움에 패전하다. 첫발을 잘못 내디디다. |

생생 중국어 구어 표현

- 赔了　　péi le　　　손해를 보다. 밑지다.
- 亏了　　kuī le　　　손해보다. 잃어버리다. 손실되다.
- 栽了　　zāi le　　　좌절당하다. 패하다. 상처를 입다. 실패하다. 실수하다.

舍不得
shěbudé

아깝다.
아쉽다.
섭섭하다.
연연해하다.
미련이 남다.

1 A : 把这些东西送给穷人吧。
Bǎ zhè xiē dōngxi sòng gěi qióngrén ba.

B : 我有点儿舍不得。
Wǒ yǒudiǎnr shěbudé.

2 A : 你已经90岁了，还有什么舍不得？
Nǐ yǐjing jiǔshí suì le, hái yǒu shénme shěbudé?

B : 我舍不得财产，孙子和年轻妻子。
Wǒ shěbudé cáichǎn, sūnzi hé niánqīng qīzi.

- 穷人　　qióngrén　　(명) 가난한 사람.
- 有点儿　yǒudiǎnr　　(부) 조금. 약간.
- 已经　　yǐjing　　　(부) 이미. 벌써.
- 岁　　　suì　　　　(양) 살. 세. [나이를 세는 단위]
- 财产　　cáichǎn　　(명) 재산. 자산.

☐	孙子	sūnzi	(명) 손자.
☐	年轻	niánqīng	(형) 젊다.
☐	妻子	qīzi	(명) 아내.

 유사 표현

☐	依依不舍	yīyī bùshě	차마 떠나지 못하다. 헤어지기 서운해 하다.
☐	小气鬼	xiǎoqiguǐ	좀생이. 인색한 놈. 좀스럽다. 인색하다. 쩨쩨하다.
☐	放不下	fàng bu xià	놓을 수 없다. 안심이 안 되다. 마음이 안 놓이다.
☐	看不开	kàn bu kāi	넓게 보지 못하다. (마음을) 열고 보지 못하다.

☐ **谁都有那一天**
shéi dōu yǒu nà yītiān

누구나 한 번은 겪는다.
누구도 피해갈 수 없다
누구한테나 그 날은 온다.
(사람은) 누구나 다 죽는다.

❶ A：老李呀，说实话你怕不怕死？
　　Lǎo Lǐ ya, shuō shíhuà nǐ pà bu pà sǐ?

　　B：当然怕，可是……谁都有那一天。
　　Dāngrán pà, kěshì……shéi dōu yǒu nà yītiān.

❷ A：既然谁都知道早晚有那一天，还瞎忙活什么？
　　Jìrán shéi dōu zhīdao zǎowǎn yǒu nà yītiān, hái xiā mánghuó shénme?

B： 你是要大家等死吗?
　　Nǐ shì yào dàjiā děng sǐ ma?

- 实话　　shíhuà　　（명）실화. 진실한 말. 정말. 참말.
- 早晚　　zǎowǎn　　（부）언제. 다음에. [미래의 어느 시점을 가리킴]
- 瞎　　　xiā　　　　（부）되는대로. 마구. 괜히. 두서없다. 혼란하다.
- 忙活　　mánghuó　　（동）조급하게 일하다. 바삐 움직이다. 눈코 뜰 새 없다.

- 早晚都得死　zǎowǎn dōu děi sǐ　언젠가는 누구나 다 죽기 마련이다.

谁怕谁呀
shéi pà shéi ya

뭐가 겁나.
하나도 겁 안나.
두려울 것 없어.
겁날 게 뭐 있어.
누가 누구를 무서워한다고 그래.

1 A： 听说拳击冠军要找你玩玩!
　　　Tīngshuō quánjī guànjūn yào zhǎo nǐ wán wán!

　　B： 来吧! 谁怕谁呀!
　　　Lái ba! Shéi pà shéi ya!

2 A： 明天参加比赛的可都是金牌运动员!
　　　Míngtiān cānjiā bǐsài de kě dōu shì jīnpái yùndòngyuán!

B: 好啊，谁怕谁呀!
　　Hǎo a, shéi pà shéi ya!

단어

- 怕　　　　pà　　　　　　(동) 무서워하다. 두려워하다.
- 拳击　　　quánjī　　　　(명) 권투. 복싱.
- 冠军　　　guànjūn　　　 (명) 우승. 1등. 우승자.
- 参加　　　cānjiā　　　　(동) (어떤 모임이나 일에) 참가하다. 참여하다.
- 比赛　　　bǐsài　　　　　(명) 경기. 시합.
- 金牌　　　jīnpái　　　　　(명) 금메달.
- 运动员　　yùndòngyuán　(명) 운동선수.

유사 표현

- 无所畏惧　　　wúsuǒ wèijù　　　조금도 두려워하는 바가 없다.
- 他算老几　　　tā suàn lǎo jǐ　　　그 사람이 뭔데.
　　　　　　　　　　　　　　　　별 것도 아닌 것이.
- 有什么了不起　yǒu shénme liǎobuqǐ　뭐가 잘 났다고 (그래).
　　　　　　　　　　　　　　　　뭐가 대단하다고 (그래).

谁认这个头啊
shéi rèn zhè ge tóu a

누가 (그걸) 인정하겠어.
누군들 (그걸) 인정하겠어[했다고 하겠어].

① A: 小红啊，刚才老板问是谁把复印机弄坏的,
　　Xiǎo hóng a, gāngcái lǎobǎn wèn shì shéi bǎ fùyìnjī nòng huài de,

　　你怎么不言语啊?
　　nǐ zěnme bù yányǔ a?

B：谁认这个头啊？反正那么多人都用过，
Shéi rèn zhè ge tóu a? Fǎnzhèng nàme duō rén dōu yòng guo,

老板不会找到我头上来。
lǎobǎn bù huì zhǎo dào wǒ tóushang lái.

❷ A：老李呀，厕所里有人大便后没冲水！你知道吗？
Lǎo Lǐ ya, cèsuǒli yǒurén dàbiàn hòu méi chōng shuǐ! Nǐ zhīdao ma?

B：别问啦，谁认这个头啊！看上去个个都跟个人似的，
Bié wèn la, shéi rèn zhè ge tóu a! Kàn shàngqù gègè dōu gēn gèrén shì de,

其实全是嫌疑犯！
qíshí quán shì xiányífàn!

단어

☐ 认头	rèntóu	(동) 체념하다. 단념하다. 마지못해[어쩔 수 없이] 인정하다. 어쩔 수 없이…하다.
☐ 老板	lǎobǎn	(명) 상점주인. (상공업계의) 사장. (사유 기업의) 주인. 경영자. 기업주.
☐ 复印机	fùyìnjī	(명) 복사기.
☐ 言语	yányǔ	(동) 말하다. 소리치다. 부르다. 대답하다. 알리다.
☐ 反正	fǎnzhèng	(부) 아무튼. 어떻든. 어쨌든. 여하튼. 하여튼. 어차피.
☐ 厕所	cèsuǒ	(명) 변소. 뒷간.
☐ 大便	dàbiàn	(명·동) 대변(을 보다). 똥(을 누다[싸다]).
☐ 冲	chōng	(동) (물로) 씻어 내다. 가시다. 쓸어내리다.
☐ 嫌疑犯	xiányífàn	(명) 혐의범. 용의자. 피의자.

☐ 死不认账　sǐbùrènzhàng　죽어도 인정하지 않는다.
☐ 不是我干的　bù shì wǒ gàn de　내가 한 게 아니다.

谁说不是呢
shéi shuō bù shì ne

그럼.
그렇지.
당연하지.
누가 아니래.
그렇고 말고.
그러게 말이야.
말이야 맞는 말이지.
[동의를 나타냄]

1　A： 这么多人骑车，没人修车怎么行呢！
Zhème duō rén qí chē, méi rén xiūchē zěnme xíng ne!

　　B： 谁说不是呢！
Shéi shuō bù shì ne!

2　A： 你的工作一直很好，应该长工资了吧。
Nǐ de gōngzuò yīzhí hěn hǎo, yīnggāi zhǎng gōngzī le ba.

　　B： 谁说不是呢！
Shéi shuō bù shì ne!

3　A： 等我们退休以后，早上打打拳，下午写写书，
Děng wǒmen tuìxiū yǐhòu, zǎoshang dǎ dǎ quán, xiàwǔ xiě xiě shū,

　　　 晚上散散步，多好啊！
wǎnshang sàn sàn bù, duō hǎo a!

　　B： 谁说不是呢！
Shéi shuō bù shì ne!

단어

- 骑车 qí chē 자전거를 타다.
- 修 xiū (동) 수리하다. 고치다.
- 行 xíng (형) 좋다. 괜찮다. 충분하다.
- 一直 yīzhí (부) 계속해서. 끊임없이. 줄곧. 내내.
- 长 zhǎng (동) 증가하다. 증진하다.
- 工资 gōngzī (명) 월급. 임금. 노임.
- 退休 tuìxiū (명·동) 정년퇴직(하다).
- 打拳 dǎquán (동) 권법을 연마하다.
- 散步 sànbù (동) 산보하다.

유사 표현

- 大家都这么说 dàjiā dōu zhème shuō 모두들 그렇게 말한다.
- 大家都这么看 dàjiā dōu zhème kàn 모두들 그렇게 본다.
- 就是吗 jiùshì ma 맞아. 바로 그래.
- 可不是吗 kěbushì ma 그렇고 말고.

- 谁也甭说谁
shéi yě béng shuō shéi

피차일반이야.
누가 할 소리를.
남 말 하고 있네.
너도 나와 별 차이 없어.
너도 나보다 나을 거 없어.
남더러 뭐라고 할 것 없어.
누가 누굴 보고 뭐라는 거야.
똥 묻은 개가 겨 묻은 개 나무라는 격이다.

① A：老李呀, 你经常陪客户出去吃饭吧?
　　　Lǎo Lǐ ya, nǐ jīngcháng péi kèhù chūqù chīfàn ba?

　B：唶, 咱们谁也甭说谁, 不就是公款吃喝嘛!
　　　Zé, zánmen shéi yě béng shuō shéi, bù jiùshì gōngkuǎn chī hē ma!

② A：老李呀, 你怎么老是盯着漂亮姑娘看哪?
　　　Lǎo Lǐ ya, nǐ zěnme lǎoshi dīng zhe piàoliang gūniang kàn na?

　B：唉呀, 你从来没看过吗? 咱俩谁也甭说谁!
　　　Āiyā, nǐ cónglái méi kàn guo ma? Zán liǎ shéi yě béng shuō shéi!

단 어

☐ 甭	béng	(부) …할 필요가 없다. …해도 소용이 없다.
☐ 经常	jīngcháng	(부) 늘. 항상.
☐ 陪	péi	(동) 모시다. 동반하다. 배석하다. 수행하다.
☐ 客户	kèhù	(명) 손님. 고객.
☐ 公款	gōngkuǎn	(명) 공금.
☐ 老是	lǎoshi	(부) 언제나. 늘. 항상.
☐ 盯	dīng	(동) 주시하다. 응시하다. 시선을 한 곳에 집중하다.
☐ 从来	cónglái	(부) 여태(껏). 지금까지.

☐ 彼此彼此	bǐcǐ bǐcǐ	피차 마찬가지다. 피차일반이다.
☐ 咱俩一个德性	zán liǎ yī ge déxing	우리 두 사람은 한통속이다. 우리 두 사람이 꼴사나운 것은 마찬가지다.
☐ 你比我好不了多少	nǐ bǐ wǒ hǎo bu liǎo duōshao	나랑 별 차이가 없다. 나보다 별로 나을 게 없다.

211

实话实说

shíhuà shíshuō

사실대로 말하(자)면.
솔직하게 말하(자)면.

1 A: 老李呀, 你觉得我刚才的讲话怎么样?
　　　Lǎo Lǐ ya, nǐ juéde wǒ gāngcái de jiǎnghuà zěnmeyàng?

　　B: 老赵呀, 我实话实说, 不怎么样。
　　　Lǎo zhào ya, wǒ shíhuà shíshuō, bù zěnmeyàng.

2 A: 快说! 是不是你干的?
　　　Kuài shuō! Shì bu shì nǐ gàn de?

　　B: 实话实说, 真的不是我干的。
　　　Shíhuà shíshuō, zhēn de bù shì wǒ gàn de.

| 讲话 | jiǎnghuà | (명) 강화. 담화. 연설. |
| 不怎么样 | bù zěnmeyàng | 그리 좋지 않다. 보통이다. 평범하다. |

| 恕我直言 | shù wǒ zhíyán | 직언을 양해하십시오. 외람되지만, 솔직히 말씀드리(자)면. |
| 有啥说啥 | yǒu shà shuō shà | 말할 것이 있으면 말해 봐. 탁 터놓고 있는 대로 말해 봐. |

帅呆了
shuài dāi le

멋지다.
킹카다.
(멋지고) 잘생겼다.

1 A : 哇噻！你看对面那男孩，帅呆了！
　　　Wāsāi! Nǐ kàn duìmiàn nà nánhái, shuài dāi le!

　　B : 是嘛？我看帅的是人家，呆的是你！
　　　Shì ma? Wǒ kàn shuài de shì rénjia, dāi de shì nǐ!

2 A : 哎，你的男朋友长得怎么样？
　　　Āi, nǐ de nán péngyou zhǎng de zěnmeyàng?

　　B : 那还用说，绝对是帅呆了！
　　　Nà hái yòng shuō, juéduì shì shuài dāi le!

帅	shuài	(형) 멋지다. 스마트하다.
呆	dāi	(형) 무표정하다. 멍하다. 어리둥절하다.
对面	duìmiàn	(명) 맞은편. 반대편.
长	zhǎng	(동) 성장하다. 자라다. 생장하다.
绝对	juéduì	(부) 가장. 몹시. 절대로. 완전히. 반드시.

| 英俊少年 | yīngjùn shàonián | 멋진 청년. 근사한 남자. |
| 美男子 | měinánzi | 잘 생긴 남자. 미남. |

생생 중국어 구어 표현

□ 俊小伙　　jùnxiǎohuǒ　　빼어난[뛰어난] 남자.
□ 一表人才　　yībiǎo réncái　　훌륭한 인재.

□ **受不了**
shòu bu liǎo

견딜 수 없다.
참을 수 없다.
배길 수 없다.

1 A：北京的污染太严重了，真受不了！
　　Běijīng de wūrǎn tài yánzhòng le, zhēn shòu bu liǎo!

　　B：正在治理，过两年就好了。
　　Zhèngzài zhìlǐ, guò liǎng nián jiù hǎo le.

2 A：半年吃不到可口的食物，真受不了！
　　Bànnián chī bu dào kěkǒu de shíwù, zhēn shòu bu liǎo!

　　B：你会习惯的。
　　Nǐ huì xíguàn de.

3 A：他每天半夜两点唱卡拉OK，我受不了了！
　　Tā měitiān bànyè liǎng diǎn chàng kǎlā OK, wǒ shòu bu liǎo le!

　　B：忍着点吧。
　　Rěn zhe diǎn ba.

□ 污染　　wūrǎn　　(명·동) 오염. 오염시키다. 오염되다.
　　　　　　　　　　[비유] 불건전한 사상이 사람들에게 나쁜 영향을 미치다. 사상을

물들이다.

	严重	yánzhòng	(형) (정세·추세·정황 등이) 위급하다. 심각하다. (영향이) 엄중하다. 막대하다. 중대하다. (정도가) 매우 심하다. 대단하다.
	治理	zhìlǐ	(동) 통치하다. 다스리다. 관리하다. 정비하다. 수리하다. 치수하다. 손질하다. 고치다.
	可口	kěkǒu	(형) 맛있다. 입에 맞다.
	食物	shíwù	(명) 음식물.
	半夜	bànyè	(명) 심야. 한밤중. 밤 12시쯤. 하룻밤의 절반.
	忍	rěn	(동) 참다. 견디다.

유사 표현

	无法忍受	wúfǎ rěnshòu	참을 수 없다.
	太难受了	tài nánshòu le	견딜 수 없다.
	挺不住了	tǐng bu zhù le	견딜 수 없다.

水货
shuǐhuò

밀수품.
위조품.
가짜 물건.
암거래 물품.
하자가 있는 물건.

---

1 A : 你买的VCD机怎么这么便宜?
　　　Nǐ mǎi de VCD jī zěnme zhème piányi?

　　B : 嗨, 水货呗。
　　　Hāi, shuǐhuò bei.

② A: 你怎么不看那个电视连续剧了?
Nǐ zěnme bù kàn nà ge diànshì liánxùjù le?

B: 前两集还可以, 后面就水了!
Qián liǎng jí hái kěyǐ, hòumiàn jiù shuǐ le!

③ A: 你经常去自由市场百货部吗?
Nǐ jīngcháng qù zìyóushìchǎng bǎihuòbù ma?

B: 不, 那里的东西全是水货!
Bù, nàli de dōngxi quán shì shuǐhuò!

 단 어

- 便宜　　　piányi　　　(형) (값이) 싸다. 헐하다.
- 连续剧　　liánxùjù　　(명) 연속극.
- 经常　　　jīngcháng　　(부) 늘. 자주. 항상.
- 自由市场　zìyóushìchǎng　(명) 자유 시장.
- 百货　　　bǎihuò　　　(명) 여러 가지 상품이나 재화. 백화(百貨).
- 部　　　　bù　　　　　(명) 부(部). 어떤 기관의 명칭 또는 기관이나 기업의 업무에 따라 나누어진 단위.

 유사 표현

- 假的　　　jiǎde　　　　가짜.
- 冒充的　　màochōngde　위조품. 가짜.
- 差的　　　chàde　　　　하자가 있는 것.
- 骗人的　　piànrénde　　속인 물건. 암거래 물품.
- 赝品　　　yànpǐn　　　위조품. 가짜 물건.

说不清楚
shuō bu qīngchu

설명하기 어렵다.
정확하게 말할 수 없다.
꼭 집어서 말할 수 없다.
딱히 뭐라고 말할 수 없다.

1 A: 这事挺复杂，一句两句说不清楚。
Zhè shì tǐng fùzá, yī jù liǎng jù shuō bu qīngchu.

B: 别着急，慢慢说。
Bié zháojí, mànmàn shuō.

2 A: 这事挺麻烦，我也 — 说不太清楚。
Zhè shì tǐng máfan, wǒ yě — shuō bu tài qīngchu.

B: 噢，那就算了。
Ō, nà jiù suànle.

3 A: 这事啊……我 — 也，说不太清楚。
Zhè shì a……wǒ — yě, shuō bù tài qīngchu.

B: 你要怎样才能说清楚呢?
Nǐ yào zěnyàng cái néng shuō qīngchu ne?

단 어

☐ **清楚**　　qīngchu　　(형) 분명하다. 명백하다. 명확하다. 뚜렷하다.
☐ **挺**　　　tǐng　　　　(부) 아주. 매우. 대단히.
☐ **复杂**　　fùzá　　　 (형) 복잡하다.
☐ **着急**　　zháojí　　　(동) 조급해하다. 마음을 졸이다. 초조해하다.
☐ **慢慢**　　mànmàn　　(부) 천천히. 차츰. 느릿느릿.

생생 중국어 구어 표현

- 麻烦　　máfan　　(형) 번거롭다. 성가시다. 귀찮게 하다.
- 算了　　suànle　　그만두다. 개의하지 않다. 내버려두다. 따지지 않다. 됐다.
- 怎样　　zěnyàng　　(대) 어떻게. 어떠하냐. [성질·상황·방식 따위를 물음]

유사 표현

- 一言难尽　　yīyán nánjìn　　한마디 말로 다 설명할 수 없다.
- 说不好　　shuō bu hǎo　　정확하게 얘기할 수 없다.
  　　　　　　　　　　　　꼭 집어서 얘기할 수 없다.
- 不好说　　bù hǎo shuō　　말하기 좀 그렇다.
  　　　　　　　　　　　　뭐라고 말하기 그렇다.
- 说不明白　　shuō bu míngbai　　확실하게[정확하게·분명하게] 말[설명]하지 못 하다.

□ 说句不好听的
shuō jù bù hǎotīng de

솔직하게 이야기하겠다.
허심탄회하게 한 마디 하겠다.
듣기 싫은 소리 한 마디 하겠다.
네가 듣기에 안 좋은 이야기를 하겠다.

① A : 老李呀, 说句不好听的, 这么多年我对你一直有看法。
　　　Lǎo Lǐ ya, shuō jù bù hǎotīng de, zhème duō nián wǒ duì nǐ yīzhí yǒu kànfǎ.

　　B : 好啊, 说来听听, 提意见不算'不好听'。
　　　Hǎo a, shuō lái tīng tīng, tí yìjiàn bù suàn 'bù hǎotīng'.

② A : 小红呀, 说句不好听的, 从根儿上我就没想和
　　　Xiǎo hóng ya, shuō jù bù hǎotīng de, cóng gēnrshang wǒ jiù méi xiǎng hé

你结婚。
nǐ jiéhūn.

B：老李呀，我也说句不好听的：你这老家伙根本不是人！
Lǎo Lǐ ya, wǒ yě shuō jù bù hǎotīng de: nǐ zhè lǎo jiāhuo gēnběn bù shì rén!

단 어

- 句　　　jù　　　　　(양) 마디. 편. [말·글의 수를 세는 단위]
- 看法　　kànfǎ　　　 (명) 견해. 보는 방법. 의견
- 提　　　tí　　　　　(동) 제시하다. 제기하다. 제출하다.
- 意见　　yìjiàn　　　 (명) 의견. 이의. 불만. 반대.
- 算　　　suàn　　　 (동) …라고 여겨지다. …인 셈이다.
- 根儿　　gēnr　　　 (명) 근본. 진상. 기초. 근원.
- 根本　　gēnběn　　 (부) 본래. 원래. 시종(始终). 전연. 전혀. 아예. 근본적으로. 완전히.

유사 표현

- 直言不讳　　zhíyán bùhuì　　조금도 꺼리지 않고 솔직하게 말하다.
- 实话实说　　shíhuà shíshuō　진실을 말하다. 사실대로 말하다.

说句公道话
shuō jù gōngdaohuà

사실을 말하다.
바른 말을 하다.
공정하게 말하다.
객관적으로 말하다.

---

① A：老李总是找我麻烦，我恨死他了。
Lǎo Lǐ zǒngshì zhǎo wǒ máfan, wǒ hèn sǐ tā le.

B： 说句公道话，老李也是为了工作。
Shuō jù gōngdaohuà, lǎo Lǐ yě shì wèile gōngzuò.

② A： 是他的车撞了我!
Shì tā de chē zhuàng le wǒ!

B： 谁让你逆行的?
Shéi ràng nǐ nìxíng de?

C： 说句公道话，你们俩都有责任。
Shuō jù gōngdaohuà, nǐmen liǎ dōu yǒu zérèn.

단어

- 公道　　gōngdao　　(형) 공평하다. 공정하다. 합리적이다.
- 总是　　zǒngshì　　(부) 늘. 언제나. 줄곧. 결국. 아무튼.
- 恨　　　hèn　　　　(명·동) 증오(하다). 원망(하다).
- 为了　　wèile　　　(개) …를 위하여. [목적을 나타냄]
- 工作　　gōngzuò　　(명·동) 일(하다). 작업(하다). 노동(하다).
- 车　　　chē　　　　(명) 차. 수레.
- 撞　　　zhuàng　　 (동) 부딪치다. 충돌하다. 마주치다.
- 逆行　　nìxíng　　　(동) 역행하다.
- 责任　　zérèn　　　(명) 책임.

유사 표현

- 平心而论　píngxīn'érlùn　　허심탄회하게 논하다.
　　　　　　　　　　　　　　공평한 마음으로 논하다.
　　　　　　　　　　　　　　마음을 가라앉히고 평론하다.
- 说句良心话　shuō jù liángxīnhuà　솔직히 이야기하다.
　　　　　　　　　　　　　　　　　양심적으로 말하다.

说真的
shuō zhēn de

진심을 말하(자)면.
솔직히 말하(자)면.
참말을 하면.
사실대로 말하(자)면.

1 A：说真的，你到底爱不爱她?
　　　Shuō zhēn de, nǐ dàodǐ ài bu ài tā?

　　B：不骗你，我每天都想她。
　　　Bù piàn nǐ, wǒ měitiān dōu xiǎng tā.

2 A：说真的，你喜欢这个地方吗?
　　　Shuō zhēn de, nǐ xǐhuan zhè ge dìfang ma?

　　B：说实话，谈不上喜欢。
　　　Shuō shíhuà, tán bu shàng xǐhuan.

3 A：说真的，你的汉语水平怎么样?
　　　Shuō zhēn de, nǐ de hànyǔ shuǐpíng zěnmeyàng?

　　B：我发誓，所有留学生里我是最好的。
　　　Wǒ fāshì, suǒyǒu liúxuéshengli wǒ shì zuì hǎo de.

□ 真	zhēn	(부·형) 참으로. 정말로. 진실로. 진실하다. 진짜이다. 사실이다.
□ 到底	dàodǐ	(부) 도대체. 결국. 마침내.
□ 骗	piàn	(동) 속이다. 기만하다.
□ 想	xiǎng	(동) 그리워하다. 몹시 생각하다. 보고 싶어 하다.

생생 중국어 구어 표현

- 地方 dìfang (명) 장소. 곳. 공간.
- 实话 shíhuà (명) 진실한 말. 정말. 참말.
- 谈不上 tán bu shàng (사실과 동떨어져) 말할 나위가 못되다. (…라고 까지) 말할 수 없다.
- 水平 shuǐpíng (명) 수준.
- 发誓 fāshì (동) 맹세하다.
- 所有 suǒyǒu (형) 모든. 일체의.
- 留学生 liúxuésheng (명) 유학생.

- 说心里话 shuō xīnlihuà 진심으로 말하자면.
- 说实话 shuō shíhuà 사실대로 말하자면.
- 不骗你 bù piàn nǐ 솔직히 말하자면.
- 我发誓 wǒ fāshì (내가) 맹세한다.

□ 是啊是啊
shì a shì a

그래, 그래.
맞아, 맞아.

1 A: 我觉得老李是完全错误的。
Wǒ juéde Lǎo Lǐ shì wánquán cuòwù de.

B: 是啊是啊, 老李太不对了。
Shì a shì a, Lǎo Lǐ tài bùduì le.

2 A: 我认为环境问题不是最主要的, 有饭吃就行了。
Wǒ rènwéi huánjìng wèntí bù shì zuì zhǔyào de, yǒu fàn chī jiù xíng le.

B: 是啊是啊，有饭吃是最主要的。
　　Shì a shì a, yǒu fàn chī shì zuì zhǔyào de.

- 错误　　　cuòwù　　　　(명·형) 잘못. 실수. 틀린 행위. 잘못된. 틀린
- 环境　　　huánjìng　　　(명) 환경. 주위 상황[조건].

- 所见极是　suǒjiànjíshì　견해가 지극히 옳다.
- 对对　　　duì duì　　　맞아, 맞아.
- 没错　　　méi cuò　　　틀림없다. 분명하다. 옳다. 맞다.

是人就会
shì rén jiù huì

식은 죽 먹기다.
누워서 떡 먹기다.
누구나 다 할 줄 아는 것이다.

❶ A: 老李呀，管灯坏了，你会修吗?
　　 Lǎo Lǐ ya, guǎndēng huài le, nǐ huì xiū ma?

　 B: 不就是管灯吗，是人就会!
　　 Bù jiùshì guǎndēng ma, shì rén jiù huì!

❷ A: 老李呀，你刚才说是人就会，可这灯还是没亮啊!
　　 Lǎo Lǐ ya, nǐ gāngcái shuō shì rén jiù huì, kě zhè dēng háishì méi liàng a!

B: 话不能这么说，这是零件坏了嘛……。
Huà bù néng zhème shuō, zhè shì língjiàn huài le ma…….

管灯	guǎndēng	(명) 형광등.
亮	liàng	(동·형) 빛을 내다. 밝히다. 빛나다. 밝다. 환하다.
零件	língjiàn	(명) 부속품.

轻而易举	qīng'éryìjǔ	매우 수월하다.
小菜一碟	xiǎo cài yī dié	식은 죽 먹기. 누워서 떡 먹기.

☐ 算了吧
suànle ba

됐어.
끝내.
그만둬.
집어치워.

❶ A: 亲爱的，咱们在很多方面都有距离，我看还是算了吧。
Qīn'ài de, zánmen zài hěn duō fāngmiàn dōu yǒu jùlí, wǒ kàn háishì suànle ba.

B: 算就算!
Suàn jiù suàn!

❷ A: 李总, 咱们这笔生意, 你到底还想不想做?
　　　Lǐ zǒng, zánmen zhè bǐ shēngyi, nǐ dàodǐ hái xiǎng bu xiǎng zuò?

　　B: 王总啊, 谈来谈去也谈不拢, 我看就算了吧。
　　　Wáng zǒng a, tán lái tán qù yě tán bu lǒng, wǒ kàn jiù suànle ba.

 단 어

□ 算	suàn	(동) 그만두다. 더 이상 왈가왈부하지 않다. 그런대로 그냥 넘기다.
□ 距离	jùlí	(명) 거리. 간격.
□ 总(经理)	zǒng(jīnglǐ)	(명) 총 지배인. 사장.
□ 到底	dàodǐ	(부) 도대체.
□ 谈不拢	tán bu lǒng	의견 일치를 보지 못하다. 의견이 상치되다.

 유사 표현

□ 适可而止	shìkě'érzhǐ	적당한 정도에서 그만두다[그치다].
□ 打住	dǎzhù	그만두다. 집어치우다.
□ 拉倒	lādǎo	중지하다. 그만두다.
□ 吹灯	chuīdēng	취소하다. 중단하다. 그만두게 되다.
□ 画句号	huà jùhào	끝내다. 마침표를 찍다.

死活看不上眼
sǐhuó kàn bu shàng yǎn

괜히 미워하다.
무조건 싫어하다.
무조건 마음에 안 들어 하다.

1 A: 老李呀, 你的儿子学习怎么样?
Lǎo Lǐ ya, nǐ de érzi xuéxí zěnmeyàng?

B: 他很聪明, 也很努力, 可是老师死活看不上眼!
Tā hěn cōngming, yě hěn nǔlì, kěshì lǎoshī sǐhuó kàn bu shàng yǎn!

2 A: 哎, 为什么大家都不喜欢小红呢?
Āi, wèishénme dàjiā dōu bù xǐhuan Xiǎo hóng ne?

B: 也没什么, 就是她的化妆太恐怖, 所以大家死活
Yě méi shénme, jiùshì tā de huàzhuāng tài kǒngbù, suǒyǐ dàjiā sǐhuó

看不上眼。
kàn bu shàng yǎn.

死活	sǐhuó	(부) 한사코. 기어코.
看不上(眼)	kàn bu shàng (yǎn)	(보아서) 마음에 안 들다. 경멸하다. 얕보다.
聪明	cōngming	(형) 총명하다. 영리하다. 똑똑하다.
努力	nǔlì	(명·동) 노력(하다). 힘쓰다.
化妆	huàzhuāng	(동) 화장하다.
恐怖	kǒngbù	(형) 공포를 느끼다. 전율을 느끼다. 무섭다. 두렵다.

- **就是不喜欢** jiùshì bù xǐhuan 그냥 싫어하다.
  주는 거 없이 미워하다.
- **横竖不待见** héngshù bù dàijian 어떻든 좋아하지 않다.
  어쨌든 귀여워하지 않다.

T

- **他妈的**
  tā mā de

  젠장.
  제기랄.
  염병할.
  빌어먹을.

① A: 他妈的,我帮了你七年,你反倒骗我!
Tā mā de, wǒ bāng le nǐ qī nián, nǐ fǎndào piàn wǒ!

B: 对不起,你帮过我吗?
Duìbuqǐ, nǐ bāng guo wǒ ma?

② A: 你他妈怎么开车呢!
Nǐ tā mā zěnme kāichē ne!

B: 你他妈怎么说话呢!
Nǐ tā mā zěnme shuōhuà ne!

❸ A: 他妈的，今年一件事也做不成!
Tā mā de, jīnnián yī jiàn shì yě zuò bu chéng!

B: 是啊! 真他妈的不顺!
Shì a! Zhēn tā mā de bù shùn!

□ 反倒	fǎndào	(부) 오히려. 도리어.
□ 骗	piàn	(동) 속이다. 기만하다.
□ 做不成	zuò bu chéng	해낼 수 없다.
□ 顺	shùn	(동·형) 뜻대로 되다. 순조롭다.

□ 不像话	bùxiànghuà	엉망이다. 말도 안 된다.
□ 妈的	mā de	젠장. 제기랄.
□ 真他妈的	zhēn tā mā de	정말 재수없다.
□ 太他妈的	tài tā mā de	너무 재수없다.

□ **她刚傍上一大款**
tā gāng bàng shàng yī dàkuǎn

그 여자 방금 거부를 하나 잡았다.
그 여자 방금 돈 많은 남자를 하나 물었다.

① A: 哎, 小红最近怎么花钱跟流水似的?
Āi, Xiǎo hóng zuìjìn zěnme huāqián gēn liúshuǐ shì de?

B: 你还不知道哪! 她刚傍上一大款, 趁40亿呢!
Nǐ hái bù zhīdao na! Tā gāng bàng shàng yī dàkuǎn, chèn sì shí yì ne!

② A: 哎, 小红这几天怎么不出去了?
Āi, Xiǎo hóng zhè jǐ tiān zěnme bù chūqù le?

B: 你还不知道哪! 她把刚傍上那大款给甩了!
Nǐ hái bù zhīdao na! Tā bǎ gāng bàng shàng nà dàkuǎn gěi shuǎi le!

□ 傍	bàng	(동) 불륜의 관계를 맺다. 달라붙다. 돈 있는 사람을 따르다[뒤쫓다. 달라붙다]. (세력 있는 사람에게) 의존하다. 비밀스런 관계를 가지다.
□ 大款	dàkuǎn	(명) 돈 많은 사람. 거부(巨富).
□ 趁	chèn	(농) 소유하다. 많이 가지고 있다.
□ 甩	shuǎi	(동) 떼버리다. 떼어놓다. 떨구다.

□ 跟了个阔佬　　gēn le ge kuòlǎo　　부자에게 달라붙다.
돈 많은 사람에게 붙다.

생생 중국어구어표현

□ **她有'托儿'**
tā yǒu 'tuōr'

그 여자는 빽이 있다.
그 여자는 후원자가 있다.
그 여자 뒤에 공범자가 있다.
그 여자는 뒤에 지지자가 있다.
그 여자 뒤에 바람잡이가 있다.

1 A : 哎, 知道她在公司里为什么那么牛气吗?
Āi, zhīdao tā zài gōngsīli wèishénme nàme niúqì ma?

B : 噢, 听说她有'托儿', 而且还特硬!
Ō, tīngshuō tā yǒu 'tuōr', érqiě hái tè yìng!

2 A : 哎, 昨天我被卖布料的给骗了!
Āi, zuótiān wǒ bèi mài bùliào de gěi piàn le!

B : 就是路口那个吧, 她有好几个'托儿', 专门骗人。
Jiùshì lùkǒu nà ge ba, tā yǒu hǎo jǐ ge 'tuōr', zhuānmén piàn rén.

 단 어

□ 托儿   tuōr   (명) 지지자. 버팀목. 뒤 배경. 지지 세력. 후원자.
□ 牛气   niúqì   (형) 거만하다. (소처럼) 완고하다. 고집이 세다.
□ 布料   bùliào   (명) 천. 옷감.
□ 路口   lùkǒu   (명) 갈림길. 길목.
□ 专门   zhuānmén (명·부) 전문. 전문적으로. 오로지. 일부러.

- **有后台**　yǒu hòutái　배후 세력이 있다.
  뒤를 봐주는 이가 있다.
- **有靠山**　yǒu kàoshān　후원자가 있다.
  비빌 언덕이 있다.
- **有撑腰的**　yǒu chēngyāo de　후원자가 있다.
- **后边有人**　hòubiān yǒu rén　배후가 있다.
  뒷배경이 있다.

谈不上
tán bu shàng

(…라고) 논할 수 없다.
(…라고) 말할 수 없다.
(…라고) 말하기에는 부족하다.
(사실과 동떨어져 …라고) 말할 나위가 못 되다.

① A : 你认为这部电影属于'精品'吗?
Nǐ rènwéi zhè bù diànyǐng shǔyú 'jīngpǐn' ma?

B : 什么'精品'? 根本谈不上。
Shénme 'jīngpǐn'? Gēnběn tán bu shàng.

② A : 老李呀, 你爱那个姑娘吗?
Lǎo Lǐ ya, nǐ ài nà ge gūniang ma?

B : 算比较喜欢吧, 爱 — 还谈不上。
Suàn bǐjiào xǐhuan ba, ài — hái tán bu shàng.

❸ A: 你肯定这件事情会有大发展吗?
　　　Nǐ kěndìng zhè jiàn shìqing huì yǒu dà fāzhǎn ma?

　　B: 说'肯定'倒也谈不上，只是各种趋势确实非常好。
　　　Shuō 'kěndìng' dào yě tán bu shàng, zhǐshì gè zhǒng qūshì quèshí fēicháng hǎo.

단어

- □ 属于　　shǔyú　　　　(동) …(의 범위)에 속하다. …에 소속되다.
- □ 精品　　jīngpǐn　　　 (명) 상등품. 우수한 작품. 정품. 우량품.
- □ 肯定　　kěndìng　　　(동·형) 긍정하다. 인정하다. 틀림없다. 확정적이다. 명확하다.
- □ 只是　　zhǐshì　　　　(부) 다만. 오직. 오로지.
- □ 趋势　　qūshì　　　　(명) 추세. 경향.
- □ 确实　　quèshí　　　　(부) 확실히. 정말로.

유사 표현

- □ 算不上　　　　suàn bu shàng　　　　…라고는 할 수 없다.
- □ 没到那份上　　méi dào nà fènshang　　(아직) 그 정도에 이르지는 않았다.
- □ 不足论　　　　bùzú lùn　　　　　　　논하기에는 부족하다.

□ **太棒了**
tài bàng le

정말 좋다.
정말 멋지다.
정말 대단하다.
정말 훌륭하다.

① A : 咱们买的股票都升值了!
　　　　Zánmen mǎi de gǔpiào dōu shēngzhí le!

　　 B : 太棒了。
　　　　Tài bàng le.

② A : 我要去哈佛大学读博士!
　　　　Wǒ yào qù Hāfó dàxué dú bóshì!

　　 B : 太棒了。
　　　　Tài bàng le.

③ A : 今天天气不错。
　　　　jīntiān tiānqi búcuò!

　　 B : 太棒了。
　　　　Tài bàng le.

□	股票	gǔpiào	(명) 주식. (유가) 증권.
□	升值	shēngzhí	(동) 평가 절상하다. 화폐 가치가 상승하다. 사람이나 사물의 가치가 오르다.
□	博士	bóshì	(명) 박사(학위).

□	太好了	tài hǎo le	잘했다. 아주 좋다. 잘 됐다. 아주 훌륭하다.
□	没的说了	méideshuō le	두말할 필요 없다.
□	了不起	liǎobuqǐ	놀랄 만하다. 굉장하다. 비범하다. 보통이 아니다. 뛰어나다. 대단하다.

생생 중국어 구어 표현

太不像话了
tài bùxiànghuà le

너무 심하다.
말도 안 된다.
너무 지나치다.

1 A : 是谁把痰吐在地毯上的？是谁!
Shì shéi bǎ tán tǔ zài dìtǎnshang de? Shì shéi!

B : 太不像话了！吐痰也不找个地方！
Tài bùxiànghuà le! Tǔ tán yě bù zhǎo ge dìfang!

2 A : 错了就认错，又吵又闹的，太不像话了！
Cuò le jiù rèncuò, yòu chǎo yòu nào de, tài bùxiànghuà le!

B : 谁错了？谁又吵又闹了？请您搞清楚了再批评人！
Shéi cuò le? Shéi yòu chǎo yòu nào le? Qǐng nín gǎo qīngchu le zài pīpíng rén!

단어

□ 像话	xiànghuà	(형) (말이나 행동이) 이치에 맞다. 말이 되다.
□ 痰	tán	(명) 가래. 담.
□ 吐	tǔ	(동) 토하다. (내)뱉다.
□ 地毯	dìtǎn	(명) 카펫. 양탄자.
□ 找	zhǎo	(동) 찾다. 구하다. 물색하다.
□ 认错	rèncuò	(동) 잘못을 인정하다. 사죄하다.
□ 吵	chǎo	(동) 떠들어대다. 말다툼하다. 시끄럽다.
□ 闹	nào	(동) 소란을 피우다. 떠들썩하다. 야단법석이다. 난리를 피우다.
□ 批评	pīpíng	(동) 비평하다. 꾸짖다. 주의를 주다. 시비를 가려 비판하다.

	无理取闹	wúlǐ qǔnào	무리하게 소란을 피우다.
			까닭 없이 남과 다투다.
	不成话	bùchénghuà	말도 안 된다.
	太过分了	tài guòfèn le	너무 심하다.
			너무 지나치다.

□ 太过分了
tài guòfèn le

너무 (심)하다.
너무 지나치다.

1 A: 那家伙一天之内三次把脏水泼在我家门口!
　　 Nà jiāhuo yītiān zhīnèi sān cì bǎ zàngshuǐ pō zài wǒ jiā ménkǒu!

　　 B: 这也太过分了吧!
　　 Zhè yě tài guòfèn le ba!

2 A: 他骂我几句也就算了,他骂我妈!
　　 Tā mà wǒ jǐ jù yě jiù suànle, tā mà wǒ mā!

　　 B: 那太过分了!
　　 Nà tài guòfèn le!

	脏水	zāngshuǐ	(명) 더러운 물. 탁한 물. 오염된 물. 하수(下水). 구정물. 오물.
	泼	pō	(동) (물 등의 액체를) 뿌리다. 붓다.
	过分	guòfèn	(형) (말이나 행동이) 지나치다. 분에 넘치다. 과분하다.

생생 중국어 구어 표현

유사 표현

- 欺人太甚　qīrén tàishèn　　남을 지나치게 업신여기다.
- 太没分寸　tài méi fēncùn　　지나치게 분수[주제]를 모르다.
- 不像话　　bùxiànghuà　　　꼴불견이다. 꼴 같지 않다. 돼먹지 못하다.

讨厌
tǎoyàn

밉다.
싫다.
귀찮다.
지겹다.
역겹다.
밉살스럽다.
혐오스럽다.

1
A: 哎，我听说老李到处讲你的坏话。
　　Āi, wǒ tīngshuō Lǎo Lǐ dàochù jiǎng nǐ de huàihuà.

B: 天知道怎么得罪他了？讨厌！
　　Tiān zhīdao zěnme dézuì tā le? Tǎoyàn!

2
A: 哎，小王身上有一股怪味儿！
　　Āi, Xiǎo Wáng shēnshang yǒu yī gǔ guàiwèir!

B: 就是，听说他一个月才洗一次澡，真让人讨厌！
　　Jiùshì, tīngshuō tā yī ge yuè cái xǐ yī cì zǎo, zhēn ràng rén tǎoyàn!

3
A: 哎哟！我忘了给你买玫瑰花了！
　　Āiyō! Wǒ wàng le gěi nǐ mǎi méiguīhuā le!

B： 忘了就忘了吧，喊什么呀，讨 — 厌!
Wàng le jiù wàng le ba, hǎn shénme ya, tǎo — yàn!

단어

□ 到处	dàochù	(명) 도처.
□ 得罪	dézuì	(동) 남의 미움을 사다. 남의 기분을 상하게 하다.
□ 股	gǔ	(양) 맛·냄새·기체·힘 따위를 세는 단위.
□ 怪味儿	guàiwèir	(명) 이상한 냄새. 고약한 냄새.
□ 洗澡	xǐzǎo	(동) 목욕하다.
□ 玫瑰花	méiguīhuā	(명) 장미꽃.

유사 표현

□ 厌恶	yàn'è	싫어하다. 혐오하다.
□ 讨人嫌	tǎorénxián	남에게 미움 받다. 남의 미움을 사다.
□ 恶心	ěxīn	혐오감을 일으키다.
□ 烦人	fánrén	귀찮게 하다. 번거롭게 하다.

□ **添堵**
tiāndǔ

설상가상.
엎친 데 덮치다.

❶ A： 老李啊，你这几天好像特不开心！
　　Lǎo Lǐ a, nǐ zhè jǐ tiān hǎoxiàng tè bù kāixīn!

생생 중국어 구어 표현

B : 是啊, 前几天爱人下岗, 正想办法呢, 孩子又失学了!
　　Shì a, qián jǐ tiān àiren xiàgǎng, zhèng xiǎng bànfǎ ne, háizi yòu shīxué le!

你说, 这不是添堵吗!
Nǐ shuō, zhè bù shì tiāndǔ ma!

단어

- 特　　tè　　　　　(부) 특히. 아주.
- 开心　kāixīn　　　(형) 유쾌하다. 즐겁다.
- 爱人　àiren　　　　(명) 남편 또는 아내.
- 下岗　xiàgǎng　　 (동) 실직하다.
- 办法　bànfǎ　　　 (명) 방법. 수단. 방식. 조치.
- 失学　shīxué　　　(동) 학업을 중단하다. 배움의 기회를 잃다.

유사 표현

- 祸不单行　huòbùdānxíng　　설상가상.
　　　　　　　　　　　　　　엎친 데 덮치다.
　　　　　　　　　　　　　　재앙은 항상 겹쳐 오게 마련이다.
- 添乱　　　tiānluàn　　　　폐를 끼치다.
　　　　　　　　　　　　　　번거롭게 하다.
- 搅乱　　　gǔoluàn　　　　 방해하다.
　　　　　　　　　　　　　　소란을 피우다.

听您的
tīng nín de

(당신) 충고대로 하겠습니다.
(당신) 말씀대로 따르겠습니다.
(당신이) 하라는 대로 하겠습니다.

① A : 这件事情，其他领导有不同意见。
　　　 Zhè jiàn shìqing, qítā lǐngdǎo yǒu bù tóng yìjiàn.

　 B : 我听您的。
　　　 Wǒ tīng nín de.

② A : 我老了，我的看法可能过时了。
　　　 Wǒ lǎo le, wǒ de kànfǎ kěnéng guòshí le.

　 B : 不，我们听您的，我们会认真考虑。
　　　 Bù, wǒmen tīng nín de, wǒmen huì rènzhēn kǎolǜ.

- 过时　　guòshí　　　　　(동) 시대에 뒤떨어지다. 유행이 지나다.
- 认真　　rènzhēn　　　　 (형) 진지하다. 진실하다.
- 考虑　　kǎolǜ　　　　　 (동) 고려하다.

- 照办　　　　zhàobàn　　　　　　그대로 처리하겠습니다.
- 按您说的办　àn nín shuō de bàn　당신이 말씀하신 대로 처리하겠습니다.

□ 听说
　tīngshuō

　듣건대.
　듣자(하)니.
　들은 바로는 (…라고 한다).

생생 중국어 구어 표현

1 A: 听说，经理的妻子跟别人跑了！
　　　Tīngshuō, jīnglǐ de qīzi gēn biéren pǎo le!

　　B: 听谁说的？
　　　Tīng shéi shuō de?

2 A: 听说李老师的论文是请人写的！
　　　Tīngshuō Lǐ lǎoshī de lùnwén shì qǐng rén xiě de!

　　B: 别瞎说。
　　　Bié xiāshuō.

단어

- 妻子　　qīzi　　　(명) 아내.
- 经理　　jīnglǐ　　(명) (기업의) 경영 관리 책임자. 지배인. 사장. 매니저(manager).
- 论文　　lùnwén　 (명) 논문.
- 瞎说　　xiāshuō　(동) 함부로 말하다. 마구 지껄이다. 허튼소리를 하다. 무책임한 말을 하다.

听我慢慢说嘛
tīng wǒ mànmàn shuō ma

내 말을 잘 (좀) 들어 봐.
내가 자세히 이야기 할 테니, 잘 (좀) 들어 봐.

1 A: 老李呀，你甭说了，你的意见不就是……。
　　　Lǎo Lǐ ya, nǐ béng shuō le, nǐ de yìjian bù jiùshì……

　　B: 领导呀，您别着急，事情复杂着呢，听我慢慢说嘛！
　　　Lǐngdǎo ya, nín bié zháojí, shìqing fùzá zhe ne, tīng wǒ mànmàn shuō ma!

2 A：老李呀, 你的心思不说我也知道, 还是不说的好!
　　　　Lǎo Lǐ ya, nǐ de xīnsi bù shuō wǒ yě zhīdao, háishì bù shuō de hǎo!

　　 B：小红呀, 不说不知道, 我对你的感情可不是一天半
　　　　Xiǎo hóng ya, bù shuō bù zhīdao, wǒ duì nǐ de gǎnqíng kě bù shì yītiān bàn

　　　　天了, 你还是听我慢慢说嘛!
　　　　tiān le, nǐ háishì tīng wǒ mànmàn shuō ma!

□	慢慢(儿)	mànmàn(r)	(부) 느릿느릿. 천천히.
□	着急	zháojí	(동) 조급해하다. 안달하다. 마음을 졸이다.
□	复杂	fùzá	(형) 복잡하다.
□	心思	xīnsi	(명) 심정. 기분. 생각.

| □ | 别打岔 | bié dǎchà | 말을 막지[끊지] 마라. |

W

万万想不到
wànwàn xiǎngbudào

정말 뜻밖이다.
정말 생각 밖이다.
어떻게 그럴 수가.
정말 믿을 수가 없다.
진짜 꿈에도 생각 못했다.

1 A : 哎, 电视说明天白天40度！那还不把人给热死！
Āi, diànshì shuō míngtiān báitiān sì shí dù! Nà hái bù bǎ rén gěi rè sǐ!

B : 是吗? 今年夏天这么热, 真是万万想不到。
Shì ma? Jīnnián xiàtiān zhème rè, zhēnshì wànwàn xiǎngbudào.

2 A : 哎, 听说小红找了个工人。
Āi, tīngshuō Xiǎo hóng zhǎo le ge gōngrén.

B : 咦, 万万想不到, 瞧她平时那样, 怎么还不得找个
Yí, wànwàn xiǎngbudào, qiáo tā píngshí nàyàng, zěnme hái bù děi zhǎo ge

'款'哪！
'kuǎn' na!

단어

- 万万　　　wànwàn　　　(부) 결코. 도저히. 절대로.
- 想不到　　xiǎngbudào　　미처 생각하지 못하다. 의외이다. 예상하지 못하다.
- 电视　　　diànshì　　　(명) 텔레비전.
- 明天　　　míngtiān　　　(명) 내일.
- 白天　　　báitian　　　(명) 낮. 대낮.
- 度　　　　dù　　　　　(양) (온도·밀도·경도 따위의) 단위.
- 热　　　　rè　　　　　(형) 덥다. 뜨겁다.
- 夏天　　　xiàtiān　　　(명) 여름.
- 工人　　　gōngrén　　　(명) 노동자.
- 平时　　　píngshí　　　(명) 평소. 보통 때. 여느 때. (비상시기와 구별하여) 평상시.
- 款　　　　kuǎn　　　　(명) 돈. 금액. 경비. 돈 많은 사람. 부자.

- 做梦也想不到　　zuòmèng yě xiǎngbudào　　꿈에서도 생각하지 못하다.
- 这怎么可能呢　　zhè zěnme kěnéng ne　　그게 어떻게 가능해.
　　　　　　　　　　　　　　　　　　　　　어떻게 그럴 수가 있어.

☐ 我不是那种人
wǒ bù shì nà zhǒng rén

나 그런 사람 아니야.

---

① A : 老王, 我听说一个地下赌场, 咱们去玩一把吧!
　　　　Lǎo Wáng, wǒ tīngshuō yī ge dìxià dǔchǎng, zánmen qù wán yī bǎ ba!

　　B : 对不起, 我不去那种地方, 我不是那种人。
　　　　Duìbuqǐ, wǒ bù qù nà zhǒng dìfang, wǒ bù shì nà zhǒng rén.

❷ A：老李，我听说你在王府井和人打架，被警察拘了半宿。
　　　Lǎo Lǐ, wǒ tīngshuō nǐ zài wángfǔjǐng hé rén dǎjià, bèi jǐngchá jū le bànxiǔ.

　B：你省了这份心吧，我不是那种人，也干不出那种事。
　　　Nǐ shěng le zhè fèn xīn ba, wǒ bù shì nà zhǒng rén, yě gàn bu chū nà zhǒng shì.

❸ A (警察拿着证据问小偷)：你干这行有多久了？
　　(jǐngchá ná zhe zhèngjù wèn xiǎotōu): Nǐ gàn zhè háng yǒu duōjiǔ le?

　B (小偷)：您说什么呢，我根本就不是那种人。
　　(xiǎotōu): Nín shuō shénme ne, wǒ gēnběn jiù bù shì nà zhǒng rén.

단어

□ 赌场	dǔchǎng	(명) 도박장. 노름판.
□ 打架	dǎjià	(동) (때리며) 싸우다. 다투다.
□ 拘	jū	(동) 체포하다. 구금하다. 감금하다. 투옥하다. 구인(拘引)하다. 구속하다. 속박하다.
□ 宿	xiǔ	(양) 밤을 세는 데 쓰임.
□ 省心	shěngxīn	(동) 근심[걱정]을 덜다. 시름을 놓다.
□ 证据	zhèngjù	(명) 증거.
□ 小偷	xiǎotōu	(명) (좀)도둑.

유사 표현

□ 我以人格担保	wǒ yǐ réngé dānbǎo	내가 인격으로 보장한다. 내 인격을 걸고 보증한다.
□ 我不会干那种事	wǒ bù huì gàn nà zhǒng shì	나는 그런 일을 하지 않는다.
□ 我是那种人吗	wǒ shì nà zhǒng rén ma	내가 그런 사람이야?

我的妈呀
wǒ de mā ya

엄마야.
어머나.
야단났다.
큰일났다.
이럴 수가.
Oh, My God.
어머, 어떻게 하지.

① A : 快去拿电报！你家里好像出事了！
　　　Kuài qù ná diànbào! Nǐ jiāli hǎoxiàng chūshì le!

　　B : 我的妈呀！到底什么事啊？
　　　Wǒ de mā ya! Dàodǐ shénme shì a?

② A : 小红，你这次考核没通过！
　　　Xiǎo hóng, nǐ zhè cì kǎohé méi tōngguò!

　　B : 我的妈呀！这下可惨了！
　　　Wǒ de mā ya! Zhè xià kě cǎn le!

③ A : 哎，你那股票崩盘了！
　　　Āi, nǐ nà gǔpiào bēng pán le!

　　B : 我的妈呀！快出现奇迹吧！
　　　Wǒ de mā ya! Kuài chūxiàn qíjì ba!

□ **电报**　　　diànbào　　　(명) 전보.

생생 중국어 구어 표현

	好像	hǎoxiàng	(부·동) 마치…과 같다[비슷하다]. 닮다. 유사하다.
	出事	chūshì	(동) 사고가 발생하다.
	考核	kǎohé	(명·동) 심사(하다).
	通过	tōngguò	(동) (의안 등이) 통과되다. 채택되다. 가결되다. 지나가다. 통과하다.
	这下	zhè xià	이번에(는). 이제(는).
	可	kě	(부) 꽤. 정말. [강조를 나타냄]
	惨	cǎn	(형) 비참하다. 끔직하다. 엄중하다. 심하다.
	股票	gǔpiào	(명) 주식. 증권.
	崩	bēng	(동) 무너지다. 깨지다. 파열하다. 찢어지다.
	盘	pán	(명) 시장 시세. 시장 가격.
	出现	chūxiàn	(동) 출현하다. 나타나다.
	奇迹	qíjì	(명) 기적.

유사 표현

	六神无主	liùshén wúzhǔ	넋이 나가다. (놀라서) 어찌할 바를 모르다.
	我的天哪	wǒ de tiān na	Oh, My God. 아니, 이럴 수가.

□ **我对你很有信心**
wǒ duì nǐ hěn yǒu xìnxīn

(난) 너를 믿어.
(난) 너를 신뢰해.
(난) 너한테 믿음이 있어.

---

1 A： 李教授, 你看我能完成这项科研课题吗?
Lǐ jiàoshòu, nǐ kàn wǒ néng wánchéng zhè xiàng kēyán kètí ma?

B: 没问题，我对你有信心。
　　Méi wèntí, wǒ duì nǐ yǒu xìnxīn.

② A: 小红，你肯定能考上北京大学！我对你很有信心。
　　Xiǎo hóng, nǐ kěndìng néng kǎo shàng Běijīng dàxué! Wǒ duì nǐ hěn yǒu xìnxīn.

B: 爸，我可没有十分的把握。
　　Bà, wǒ kě méiyǒu shífēn de bǎwò.

③ A: 小红，咱们还是吹了吧，你跟着我会一辈子受苦的。
　　Xiǎo hóng, zánmen háishi chuī le ba, nǐ gēn zhe wǒ huì yībèizi shòukǔ de.

B: 别这么说，你一定会成功的，我对你很有信心。
　　Bié zhème shuō, nǐ yīdìng huì chénggōng de, wǒ duì nǐ hěn yǒu xìnxīn.

☐ 科研课题	kēyán kètí	과학 연구 프로젝트.
☐ 把握	bǎwò	(명·동) (성공에 대한) 가망. 자신. 믿음. 가능성. (추상적인 것을) 파악하다. 잡다. 장악하다.
☐ 吹	chuī	(동) 약속[일·우정·사랑]이 무효가 되다. 실패하다. 사이가 틀어지다. 관계가 단절되다. 허사가 되다.
☐ 一辈子	yībèizi	(명) 한평생. 일생.
☐ 受苦	shòukǔ	(동) 고통을 받다. 고생을 하다.
☐ 信心	xìnxīn	(명) 자신(감). 확신. 신념. 믿음.

유사 표현

☐ 寄托厚望	jìtuō hòuwàng	간절한 희망을 걸다.
☐ 你能行	nǐ néng xíng	너는 가능해. 너는 할[해낼] 수 있어.

생생 중국어 구어 표현

□ **我告诉你**
wǒ gàosu nǐ

기억해.
잘 들어.
말 들어라.
내가 알려주(겠)는데.
내가 경고하(겠)는데.
내가 가르쳐주겠는데.

1 A : 我错在哪？下一步怎么办？
Wǒ cuò zài nǎ? Xià yībù zěnme bàn?

B : 我告诉你！你第一错在……，第二错在……；下一步，
Wǒ gàosu nǐ! Nǐ dì yī cuò zài……, dì èr cuò zài……; xiàyībù,

先……，再……，最后……！
xiān……, zài……, zuìhòu……!

2 A : 爸爸，我晚上10点准回来！
Bàba, wǒ wǎnshang shí diǎn zhǔn huílái!

B : 我告诉你！晚一分钟也不行！
Wǒ gàosu nǐ! Wǎn yī fēnzhōng yě bùxíng!

3 A : 警察先生，我真的什么也不知道！
Jǐngchá xiānsheng, wǒ zhēn de shénme yě bù zhīdao!

B : 我告诉你！如果你骗我，那你就麻烦了！
Wǒ gàosu nǐ! Rúguǒ nǐ piàn wǒ, nà nǐ jiù máfan le!

4 A : 明天把钱送来，否则……！
Míngtiān bǎ qián sòng lái, fǒuzé……!

B : 我告诉你！要钱没有！要命有一条！
Wǒ gàosu nǐ! Yào qián méiyǒu! Yào mìng yǒu yī tiáo!

- 警察　　　jǐngchá　　　(명) 경찰.
- 否则　　　fǒuzé　　　　(접) 그렇지 않으면.
- 命　　　　mìng　　　　(명) 목숨. 생명.

- 你听着　　nǐ tīng zhe　　말 (좀) 들어 봐.
- 你听好　　nǐ tīng hǎo　　(너) 잘 들어.
- 你记住　　nǐ jìzhù　　　기억 해 둬.

☐ 我哪说得上话啊
wǒ nǎ shuō de shàng huà a

내 말이 먹히(기나 하)겠어.
내가 말해 봐야 소용없어.
내가 어떻게 이야기할 수 있겠어.
내가 어떻게 (거리낌 없이) 말할 수 있겠어.

① A : 这件事我麻烦大了！
Zhè jiàn shì wǒ máfan dà le!

老李呀，你帮我跟领导说说情儿。
Lǎo Lǐ ya, nǐ bāng wǒ gēn lǐngdǎo shuō shuō qíngr.

B : 我倒是想帮你，可是我也没什么份量，
Wǒ dàoshì xiǎng bāng nǐ, kěshì wǒ yě méi shénme fènliang,

哪说得上话啊!
ně shuō de shàng huà a!

A : 老李呀, 我老婆跟我分居八年了! 你帮我说和说和吧!
Lǎo Lǐ ya, wǒ lǎopo gēn wǒ fēnjū bā nián le! Nǐ bāng wǒ shuōhe shuōhe ba!

B : 可以是可以, 但我从来没见过你老婆, 我哪说得上话啊!
Kěyǐ shì kěyǐ, dàn wǒ cónglái méi jiàn guo nǐ lǎopo, wǒ nǎ shuō de shàng huà a!

단 어

- 帮　　bāng　　(동) 돕다. 거들어주다.
- 说情儿　shuō qíngr　(동) 인정에 호소하다. (남을 위해) 통사정하다. 사정을 봐 달라고 부탁하다.
- 倒是　dàoshì　(부) 오히려. 도리어. 도대체. 의외로.
- 份量　fènliang　(명) 무게. 분량. (말의) 무게[힘].
- 老婆　lǎopo　(명) 마누라. 처.
- 分居　fēnjū　(동) 별거하다. 분가하다.
- 说和　shuōhe　(동) 화해시키다. 중재하다.

유사 표현

- 我说话没用　wǒ shuōhuà méiyòng　내가 말해 봐야 소용없다.
- 我说话屁都不管　wǒ shuōhuà pì dōu bùguǎn　내 말에 콧방귀도 안 뀐다.
- 不足齿数　bùzú chǐshǔ　거론 할 것이 못 된다. 언급[말] 할 가치가 없다.

我哪儿会啊
wǒ nǎr huì a

난 할 줄 몰라.
내가 어떻게 해.

① A： 想进我的公司？好，老李呀，你会英语，电脑吗？
　　　　Xiǎng jìn wǒ de gōngsī? Hǎo, Lǎo Lǐ ya, nǐ huì yīngyǔ, diànnǎo ma?

　　B： 我是'插队'那拨人，这些新玩艺儿，我哪儿会啊！
　　　　Wǒ shì 'chāduì' nà bō rén, zhè xiē xīn wányìr, wǒ nǎr huì a!

② A： 老李呀，结婚以后，买菜，做饭，带孩子什么的都归你。
　　　　Lǎo Lǐ ya, jiéhūn yǐhòu, mǎi cài, zuò fàn, dài háizi shénme de dōu guī nǐ.

　　B： 啊？这些事，我哪儿会啊！
　　　　Á? Zhè xiē shì, wǒ nǎr huì a!

□ 公司	gōngsī	(명) 회사.
□ 电脑	diànnǎo	(명) 컴퓨터.
□ 插队	chāduì	(동) 대열(隊列)에 들다. ['문화대혁명(文化大革命)' 기간 중에 농촌으로 내려가 인민공사(人民公社)의 생산대(生産隊)에 들어가 노동에 종사하거나 혹은 그곳에서 정착해서 사는 것을 가리킴]
□ 拨	bō	(양) (사람의) 무리. 조(組).
□ 玩艺儿	wányìr	(명) 오락. 기예. 놀이. 기능.
□ 结婚	jiéhūn	(명·동) 결혼(하다).
□ 归	guī	(동) …으로 귀착하다. …으로 되다. …의 책임이 되다. …에 속하다.

□ 一无所长	yīwúsuǒcháng	잘 하는 게 하나도 없다.
□ 我什么也不会	wǒ shénme yě bù huì	나는 아무 것도 할 줄 모른다.

생생 중국어 구어 표현

☐ **我欠你吗**
wǒ qiàn nǐ ma

내가 언제 네 덕본 거 있어. (네 덕본 거 없다.)
내가 너한테 빚진 거 있어. (너한테 빚진 거 없다.)
내가 너한테 신세진 거 있어. (너한테 신세진 거 없다.)
내가 너한테 뭐 잘못한 거 있어. (너한테 잘못한 거 없다.)

① A : 别哭了，这么多年在一起，我欠你吗？
　　　　Bié kū le, zhème duō nián zài yīqǐ, wǒ qiàn nǐ ma?

　　B : 你不欠我？我欠你吗！
　　　　Nǐ bù qiàn wǒ? Wǒ qiàn nǐ ma!

② A : 三年了，师徒一场，你说我欠你吗？
　　　　Sān nián le, shītú yī cháng, nǐ shuō wǒ qiàn nǐ ma?

　　B : 那到没有，可我也为您干了很多活儿。
　　　　Nà dào méiyǒu, kě wǒ yě wèi nín gàn le hěn duō huór.

단 어

☐ 欠	qiàn	(동) 빚지다. 빌려 쓰고 갚지 못하다.
☐ 哭	kū	(동) (소리 내어) 울다.
☐ 师徒	shītú	(명) 스승과 제자. 사제. 사장(師匠)과 학도(學徒).
☐ 场	cháng	(양) 일의 경과나 자연현상 따위의 횟수를 세는 말
☐ 为	wèi	(개) …을 위하여. …을 대신하여.
☐ 干	gàn	(동) (일을) 하다.
☐ 活儿	huór	(명) 일. [일반적으로 육체노동을 일컬음]

- 两不相欠　　liǎng bù xiāng qiàn　　서로 빚진 것이 없다.
- 我有什么对不起你的　　wǒ yǒu shénme duìbuqǐ nǐ de　　내가 너한테 미안해 할 게 뭐 있어.
- 我占你便宜了吗　　wǒ zhàn nǐ piányi le ma　　내가 (언제) 네 덕(을) 봤어.

我认了
wǒ rèn le

알고 있어.
내가 책임져.
내가 감수해.
내가 알아서 해.

1 A: 你买的股票, 一直在狂跌!
　　　Nǐ mǎi de gǔpiào, yīzhí zài kuángdiē!

　　B: 我认了!
　　　Wǒ rèn le!

2 A: 你和那个男人在一起不会幸福的!
　　　Nǐ hé nà ge nánrén zài yīqǐ bù huì xìngfú de!

　　B: 我认了!
　　　Wǒ rèn le!

3 A: 你这样生活下去怎么行呢?
　　　Nǐ zhèyàng shēnghuó xiàqù zěnme xíng ne?

　　B: 我认了。
　　　Wǒ rèn le.

생생 중국어 구어 표현

단어

- 认 rèn (동) 인정하다. 단념하다. 달게 받다.
- 股票 gǔpiào (명) 증권. 주식.
- 一直 yīzhí (부) 줄곧. 끊임없이. 내내.
- 狂跌 kuángdiē (동) (물가가) 폭락하다.

유사 표현

- 听天由命 tīngtiān yóumìng
  천명에 따른다.
  운명에 맡기다.
  타고난 팔자에 내맡기다.
- 没脾气 méi píqì
  (성격이 좋아서) 화를 잘 내지 않는다.
  (달리 방법이 없어) 그저 일이 진행되는 대로 내버려 둘 수밖에 없다.
- 这是天意 zhè shì tiānyì (이건) 하늘의 뜻이다.
- 我认头 wǒ rèntóu
  체념하다.
  단념하다.
  마지못해 인정하다.
  어쩔 수 없이 인정하다.

我是看蹭票的
wǒ shì kàn cèngpiào de

나는 공짜로 본다.

1 A: 哎, 后天的芭蕾舞你买着票了吗?
　　　Āi, hòutiān de bālěiwǔ nǐ mǎi zháo piào le ma?

　　B: 买什么票啊, 我是看蹭票的!
　　　Mǎi shénme piào a, wǒ shì kàn cèngpiào de!

　A： 哎, 老李什么演出都能混进去, 有窍门吗?
　　　 Āi, Lǎo Lǐ shénme yǎnchū dōu néng hùn jìnqù, yǒu qiàomén ma?

　　B： 嗨, 他是看蹭票的专家, 什么招儿都有!
　　　 Hāi, tā shì kàn cèngpiào de zhuānjiā, shénme zhāor dōu yǒu!

단 어

□ 蹭	cèng	(동) 공짜로[무료로] 얻다[즐기다].
□ 芭蕾舞	bālěiwǔ	(명) 발레.
□ 演出	yǎnchū	(명·동) 공연(하다). 상연(하다).
□ 混	hùn	(동) 남을 속이다. 가장하다.
□ 窍门	qiàomén	(명) 비결. 묘리. 요령. 요점.
□ 招儿	zhāor	(명) 생각. 방법. 계획. 책략.

유사 표현

□ 蒙混过关	ménghùn guòguān	속임수를 써서 고비를 넘기다. 속임수로 빠져나가다.
□ 找张票呗	zhǎo zhāng piào bei	표를 찾아 봐야지.
□ 混进去得了	hùn jìnqù déle	묻어서 들어가면 되지.
□ 搭顺风车呗	dā shùnfēngchē bei	순풍을 타다. 술술 잘 나가다.

□ 我是男人
wǒ shì nánrén

나는 남자다.
나는 사내대장부다.

　A： (女) 外面有好多坏人在砸门, 咱们快逃命吧!
　　　 (nǚ) Wàimiàn yǒu hǎoduō huàirén zài zá mén, zánmen kuài táomìng ba!

B： ……，我是男人，跟在你们娘儿们后边跑，不合适吧？
……, wǒ shì nánrén, gēn zài nǐmen niángrmen hòubian pǎo, bù héshi ba?

❷ A： (男足教练) 我真受不了你们这种踢输了就哭的毛病！
(nánzú jiàoliàn) Wǒ zhēn shòu bu liǎo nǐmen zhè zhǒng tī shū le jiù kū de máobing!

B： (众球员) 我们是男人，我们不哭了。
(zhòngqiúyuán) Wǒmen shì nánrén, wǒmen bù kū le.

단 어

- 砸　　　zá　　　　　(동) 때려[두드려]부수다. 깨뜨리다. 못쓰게 만들다.
- 逃命　　táomìng　　 (동) 목숨을 건지기 위해 달아나다. 죽음에서 벗어나다. 목숨을 건지다. 생명의 위험에서 벗어나다.
- 娘儿们　niángrmen　 (명) 계집. [경멸의 뜻을 가지고 있으며 단수로도 쓰임]
- 合适　　héshì　　　 (형) 적당[적합]하다. 알맞다.
- 毛病　　máobìng　　(명) (개인의) 결점. 단점. 약점. 나쁜 버릇. 벽(癖).

유사 표현

- 堂堂须眉　　　　tángtáng xūméi　　　위풍당당한 남자. 패기 있는 사나이.
- 男子汉大丈夫　　nánzǐhàn dàzhàngfu　사내대장부.

我是他的'粉丝'
wǒ shì tā de 'fěnsī'

나는 그 사람 팬이다.

❶ A： 你喜欢周杰伦吗？
Nǐ xǐhuan Zhōujiélún ma?

B： 他是我的偶像，我是他的'粉丝'。
　　Tā shì wǒ de ǒuxiàng, wǒ shì tā de 'fěnsī'.

② A： 你为什么崇拜我?
　　Nǐ wèishénme chóngbài wǒ?

B： 您的报告太精彩了！还没听完，
　　Nín de bàogào tài jīngcǎi le! Hái méi tīng wán,

　　我已经成了您的'粉丝'。
　　wǒ yǐjīng chéng le nín de 'fěnsī'.

단 어

□ 粉丝	fěnsī	(명) (가수의) 팬.
□ 偶像	ǒuxiàng	(명) 우상.
□ 崇拜	chóngbài	(동) 숭배하다.
□ 精彩	jīngcǎi	(형) 뛰어나다. 훌륭하다. 근사하다. 멋지다.

유사 표현

□ 私淑弟子	sīshūdìzǐ	사숙(私淑) 제자.
□ 追星族	zhuīxīngzú	오빠[언니]부대.
□ 拥趸	yōngdǔn	팬(fan). 지지자. 옹호자. [홍콩·광동성(廣東省) 등 지역에서 맨 처음 사용됨]
□ 哈韩	hāhán	한국의 대중문화와 유행을 열광적으로 숭배하고 추구하다. ['哈'는 '얻기를 몹시 원하다'는 의미로, 원래 대만 청소년 문화의 유행어임. '哈韩'은 '哈日'에서 파생되었으며, '哈韩族'는 한국 대중문화를 광적으로 추종하며 의복, 사상까지 모방하는 무리를 가리킴]
□ 哈日	hārì	일본의 풍조나 유행을 매우 좋아하고 따르다.

생생 중국어 구어 표현

> **我早知道了**
> wǒ zǎo zhīdao le
>
> 나는 이미 알고 있었다.
> 나는 진즉부터 알고 있었다.

1 A: 哎, 香港那大歌星离婚嘞!
　　　Āi, Xiānggǎng nà dà gēxīng líhūn lei!

　　B: 嗨, 什么时候的事了? 我早知道了!
　　　Hēi, shénme shíhou de shì le? Wǒ zǎo zhīdao le!

2 A: 我说, 银行存款又降息了!
　　　Wǒ shuō, yínháng cúnkuǎn yòu jiàng xī le!

　　B: 你这是'旧闻'啊, 我早知道了。
　　　Nǐ zhè shì 'jiùwén' a, wǒ zǎo zhīdao le.

단어

香港	Xiānggǎng	(고유) 홍콩.
歌星	gēxīng	(명) 인기 가수.
离婚	líhūn	(명·동) 이혼(하다).
嘞	lei	(조) 상황의 변화나 새로운 상황의 출현 등을 경쾌한 어감으로 나타내는 어기조사.
嗨	hēi	(감) 야! 하! 허! [놀라움이나 경탄을 나타냄]
银行	yínháng	(명) 은행.
存款	cúnkuǎn	(명) 예금. 저금.
降	jiàng	(동) 내리다. 떨어지다.
息	xī	(동) 이자.
旧闻	jiùwén	(명) 전에 들은 말[소문]. 묵은 소식.

유사 표현

- □ 陈年旧事　　　chénnián jiùshì　　한물간 이야기.
　　　　　　　　　　　　　　　　　여러 해 묵은 지나간 일.

- □ 你怎么才知道　nǐ zěnme cái zhīdao　(너) 어째서 이제서야 안 거야.

□ **我这不是来了吗**
wǒ zhè bù shì lái le ma

(나) 여기 이렇게 왔잖아.
(내가) 이렇게 왔는데 왜 그래.
(내가) 이렇게 왔으면 된 거 아니야.

① A : 嗯, 该来的差不多都来了; 咦! 老李怎么还没来?
　　　　 Ńg, gāi lái de chàbuduō dōu lái le; Yí! Lǎo Lǐ zěnme hái méi lái?

　　　B : (老李喘着粗气跑进来坐下) 我这不是来了吗!
　　　　 (Lǎo Lǐ chuǎn zhe cūqì pǎo jìnlái zuò xià) Wǒ zhè bù shì lái le ma!

② A : 打麻将就怕'三缺一', 这老李可真急死人!
　　　　 Dǎ májiàng jiù pà 'sān quē yī', zhè lǎo Lǐ kě zhēn jí sǐ rén!

　　　B : 说谁呢? 我这不是来了吗!
　　　　 Shuō shéi ne? Wǒ zhè bù shì lái le ma!

- □ 该　　　　gāi　　　　　(조동) 마땅히 …해야 한다.
- □ 差不多　　chàbuduō　　(부) 대강. 대체로. 거의.
- □ 喘　　　　chuǎn　　　　(동) 헐떡거리다. 숨차다. 헐떡이다.
- □ 粗气　　　cūqì　　　　 (명) 거친 숨.

- 跑　　pǎo　　(동) 뛰다. 달리다.
- 麻将　　májiàng　　(명) 마장. 마작.
- 怕　　pà　　(동) 걱정하다. 꺼리다. 참을 수 없다. 무서워하다.
- 缺　　quē　　(동) 모자라다. 부족하다.
- 急　　jí　　(동) 조급[초조]하게 하다. 애[속]태우다.

- 我不是在这呢吗　　wǒ bù shì zài zhè ne ma　　나 여기 있잖아.

无处下嘴
wú chù xià zuǐ

갈피를 잡을 수가 없다.
도대체 실마리가 잡히지 않는다.
어디서부터 시작해야 할지 모르겠다.
어디서부터 손을 대야 할지 모르겠다.
어디서부터 먹기 시작해야 할지 모르겠다.

❶ A : 这么大的肘子可怎么吃啊? 根本无处下嘴!
　　　　Zhème dà de zhǒuzi kě zěnme chī a? Gēnběn wú chù xià zuǐ!

　　B : 拿把刀来切着吃不就行了。
　　　　Ná bǎ dāo lái qiē zhe chī bù jiù xíng le.

❷ A : 这个课题我一点都不明白, 真是无处下嘴!
　　　　Zhè ge kètí wǒ yīdiǎn dōu bù míngbai, zhēn shì wú chù xià zuǐ!

　　B : 你一点材料都不看, 怎么能明白?
　　　　Nǐ yīdiǎn cáiliào dōu bù kàn, zěnme néng míngbai?

	肘子	zhǒuzi	(명) 돼지의 허벅지 고기.
□	把	bǎ	(양) 자루가 있는 기구에 쓰임.
□	切	qiē	(동) (칼이나 기계 따위로) 끊다. 자르다. 썰다.
□	课题	kètí	(명) 과제. 프로젝트.
□	明白	míngbai	(동) 알다. 이해하다.
□	材料	cáiliào	(명) 자료. 데이터. 재료.

□	束手无策	shùshǒu wúcè	속수무책이다.
□	一点儿摸不着门儿	yīdiǎnr mō bu zháo ménr	전혀 갈피를 잡을 수가 없다.

□ 无所谓
wúsuǒwèi

괜찮다.
상관없다.
개의치 않다.
대수롭지 않다.

① A: 昨天你借给我的橡皮丢了。
Zuótiān nǐ jiè gěi wǒ de xiàngpí diū le.

B: 无所谓。
Wúsuǒwèi.

② A: 老板说你不会做事，要辞退你。
Lǎobǎn shuō nǐ bù huì zuòshì, yào cítuì nǐ.

B： 无所谓。
　　Wúsuǒwèi.

단어

☐ 借	jiè	(동) 빌다. 꾸다.
☐ 橡皮	xiàngpí	(명) 고무. 지우개.
☐ 丢	diū	(동) 잃다. 잃어버리다. 내버리다. (내)던지다.
☐ 老板	lǎobǎn	(명) 주인. 지배인.
☐ 辞退	cítuì	(동) 그만두(게 하)다. 사직하다. 사직시키다. 해고하다.

☐ 无关紧要	wúguān jǐnyào	대수롭지 않다. 중요하지 않다.
☐ 没事	méishì	괜찮다.
☐ 不在意	bù zàiyì	개의치 않다. 상관하지 않다.
☐ 没关系	méi guānxi	괜찮다. 관계없다.
☐ 算什么呀	suàn shénme ya	별거 아니다.
☐ 就那么点儿	jiù nàme diǎnr	그 정도 (일) 가지고 뭘.

下不去手
xià bu qù shǒu

손을 보지 못하다.
손을 댈 수가 없다.
손을 대기가 쉽지 않다.
(어떻게) 손을 대기가 뭣하다.

1 A: 老大，老二做了那么多坏事，炸死他是应该的。
Lǎo dà, lǎo èr zuò le nàme duō huàishì, zhà sǐ tā shì yīnggāi de.

B: 应该是应该，还是有点下不去手啊！
Yīnggāi shì yīnggāi, háishi yǒudiǎn xià bu qù shǒu a!

2 A: 我们的儿子太不听话了，你教训他一次吧。
Wǒmen de érzi tài bù tīnghuà le, nǐ jiàoxun tā yī cì ba.

B: 我早就想揍他，就是下不去手。
Wǒ zǎo jiù xiǎng zòu tā, jiùshì xià bu qù shǒu.

3 A: 你吃鸡吗？要吃就帮我杀了它。
Nǐ chī jī ma? Yào chī jiù bāng wǒ shā le tā.

B: 哎哟，那我可下不去手！
Āiyō, nà wǒ kě xià bu qù shǒu!

단어

- 下手　　xiàshǒu　　(동) 착수하다. 손을 대다. 시작하다.
- 坏事　　huàishì　　(명) 나쁜 일.
- 炸　　　zhà　　　　(동) 터지다. 폭파하다. 파열하다. (분노가) 폭발하다.
- 应该　　yīnggāi　　(조동) 마땅히 …해야 한다. …하는 것이 마땅하다.
- 有点　　yǒudiǎn　　(부) 조금. 약간. [대개 여의치 않은 일에 쓰임]
- 听话　　tīnghuà　　(동) 말을 듣다. 순종하다.
- 教训　　jiàoxun　　(명·동) 훈계. 교훈. 가르치고 타이르다. 훈계하다. 꾸짖다.
- 揍　　　zòu　　　　(동) (남을) 때리다. 치다.
- 杀　　　shā　　　　(동) 죽이다.

유사 표현

- 于心不忍　　yúxīn bùrěn　　마음속에서 차마 하지 못하다.
- 不忍心　　　bù rěnxīn　　　모진 마음을 먹지 못하다. 차마 냉정하게[무자비하게] 하지 못하다.
- 狠不下心来　hěn bu xià xīn lái　독한 마음을 먹지 못하다.

下课
xiàkè

능력이 안 되면 그만 물러나라.

1 A: 他哪儿配当国家队的教练啊!
Tā nǎr pèi dāng guójiāduì de jiàoliàn a!

B: 是啊, 你没听体育场里八万人一齐让他'下课'吗?
Shì a, nǐ méi tīng tǐyùchǎngli bā wàn rén yīqí ràng tā 'xiàkè' ma?

2 A: 哎, 电视里那些球迷喊的是什么呀, 听了半天也没听
Āi, diànshìli nà xiē qiúmí hǎn de shi shénme ya, tīng le bàntiān yě méi tīng

明白!
míngbai!

B: 嗨, 是用四川话喊的'下课'! 就是'别干了, 回家去吧'的
Hāi, shì yòng sìchuānhuà hǎn de 'xiàkè'! Jiùshì 'bié gàn le, huíjiā qù ba' de

意思。
yìsi.

配	pèi	(조동) (…할) 자격[능력]이 있다. (…할)만하다. (…에) 어울리다.
当	dāng	(동) (직무 따위를) 담당하다. (…의 일을) 맡다. …이 되다.
国家队	guójiāduì	(명) 국가 대표팀.
教练	jiàoliàn	(명) 코치.
一齐	yīqí	(부) 일제히. 동시에. 한꺼번에. 다같이.
球迷	qiúmí	(명) (야구·축구 등의) 구기 종목 광(狂)팬.
喊	hǎn	(동) 외치다. 큰 소리로 부르다.
下课	xiàkè	(동) 수업이 끝나다. 강의가 종료되다. 물러나다.

左迁	zuǒqiān	좌천되다. 지위를 강등 당하다.
下岗	xiàgǎng	'일하던 자리(岗位)에서 내려오다', 즉 '원래 가지고 있던 직책을 잃어버리다'라는 뜻으로, 국유기업 개혁 등의 원인으로 실직했거나 재취업을 기다리는 것을 가리킨다.
炒鱿鱼	chǎo yóuyú	중국 신문이나 텔레비전을 보면, 회사에서 업무를 잘못 처리한 간부가 '被炒鱿鱼了(bèi chǎo yóuyǔ le : 오징어 볶음을 당했다)'라고 말하는 경우를 볼 수 있다. 이때 '被炒鱿鱼了'는 바로 '직장에서 해고 당했다'는 의미이다. 생오징어를 팔팔 끓는 기름 속에 넣으면 이불을 돌돌 말아 놓은 것처럼 둥그렇게 말리는 모습에서 연유한 말로, '卷铺盖(juǎn pūgai: 얼른 이불을 싸들고 떠

생생 중국어 구어 표현

나라. 직장을 그만둬라.)'라는 의미가 담겨 있다.

- ☐ 走路　　　zǒu lù　　　떠나라.
- ☐ 回家去吧　huí jiā qù ba　집에(나) 가라.

下台阶
xià táijiē

벗어날 기회를 주다.
벗어날 여지를 두다.

1 A : 我说过要打败他，却打成了平手！
　　　Wǒ shuō guo yào dǎbài tā, què dǎ chéng le píngshǒu!

　　B : 你怎么下台阶呢？
　　　Nǐ zěnme xià táijiē ne?

2 A : 三年前你离开了家，现在又想回去，行吗？
　　　Sān nián qián nǐ líkāi le jiā, xiànzài yòu xiǎng huíqù, xíng ma?

　　B : 是啊，得给家里人一个台阶。
　　　Shì a, děi gěi jiālirén yī ge táijiē.

단어

- ☐ 台阶　　táijiē　　　(명) 상호 대치로 인한 난처함을 벗어날 기회[여지].
- ☐ 打败　　dǎbài　　　(동) 쳐서 물리치다. 싸워서 이기다.
- ☐ 却　　　què　　　　(부) 도리어. 오히려. 반대로. 그러나.
- ☐ 成　　　chéng　　　(동) (…으로) 되다. (…으로) 변하다. (…이) 되다.
- ☐ 平手　　píngshǒu　(명·동) 무승부. 비김. (시합이나 바둑 따위에서) 비기다. 동점이 되다.
- ☐ 离开　　líkāi　　　(동) 떠나다. 벗어나다. 헤어지다. 떼어놓다.

☐ **得** děi (조동) 마땅히 …해야 한다.

☐ **有个说法** yǒu ge shuōfa 의견이 있다.
생각이 있다.
여지가 있다.

☐ **怎么收场** zěnme shōuchǎng 어떻게 결말을 지을 것인가.
어떻게 수습을 할 것인가.

☐ **先这样**
xiān zhèyàng

시간을 좀 두고 봅시다.
우선은 이렇게 합시다[둡시다].
(잠시 보류해 두었다가) 나중에 다시 이야기합시다.

① A : 老板, 股票的行情变化不大, 您看……?
Lǎobǎn, gǔpiào de hángqíng biànhuà bù dà, nín kàn……?

B : 先这样。
Xiān zhèyàng.

② A : 领导, 关于老李的去留, 背景比较复杂, 您看……?
Lǐngdǎo, guānyú lǎo Lǐ de qùliú, bèijǐng bǐjiào fùzá, nín kàn……?

B : 先这样吧。
Xiān zhèyàng ba.

생생 중국어 구어표현

단 어

- 老板　　lǎobǎn　　　　(명) 주인. 지배인. 상점의 주인.
- 股票　　gǔpiào　　　　(명) 증권. 주식.
- 行情　　hángqíng　　　(명) 시세. 시장가격.
- 变化　　biànhuà　　　 (명·동) 변화(하다).
- 关于　　guānyú　　　　(개) …에 관하여[관해서].
- 去留　　qùliú　　　　　(명) 거류. 떠남과 머무름.
- 背景　　bèijǐng　　　　(명) 배경.
- 比较　　bǐjiào　　　　 (부) 비교적.
- 复杂　　fùzá　　　　　(형) 복잡하다.

유사 표현

- 放一放再说　　fàng yī fàng zài shuō　　잠시 보류했다가 다시 이야기하자.
- 过一段再说　　guò yī duàn zài shuō　　좀 지난 다음에 다시 이야기하자.

闲的
xián de

한가하다.
놀고 있다.
하는 일 없다.
아무 것도 안 하다.

 A: 我的儿子，你没事儿看点书好不好，
Wǒ de érzi, nǐ méishìr kàn diǎn shū hǎo bu hǎo,

整天就知道玩电脑，闲的！
zhěngtiān jiù zhīdao wán diànnǎo, xián de!

B: 我的爹地，你应该知道我是在电脑上学习呢，忙得很!
Wǒ de diēdì, nǐ yīnggāi zhīdao wǒ shì zài diànnǎoshang xuéxí ne, máng de hěn!

② A: (老板) 上班时间不准聊天，闲的!
(lǎobǎn) Shàngbān shíjiān bù zhǔn liáotiān, xián de!

每个人的定额都提高20%!
Měi ge rén de dìng'é dōu tígāo bǎi fēn zhī èrshí!

B: (众职工互相对视)……(开始工作)。
(zhòngzhígōng hùxiāng duìshì)……(kāishǐ gōngzuò)

□ 不准	bù zhǔn	불허하다. …해서는[하면] 안 된다.
□ 提高	tígāo	(동) (위치·수준·질·수량 등을) 제고하다. 향상시키다. 높이다. 끌어올리다.
□ 定额	dìng'é	(명) 정량. 정액. 할당량. 기준량. 정원. 노동[생산] 기준량.

□ 无事可做	wúshì kězuò	해야 할 일이 없다.
□ 没事儿干	méishìr gàn	할 일이 없다.

□ 现了大眼了
xiàn le dà yǎn le

볼 낯이 없다.
정말 망신스럽다.
정말 창피해 죽겠다.
체면이 많이 깎이다.

생생 중국어 구어 표현

1 A : 咱们儿子的学习成绩一直全校第一，可是这次没考上
Zánmen érzi de xuéxí chéngjī yīzhí quánxiào dì yī, kěshì zhè cì méi kǎo shàng

大学！
dàxué!

B : 唉，明天亲戚朋友同事什么的就都传开了，咱们可
Āi, míngtiān qīnqī péngyou tóngshì shénme de jiù dōu chuán kāi le, zánmen kě

现了大眼了！
xiàn le dà yǎn le!

2 A : 哎，知道吗？老李天天夸的儿子被警察抓走了！
Āi, zhīdao ma? Lǎo Lǐ tiāntiān kuā de érzi bèi jǐngchá zhuā zǒu le!

B : 当然知道啦，警笛在楼下叫了10分钟呢！这回老李可
Dāngrán zhīdao la, jǐngdí zài lóuxià jiào le shí fēnzhōng ne! Zhè huí lǎo Lǐ kě

现了大眼了！
xiàn le dà yǎn le!

3 A : 听说你昨天误入女厕所，现了大眼了！
Tīngshuō nǐ zuótiān wùrù nǚ cèsuǒ, xiàn le dà yǎn le!

B : 嗨，没带眼镜，看不清牌子，
Hāi, méi dài yǎnjìng, kàn bu qīng páizi,

我这次是真的现了大眼了！
wǒ zhè cì shì zhēn de xiàn le dà yǎn le!

단어

- 现眼　　xiànyǎn　　(동) 실책을 하여 창피를 당하다. 사람들 앞에서 면목을 잃다. 낯을 더럽히다. 추태를 보이다.
- 成绩　　chéngjī　　(명) 성적. 실적.

☐	全校	quánxiào	(명) 전교.
☐	同事	tóngshì	(명) 동료. 동업자. 직장동료.
☐	什么的	shénmede	…등등[따위].
☐	传开	chuán kāi	널리 전해지다. (사방에) 퍼지다.
☐	天天	tiāntiān	(명) 매일. 날마다.
☐	夸	kuā	(동) 칭찬하다. 과장하다. 허풍 치다.
☐	警察	jǐngchá	(명) 경찰.
☐	抓走	zhuā zǒu	잡아가다. 끌고 가다. 붙들어 가다.
☐	警笛	jǐngdí	(명) (경찰용) 호각. 경적. 사이렌.
☐	楼下	lóuxià	(명) 일층. 아래층.
☐	误入	wùrù	(동) 잘못 들어가다.
☐	厕所	cèsuǒ	(명) 화장실.
☐	带	dài	(동) 차다. 달다.
☐	眼镜	yǎnjìng	(명) 안경.
☐	看不清(楚)	kàn bu qīng(chu)	똑똑히 보이지 않다.
☐	牌子	páizi	(명) 팻말. 간판.

 유사 표현

☐	**丢人**	diūrén	창피하다. 망신스럽다. 체면이 깎이다.
☐	**丢脸**	diūliǎn	창피하다. 볼 낯이 없다. 체면이 깎이다.
☐	**出丑**	chūchǒu	망신스럽다. 추태를 보이다.
☐	**名誉扫地**	míngyù sǎodì	명예가 땅에 떨어지다.

생생 중국어 구어 표현

> ## 现在可好
> xiànzài kě hǎo
>
> (전에는…했었는데) 그런데 지금은.
> (전에는…했었는데) 그런데 요즘은.
> ['지금은 옛날만 못하다', '그래도 그때가 좋았다'는 의미를 내포함]

1 A : 老李呀, 你这辈子最开心是在什么时候?
　　　Lǎo Lǐ ya, nǐ zhè bèizi zuì kāixīn shi zài shénme shíhou?

　　B : 那当然是小时候了, 吃饱了就玩, 什么都不愁。
　　　Nà dāngrán shì xiǎoshíhou le, chī bǎo le jiù wán, shénme dōu bù chóu.

　　　现在可好, 一天到晚的糟心事!
　　　Xiànzài kě hǎo, yītiān dào wǎn de zāoxīn shi!

2 A : 老李呀, 你能说一下几十年来物价的变动吗?
　　　Lǎo Lǐ ya, nǐ néng shuō yīxià jǐ shí nián lái wùjià de biàndòng ma?

　　B : 噢, 我记事儿那会儿, 猪肉八毛一斤, 西红柿一毛一筐!
　　　Ō, wǒ jìshìr nà huìr, zhūròu bā máo yī jīn, xīhóngshì yī máo yī kuāng!

　　　现在可好, 十倍都不止了!
　　　Xiànzài kě hǎo, shí bèi dōu bùzhǐ le!

단 어

□ 辈子	bèizi	(명) 한평생. 생애. 일생.
□ 开心	kāixīn	(형) 유쾌하다. 즐겁다.
□ 饱	bǎo	(형) 배부르다.
□ 愁	chóu	(명·동) 근심(하다). 걱정(하다).
□ 一天到晚	yī tiān dào wǎn	아침부터 저녁까지. 온종일.
□ 糟心	zāoxīn	(형) 속상하다. 짜증나다. 망치다. 엉망이 되다.
□ 物价	wùjià	(명) 물가.

	变动	biàndòng	(명·동) 변동(하다).
	记事儿	jìshìr	(동) (어린애가) 이미 사물을 구별[기억]할 수 있게 되다.
	猪肉	zhūròu	(명) 돼지고기.
	西红柿	xīhóngshì	(명) 토마토.
	筐	kuāng	(명·양) 대나무나 버드나무 가지를 엮어 만든 광주리. 광주리로 헤아릴 수 있는 것을 세는 단위.
	不止	bùzhǐ	…에 그치지 않다. …를 넘다. [어떤 숫자나 범위를 넘는 것을 뜻함]

| | 今不如昔 | jīn bùrú xī | 지금은 전만 못해. |
| | 还是那会儿好 | háishi nà huìr hǎo | 그때가 좋았지. |

☐ 相当
xiāngdāng

꽤.
퍽.
무척.
상당히.

① A: 听说你的签售活动非常火爆?
Tīngshuō nǐ de qiānshòu huódòng fēicháng huǒbào?

B: 不是非常火爆，而是相 — 当 — 火爆!
Bù shì fēicháng huǒbào, ér shì xiāng — dāng — huǒbào!

② A: 你的汉语水平怎么样?
Nǐ de hànyǔ shuǐpíng zěnmeyàng?

생생 중국어 구어 표현

B: 相当不错。
　　Xiāngdāng bùcuò.

단어

- 签售　　qiānshòu　　(동) (서적이나 기타 출판물의 첫 출시 때) 저자 사인회를 하다.
- 活动　　huódòng　　(명) 활동. 운동. 행사. 모임.
- 火爆　　huǒbào　　(형) 왕성하다. 뜨겁다. 열기가 넘치다. 한창이다. 흥성하다. 번창하다.
- 相当　　xiāngdāng　　(부) 상당히. 무척. 꽤. 퍽.

유사 표현

- 略胜一筹　　lüèshèng yīchóu　　약간 우세하다. 한 수 높다. 약간 낫다.
- 非常　　fēicháng　　매우. 몹시.
- 特别　　tèbié　　특(별)히. 유달리. 각별히. 아주.

想什么呢你
xiǎng shénme ne nǐ

허튼 꿈 꾸지 마.
무슨 생각을 하는 거야.
무슨 허튼 생각을 하고 그래.
무슨 쓸데없는 망상을 하고 그래.

---

1 A: 我要是有了钱，一买别墅，二买大奔，三买全套意大利
Wǒ yàoshi yǒu le qián, yī mǎi biéshù, èr mǎi Dàbēn, sān mǎi quán tào Yìdàlì

家具和日本电器，还要服务小姐……。
jiājù hé rìběn diànqì, hái yào fúwù xiǎojiě…….

B： 想什么呢你!
　　Xiǎng shénme ne nǐ!

❷ A： 现在世道多好! 我要是赶上这年月，先考个博士，
　　Xiànzài shìdào duō hǎo! Wǒ yàoshi gǎnshàng zhè niányuè, xiān kǎo ge bóshì,

再出国转转，找个洋妞，然后住到瑞士的小
zài chūguó zhuàn zhuàn, zhǎo ge yángniū, ránhòu zhù dào Ruìshì de xiǎo

城市去……。
chéngshì qù…….

B： 想什么呢你!
　　Xiǎng shénme ne nǐ!

단 어

□	别墅	biéshù	(명) 빌라.
□	大奔	Dàbēn	(고유) 메르체데스 벤츠. [고급 승용차 이름]
□	全套	quántào	(명·형) 한 벌(의). 한 세트(의).한 질(의).
□	意大利	Yìdàlì	(고유) 이태리.
□	家具	jiājù	(명) 가구.
□	世道	shìdào	(명) 세상살이. 세상 형편. 사회 상황.
□	赶上	gǎnshàng	(동) 따라잡다[붙다]. 시간에 대다. 만나다.
□	年月	niányuè	(명) 시대. 세월. 세상.
□	转	zhuàn	(동) 둘러보다. 들르다.
□	洋妞	yángniū	(명) 외국 여자.
□	瑞士	Ruìshì	(고유) 스위스.
□	城市	chéngshì	(명) 도시.

유사 표현

| □ | 白日梦 | báirìmèng | 백일몽.
근본적으로 실현될 수 없는 환상[공상]. |

雄起
xióngqǐ

궐기하다.
크게 떨치고 일어서다.
궐기하여[일어나] 영웅으로 자처하다.

1 A: 这些家伙今天怎么了? 输了球也不着急!
Zhè xiē jiāhuo jīntiān zěnme le? Shū le qiú yě bù zháojí!

B: 咱们一起喊: 雄起! 雄起!
Zánmen yīqǐ hǎn: Xióngqǐ! Xióngqǐ!

2 A: 这小伙子很有前途!
Zhè xiǎohuǒzi hěn yǒu qiántú!

B: 再过两年一定雄起!
Zài guò liǎng nián yīdìng xióngqǐ!

喊	hǎn	(동) 외치다. 소리치다. 소리 지르다. 고함치다. 큰 소리로 부르다.
家伙	jiāhuo	(명) 놈. 녀석. 자식. 인간. [사람을 경시하거나 친해서 막 부르는 칭호]
前途	qiántú	(명) 전도. 앞길. 전망.

春光乍泄	chūnguāng zhà xiè	(은밀한 부위를) 갑자기 드러내다.
加油	jiāyóu	힘을 내다. 기운을 내다. 한층 더 노력하다.

要不然说你年轻呢
yàoburán shuō nǐ niánqīng ne

그래서 네가 어리다는 거야.
그래서 네가 애송이라는 거야.
그렇지 않으면 내가 널 어리다고 하겠어.

① A: 老板真英明，您估计的情况全都出现了，
Lǎobǎn zhēn yīngmíng, nín gūjì de qíngkuàng quán dōu chūxiàn le,

一开始我还不信呢!
yī kāishǐ wǒ hái bù xìn ne!

B: 嘿，要不然说你年轻呢，我早就都算到了。
Hēi, yàoburán shuō nǐ niánqīng ne, wǒ zǎojiù dōu suàn dào le.

② A: 老李呀，我看人怎么老看不准呢?
Lǎo Lǐ ya, wǒ kàn rén zěnme lǎo kàn bu zhǔn ne?

B: 是啊，要不然说你年轻呢!还得多历练啊。
Shì a, yàoburán shuō nǐ niánqīng ne! Hái děi duō liliàn a.

- 英明　　yīngmíng　　(형) 영명하다.
- 估计　　gūjì　　(동) 추측하다. 예측하다. 어림잡다. 헤아리다. 짐작하다.

| 早就 | zǎojiù | (부) 벌써. 오래전에. 일찌감치. 이미. 진즉. |
| 历练 | lìliàn | (동) 경험을 쌓다. 경험으로 단련하다. |

| 还欠火候 | hái qiàn huǒhou | 아직 숙달되지[완숙하지, 능수능란하지] 못하다. |
| 嫩点儿不是 | nèn diǎnr bùshì | 서툴러서 잘못하다. 미숙해서 잘못하다. |

□ 要个说法
yào ge shuōfa

따지고 들거야.
시비를 가릴거야.
사건의 진상을 밝힐거야.

① A: 你的官司已经拖了三年, 还打吗?
Nǐ de guānsi yǐjing tuō le sān nián, hái dǎ ma?

B: 当然, 死活得要个说法!
Dāngrán, sǐhuó děi yào ge shuōfa!

② A: 老李的麻烦事, 上边有说法吗?
Lǎo Lǐ de máfan shì, shàngbian yǒu shuōfa ma?

B: 上边什么都不说, 这也算一种说法吧。
Shàngbian shénme dōu bù shuō, zhè yě suàn yī zhǒng shuōfa ba.

| 说法 | shuōfa | (명) 의견. 견해. [상부의 지시나 법원의 판결을 의미하기도 함] |
| 官司 | guānsi | (명) 소송. |

— Y —

□	拖	tuō	(동) (시간을) 끌다. 지연시키다. 연장시키다. 늦추다. 미루다.
□	打	dǎ	(동) 남과 관련되는 행위를 하다. (어떤 교섭을) 하다.
□	死活	sǐhuó	(부) 기어코. 한사코.
□	上边	shàngbian	(명) 상부. 상급.

| □ | 谁是谁非 | shéi shì shéi fēi | 누가 옳고 누가 그른가. |
| □ | 分个青红皂白 | fēn ge qīnghóngzàobái | 흑백을 가리다. |

□ 也就这样了
yě jiù zhèyàng le

이렇게 하면 된다[되겠다].

1 A: 领导啊, 您看我的准备工作还有什么问题?
Lǐngdǎo a, nín kàn wǒ de zhǔnbèi gōngzuò hái yǒu shénme wèntí?

B: 挺好, 也就这样了。
Tǐng hǎo, yě jiù zhèyàng le.

2 A: 老李啊, 听说你还有几个大目标要实现?
Lǎo Lǐ a, tīngshuō nǐ hái yǒu jǐ ge dà mùbiāo yào shíxiàn?

B: 哪儿啊, 我都快70岁的人了, 也就这样了。
Nǎr a, wǒ dōu kuài qī shí suì de rén le, yě jiù zhèyàng le.

| □ | 目标 | mùbiāo | (명) 목표. |
| □ | 实现 | shíxiàn | (동) 실현하다. 달성하다. |

 유사 표현

- 比较令人满意　bǐjiào lìng rén mǎnyì　(비교적) 탐탁하다[만족할 만하다].
- 不错了　bùcuò le　다행이다. 어지간하다. 괜찮은 셈이다.
- 可以了　kěyǐ le　됐다.

一报还一报
yī bào huán yī bào

인과응보.
당한 대로 돌려주다.
눈에는 눈, 이에는 이.

1 A : 他骗了你的女友, 你又去骗他的女友, 这不好吧!
Tā piàn le nǐ de nǚ yǒu, nǐ yòu qù piàn tā de nǚ yǒu, zhè bù hǎo ba!

B : 怎么了? 一报还一报嘛!
Zěnme le? Yī bào huán yī bào ma!

 단 어

- 报　bào　(동) 보복하다.
- 还　huán　(동) 갚다. 보답하다.
- 骗　piàn　(동) 속이다. 기만하다.

 유사 표현

- 以牙还牙, 以眼还眼　yǐ yá huán yá, yǐ yǎn huán yǎn　눈에는 눈, 이에는 이.
  폭력에는 폭력으로 대하다.
- 冤冤相报　yuān yuān xiāng bào　서로 보복하다.
  서로 원한을 갚다.

一不留神
yī bù liúshén

잠깐 사이에.
한눈파는 바람에.
눈 깜박할 사이에.
잠깐 실수하는 바람에.
잠시 주의를 기울이지 않는 사이에.

1 A: 哎, 你在找什么呢?
Āi, nǐ zài zhǎo shénme ne?

B: 嗨, 刚买了只猫, 我那做饭呢, 一不留神, 它就没了!
Hāi, gāng mǎi le zhī māo, wǒ nà zuòfàn ne, yī bù liúshén, tā jiù méi le!

2 A: 哎呀! 打了三天的东西, 一不留神, 死机了!
Āiyā! Dǎ le sān tiān de dōngxi, yī bù liúshén, sǐjī le!

B: 以后你得随时存盘, 要不, 多可惜啊!
Yǐhòu nǐ děi suíshí cúnpán, yàobù, duō kěxī a!

단어

留神	liúshén	(동) 주의하다. 조심하다.
刚	gāng	(부) 지금. 막. 바로.
只	zhī	(양) 마리. [주로 금수(禽獸)를 세는 단위]
猫	māo	(명) 고양이.
做饭	zuòfàn	(동) 밥을 짓다. 취사하다. 식사를 준비하다.
打	dǎ	(동) (타자나 컴퓨터 따위를) 치[하]다.
死机	sǐjī	(동) (컴퓨터 작동이) 멈추다. 먹통이 되다. 다운되다.
随时	suíshí	(부) 수시(로). 언제나. 때를 가리지 않고.
存	cún	(동) 보류하다. 남기다. 저장하다.

생생 중국어 구어 표현

- □ (磁)盘　　　(cí)pán　　　(명) 플로피 디스켓.
- □ 要不　　　yàobù　　　(접) 그렇지 않으면. 그러지 않으면.
- □ 可惜　　　kěxī　　　(형) 섭섭하다. 아쉽다. 애석하다. 아깝다.

유사 표현

- □ 眼错不见　　yǎn cuò bù jiàn　　한눈팔다.
  눈을 떼다.
  주의를 게을리하다.
- □ 走神了　　zǒushén le　　정신이 나가다.
  주의력이 분산되다.
- □ 一眼没看见　　yī yǎn méi kànjiàn　　한눈팔다 못 보다.
- □ 一眨眼的功夫　　yīzhǎyǎn de gōngfu　　눈 깜짝할 사이.

□ **一锤子买卖**
yī chuízi mǎimai

딱 한 번의 거래.
한 번에 다 팔아치우(고 끝내)다.
후일은 생각하지 않고 이번 장사만 신경을 쓰다.

1 A： 老李呀, 你是赞成'薄利多销', 还是喜欢'一锤子买卖'?
Lǎo Lǐ ya, nǐ shì zànchéng 'bólì duōxiāo', háishi xǐhuan 'yī chuízi mǎimai'?

B： 前者太麻烦, 要几十年才能赚钱; 后者可能一笔就
Qiánzhě tài máfan, yào jǐ shí nián cái néng zhuànqián; hòuzhě kěnéng yī bǐ jiù

发了!
fā le!

2 A： 老板, 别'一锤子买卖嘛', 我以后还会来的。
Lǎobǎn, bié 'yī chuízi mǎimai ma', wǒ yǐhòu hái huì lái de.

— Y —

B: 别说那个，全国12亿人，一人来一次我就发了，
　　Bié shuō nà ge, quánguó shí èr yì rén, yī rén lái yī cì wǒ jiù fā le,

根本不用第二次。
gēnběn bùyòng dì èr cì.

단어

- [ ] 锤子　　　chuízi　　　（명）쇠망치. 장도리.
- [ ] 赞成　　　zànchéng　　（동）찬성하다.
- [ ] 薄利　　　bólì　　　　（명）박리. 얼마 안 되는 이익.
- [ ] 销　　　　xiāo　　　　（동）팔다. 판매하다.
- [ ] 赚钱　　　zhuànqián　 （동）이윤을 남기다. 이문을 남기다. 돈을 벌다.
- [ ] 发　　　　fā　　　　　（동）재물을 얻어서 왕성히 일어나다. 돈을 벌다.

유사 표현

- [ ] 一刀斩　　　yī dāo zhǎn　　한 칼에 베다.
- [ ] 一遭够　　　yī zāo gòu　　 단[한]번에 충분하다.
- [ ] 急功近利　　jígōng jìnlì　　눈앞의 이익에만 급급하다.

- [ ] **一点小意思**
  yīdiǎn xiǎoyìsi

  별거 아닙니다.
  작은 마음의 표시입니다.
  변변찮은 작은 성의입니다.

---

❶ A: 太客气了吧，送这么多礼物!
　　 Tài kèqi le ba, sòng zhème duō lǐwù!

B: 哪里，一点小意思，不成敬意。
　　Nǎli, yīdiǎn xiǎoyìsi, bùchéng jìngyì.

❷ A: 一点小意思，不值一提。
　　Yīdiǎn xiǎoyìsi, bùzhí yītí.

B: 哎呀! 这么重的礼，我怎么敢收呢!
　　Āiyā! Zhème zhòng de lǐ, wǒ zěnme gǎn shōu ne!

단어

敬意	jìngyì	(명) 경의.
不值	bùzhí	(동) 가치가 없다. 하찮다.
提	tí	(동) (말을) 꺼내다. 언급하다. 이야기하다.
重	zhòng	(형) 중하다. 크다.
礼	lǐ	(명) 선물. 예물.
敢	gǎn	(조동) 감히…하다.
收	shōu	(동) 받다. 용납하다. 수용하다. 받아들이다.

유사 표현

区区薄礼	qūqū bólǐ	작은 선물. 변변찮은 선물. 보잘 것 없는 작은 선물.
算什么呀	suàn shénme ya	별것 아니에요.
不算什么	bù suàn shénme	아무 것도 아니에요.

一根筋
yī gēn jīn

고지식하다.
황소고집이다.
융통성이 없다.

① A：老李明知错了，就是不改！
Lǎo Lǐ míng zhī cuò le, jiùshì bù gǎi!

B：那人，一根筋。
Nà rén, yī gēn jīn.

② A：既然这条路走不通，就换个研究课题吧。
Jìrán zhè tiáo lù zǒu bu tōng, jiù huàn ge yánjiū kètí ba.

B：不！我就一根筋了！
Bù! Wǒ jiù yī gēn jīn le!

단어

☐ 明知	míngzhī	(동) 확실히[분명히] 알다.
☐ 既然	jìrán	(접) 이미 이렇게 된 바에야. 기왕 그렇게 된 이상.
☐ 走不通	zǒu bu tōng	빠져나갈 수가 없다. 통하지 않다.
☐ 课题	kètí	(명) 프로젝트.

유사 표현

☐ 认死理	rènsǐlǐ	까다롭다. 고지식하다. 융통성이 없다. 고집불통이다.
☐ 叫真儿	jiào zhēnr	곧이듣다. 정말로 여기다. 곧이듣고 정색하다. 진담으로 받아들이다.

用不着
yòng bu zháo

쓸모없다.
필요 없다.

1 A : 孩子们小时候穿的衣服在哪?
Háizimen xiǎoshíhou chuān de yīfu zài nǎ?

B : 那些用不着的东西,我早送人了。
Nà xiē yòng bu zháo de dōngxi, wǒ zǎo sòng rén le.

2 A : 我开车送你回家吧。
Wǒ kāi chē sòng nǐ huíjiā ba.

B : 用不着!
Yòng bu zháo!

3 A : 街口卖香烟的王妈你认识吗?
Jiēkǒu mài xiāngyān de Wáng mā nǐ rènshi ma?

B : 我又不抽烟,用不着认识她。
Wǒ yòu bù chōuyān, yòng bu zháo rènshi ta.

4 A : 刚才张警司打电话找你。
Gāngcái Zhāng jǐngsī dǎ diànhuà zhǎo nǐ.

B : 怎么不早告诉我,那是用得着的人。
Zěnme bù zǎo gàosu wǒ, nà shì yòng de zháo de rén.

— Y —

 단 어

☐ 早	zǎo	(부) 일찌감치. 일찍. 진즉. 이미.
☐ 送	sòng	(동) 보내다. 주다. 선물하다.
☐ 开	kāi	(동) (차량 따위를) 운전하다. (기계 따위를) 조종하다.
☐ 街口	jiēkǒu	(명) 길가. 길모퉁이.
☐ 卖	mài	(동) 팔다.
☐ 香烟	xiāngyān	(명) 담배.
☐ 认识	rènshi	(동) 알다. 인식하다.
☐ 抽烟	chōuyān	(동) 담배를 피우다.
☐ 警司	jǐngsī	(명) 경사.
☐ 打	dǎ	(동) 발송하다. 보내다. (전보를) 치다. (전화를) 하다.
☐ 电话	diànhuà	(명) 전화.
☐ 告诉	gàosu	(동) 알려주다. 말해주다.

 유사 표현

☐ 百无一用	bǎiwú yīyòng	하나도 쓸모가 없다.
☐ 使不上	shǐ bu shàng	쓸 수 없다. 쓸 방법이 없다.
☐ 没用	méi yòng	쓸모가 없다.
☐ 不用	bùyòng	필요 없다.

☐ **有病了**
yǒu bìng le

미쳤다.
문제가 있다.
어디 아픈 거 아니야.

생생 중국어 구어 표현

① A: 我的腰怎么直不起来了?
　　　Wǒ de yāo zěnme zhí bu qǐlái le?

　　B: 有病了。
　　　Yǒu bìng le.

② A: 小红昨天拣了一万块钱,上交派出所了。
　　　Xiǎo hóng zuótiān jiǎn le yī wàn kuài qián, shàngjiāo pàichūsuǒ le.

　　B: 有病了。
　　　Yǒu bìng le.

③ A: 老李每个休息日都加班。
　　　Lǎo Lǐ měi ge xiūxirì dōu jiābān.

　　B: 有病了!
　　　Yǒu bìng le.

단어

□ 拣	jiǎn	(동) 줍다.
□ 上交	shàngjiāo	(동) (금품을) 상납(上納)하다. 바치다. 위에 넘겨주다.
□ 派出所	pàichūsuǒ	(명) 파출소.
□ 休息日	xiūxirì	휴(식)일.
□ 加班	jiābān	(동) 초과 근무를 하다. 시간 외 근무를 하다. 특근하다. 잔업하다.

유사 표현

□ 神经病	shénjīngbìng	미친놈. [욕하는 말]
		미쳤다. 돌았다. 정신병.
□ 有毛病	yǒu máobìng	흠집[단점]이 있다. 문제가 있다.
□ 少根筋	shǎo gēn jīn	천치. 멍청이. 바보. 어리석다. 멍청하다. 맹하다.

有彩儿
yǒu cǎir

재미있다.
흥미롭다.

1 A: 昨天的演出怎么样，有彩儿吗?
Zuótiān de yǎnchū zěnmeyàng, yǒu cǎir ma?

B: 一点儿彩儿也没有，特没意思。
Yìdiǎnr cǎir yě méiyǒu, tè méi yìsi.

2 A: 一个好电视剧，10分钟就得有个彩儿!
Yī ge hǎo diànshìjù, shí fēn zhōng jiù děi yǒu ge cǎir!

B: 是吗? 那可不容易。
Shì ma? Nà kě bù róngyì.

演出	yǎnchū	(명·동) 공연(하다). 상연(하다).
一点儿	yīdiǎnr	(수량) 조금(도). [주로 부정적인 뜻으로 쓰임. 이때 '一'는 생략되지 않음]
彩儿	cǎir	(명) 갈채. 환호. 정채(**精彩**)(있는 멋진 성분). 생기가 넘치는 부분.
也	yě	(부) …까지도. …마저도.
没意思	méi yìsi	재미가 없다.
容易	róngyì	(형) 쉽다. 용이하다.

| 亮点 | liàngdiǎn | 빼어난 점. 하이라이트(highlight). 관심을 끄는 재미있는 일[사람]. |

생생 중국어 구어 표현

☐ **有的是**
yǒudeshì

얼마든지 있다.
(숱하게) 많이 있다.

1 A : 你说请我去'马克西姆'吃牛扒，你的钱够吗?
Nǐ shuō qǐng wǒ qù 'Mǎkèxīmǔ' chī niúpá, nǐ de qián gòu ma?

B : 钱? 有的是!
Qián? Yǒudeshì!

2 A : 您说帮我学英语，您有时间吗?
Nín shuō bāng wǒ xué yīngyǔ, nín yǒu shíjiān ma?

B : 别的没有，时间，有的是。
Bié de méiyǒu, shíjiān, yǒudeshì.

☐ 马克西姆	Mǎkèxīmǔ	(고유) 맥심. [식당 이름]
☐ 牛扒	niúpá	(명) 비프스테이크(beefsteak).
☐ 够	gòu	(형) 충분하다. 넉넉하다.
☐ 帮	bāng	(동) 돕다. 거들어 주다.

유사 표현

☐ 不计其数　bùjì qíshù　헤아릴 수 없이 많다.
☐ 多的是　　duō de shì　많이 있다.
　　　　　　　　　　　얼마든지 있다.

有点找不着北
yǒudiǎn zhǎo bu zháo běi

갈피를 못 잡다.
방향을 잡을 수 없다.

① A：咦！这是什么地方？好像从来没来过！
　　　Yí! Zhè shì shénme dìfang? Hǎoxiàng cónglái méi lái guo!

　　B：是啊，北京的变化太大了！
　　　Shì a, Běijīng de biànhuà tài dà le!

　　　连我这个老北京也有点找不着北。
　　　Lián wǒ zhè ge lǎo Běijīng yě yǒudiǎn zhǎo bu zháo běi.

② A：喂，你的文章到底什么意思呀？我怎么有点找不着北啊！
　　　Wèi, nǐ de wénzhāng dàodǐ shénme yìsi ya? Wǒ zěnme yǒudiǎn zhǎo bu zháo běi a!

　　B：是，这是现在流行的写法，不说谁对谁错。
　　　Shì, zhè shì xiànzài liúxíng de xiěfǎ, bù shuō shéi duì shéi cuò.

□ 从来	cónglái	(부) 지금까지. 여태껏. 이제까지.
□ 老北京	lǎo Běijīng	북경 토박이.
□ 到底	dàodǐ	(부) 도대체.
□ 写法	xiěfǎ	(명) 쓰는 법. 작법.

□ 如堕烟海　　rúduòyānhǎi　　오리무중이다.
　　　　　　　　　　　　　　안개 낀 바다 속에 빠진 것 같다.

생생 중국어 구어 표현

- 晕头了　　yūntóu le　　정신없다.
  　　　　　　　　　　　머리가 어찔어찔하다.
- 转向了　　zhuànxiàng le　　방향을 잃다.
  　　　　　　　　　　　뭐가 뭔지 모르다.

有话好好说
yǒu huà hǎohǎo shuō

서두르지 말고, 차근차근 말해 봐.
할 말이 있으면, 천천히[조용히] 말해 봐.

1 A: 要是照你说的办, 非得亡国灭种! 你到底安的什么心?
　　　Yàoshi zhào nǐ shuō de bàn, fēiděi wángguó mièzhǒng! Nǐ dàodǐ ān de shénme xīn?

　　B: 老李呀, 有话好好说嘛, 没那么严重吧?
　　　Lǎo Lǐ ya, yǒu huà hǎohǎo shuō ma, méi nàme yánzhòng ba?

2 A: 他……他……他他妈的, 太……太他妈黑!
　　　Tā……tā……tā tā mā de, tài……tài tā mā hēi!

　　B: 哎! 慢慢儿说, 把他干的坏事都告诉警官!
　　　Āi! Mànmànr shuō, bǎ tā gàn de huàishi dōu gàosu jǐngguān!

단어

要是	yàoshi	(접) 만일 …라면. 만약 …하면.
照	zhào	(개) …대로. …에 따라.
办	bàn	(동) (일 따위를) 하다. 처리하다. 취급하다.
非得	fēiděi	(부) …지 않으면 안된다. 반드시 …해야 한다.
亡国灭种	wángguó mièzhǒng	나라와 민족을 멸망시키다.
安	ān	(동) (좋지 않은) 생각을 품다.
严重	yánzhòng	(형) 중대하다. 심각하다. 엄중하다.

— Y —

	他妈的	tā mā de	제기. 제기랄.
	黑	hēi	(형) 나쁘다. 악독하다. 고약하다. 사악하다.
	坏事	huàishì	(명·동) 나쁜 일. 일을 그르치다[망치다].

	慢慢儿说	mànmànr shuō	천천히 말하다. 차근차근 말하다.

有没有搞错
yǒu méiyǒu gǎocuò

농담하냐.
제대로 알고 그러는 거야.
뭘 잘못 알고 있는 거 아냐.

1 A：哎，昨天我看见你和一位姑娘在一起散步！
Āi, zuótiān wǒ kànjiàn nǐ hé yī wèi gūniang zài yīqǐ sànbù!

B：啊？有没有搞错，我做梦都想那样呢！
Á? Yǒu méiyǒu gǎocuò, wǒ zuòmèng dōu xiǎng nàyàng ne!

2 A：小姐，你不可以穿拖鞋进阅览室。
Xiǎojie, nǐ bù kěyǐ chuān tuōxié jìn yuèlǎnshì.

B：哎！你有没有搞错？这是新式凉鞋！
Āi! Nǐ yǒu méiyǒu gǎocuò? Zhè shì xīnshì liángxié!

단 어

	搞错	gǎocuò	(동) 잘못하다. 실수하다.

생생 중국어 구어 표현

- 姑娘　　　　gūniang　　　　(명) 처녀. 소녀. 아가씨.
- 散步　　　　sànbù　　　　　(동) 산보하다. 산책하다.
- 做梦　　　　zuòmèng　　　　(동) 꿈을 꾸다.
- 穿　　　　　chuān　　　　　(동) 입다. 신다.
- 拖鞋　　　　tuōxié　　　　　(명) 슬리퍼.
- 阅览室　　　yuèlǎnshì　　　(명) 열람실.
- 新式　　　　xīnshì　　　　　(명) 신식. 신형.
- 凉鞋　　　　liángxié　　　　(명) 샌들.

유사 표현

- 你看清楚一点　　nǐ kàn qīngchu yīdiǎn　　똑똑히 좀 봐.
　　　　　　　　　　　　　　　　　　　　　분명하게 좀 봐.
- 你误会了吧　　　nǐ wùhuì le ba　　　　　　(네가) 오해했네.
　　　　　　　　　　　　　　　　　　　　　(네가) 잘못 알고 있네.
- 张冠李戴　　　　Zhāngguān Lǐdài　　　　　사실을 잘못 알다.
　　　　　　　　　　　　　　　　　　　　　갑을 을로 착각하다.
　　　　　　　　　　　　　　　　　　　　　장가의 갓을 이가가 쓰다.

□ **有这事儿吗**
yǒu zhè shìr ma

정말?
진짜?
그런 일이 있(었)어?

1 A : 老李, 你听说了吗? 老赵有个私生子,
　　　　Lǎo Lǐ, nǐ tīngshuō le ma? Lǎo Zhào yǒu ge sīshēngzǐ,

　　　　都二十多岁了, 昨天找上门去了!
　　　　dōu èr shí duō suì le, zuótiān zhǎo shàngmén qù le!

B： 有这事儿吗? 你亲眼看见了吗?
　　Yǒu zhè shìr ma? Nǐ qīnyǎn kànjiàn le ma?

A： 哎, 听说昨晚UFO光临市中心广场,
　　Āi, tīngshuō zuówǎn UFO guānglín shì zhōngxīn guǎngchǎng,

省电视台都播了!
shěng diànshìtái dōu bō le!

B： 有这事儿吗? 我一直不太相信有飞碟。
　　Yǒu zhè shìr ma? Wǒ yīzhí bù tài xiāngxìn yǒu fēidié.

단어

- □ 私生子　　sīshēngzǐ　　　(명) 사생아. 사생자. 사자(私子).
- □ 上门　　　shàngmén　　　(동) 방문하다. 찾아뵙다.
- □ 亲眼　　　qīnyǎn　　　　(부) 직접 자신의 눈으로. 제 눈으로. 직접.
- □ 光临　　　guānglín　　　(명·동) 왕림(하다).
- □ 播　　　　bō　　　　　　(동) 전파하다. 알리다. 퍼뜨리다.
- □ 飞碟　　　fēidié　　　　　(명) 비행접시. UFO.

유사 표현

- □ 空口说白话　　kōngkǒu shuō báihuà　　근거 없는 말을 하다.
- □ 不太可能吧　　bù tài kěnéng ba　　　　(그다지) 가능성 없을걸. 그럴 리가.

□ '缘'来是你
'yuán' lái shì nǐ

(내) 인연은 바로 너다.
(나랑) 인연이 있는 사람은 바로 너다.

생생 중국어 구어표현

A: 难道我们前世有缘?
　　Nándào wǒmen qiánshì yǒuyuán?

B: 嗯, '缘'来是你!
　　Ńg, 'yuán' lái shì nǐ!

A: 刚才那姑娘让我怦然心动!
　　Gāngcái nà gūniang ràng wǒ pēngrán xīndòng!

B: 这不就是'缘来是你'的感觉吗?
　　Zhè bù jiùshì 'yuán lái shì nǐ' de gǎnjué ma?

단어

- 前世　　　qiánshì　　　　　(명) 전생.
- 有缘　　　yǒuyuán　　　　 (동) 인연이 있다.
- 怦然心动　pēngrán xīndòng　가슴이 두근거리다.
- 感觉　　　gǎnjué　　　　　(명) 감각. 느낌.

유사 표현

- 相见恨晚　xiāngjiàn hènwǎn　일찍 만나지 못한 것을 한탄하다.
- 有缘　　　yǒuyuán　　　　　인연이 있다.

☐ **越来越不行喽**
yuè lái yuè bùxíng lou

갈수록 심하다.
갈수록 안 좋다.

① A： 老李，你怎么戴上眼镜了？
　　　Lǎo Lǐ, nǐ zěnme dài shàng yǎnjing le?

　 B： 嗨，老喽，眼花喽，越来越不行喽！
　　　Hāi, lǎo lou, yǎnhuā lou, yuè lái yuè bùxíng lou!

② A： 哎，你们公司前几年不错啊，最近好像不行了？
　　　Āi, nǐmen gōngsī qián jǐ nián bùcuò a, zuìjìn hàoxiàng bùxíng le?

　 B： 是啊，几个能干的都出国了，剩下的全是饭桶。
　　　Shì a, jǐ ge nénggàn de dōu chūguó le, shèng xià de quán shì fàntǒng.

　　　唉！越来越不行喽。
　　　Āi! Yuè lái yuè bùxíng lou.

☐ 越来越	yuèláiyuè	점점. 더욱더. [정도의 증가를 나타냄]
☐ 戴	dài	(동) (머리·얼굴·가슴·팔·손 따위에) 착용하다. 쓰다. 이다.
☐ 眼镜	yǎnjing	(명) 안경.
☐ 眼花	yǎnhuā	(형) 눈이 침침하다[뿌옇다]. 눈앞이 아물아물하다.
☐ 能干	nénggàn	(형) 유능하다. 재능 있다. 능란하다. 일을 잘하다.
☐ 剩下	shèng xià	남다. 남기다.
☐ 饭桶	fàntǒng	(명) 밥통. 대식가. 밥벌레. 먹보. 무능한 인간.

유사 표현

☐ 走下坡路	zǒu xiàpōlù	일이 악화되다.
		내리막길을 걷다.
		상황이 점차 나빠지다.

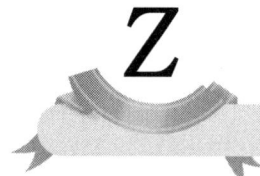

Z

宰熟
zǎishú

친한 사람에게 해를 끼치다.
아는 사람을 희생양으로 삼다.
가까이에 있는 친한 사람을 속이다.

❶ A: 老李为什么在办公室推销商品?
　　Lǎo Lǐ wèishénme zài bàngōngshì tuīxiāo shāngpǐn?

　B: 宰熟呗!
　　Zǎishú bei!

❷ A: 最近, 亲戚们都在骂老李。
　　Zuìjìn, qīnqimen dōu zài mà Lǎo Lǐ.

　B: 谁让他宰熟的!
　　Shéi ràng tā zǎishú de!

❸ A: 这责任只能让老李承担了!
　　Zhè zérèn zhǐ néng ràng Lǎo Lǐ chéngdān le!

　B: 是啊, 只能宰熟了。
　　Shì a, zhǐ néng zǎishú le.

	推销	tuīxiāo	(동) 판로를 확장하다. 널리 팔다.
	亲戚	qīnqi	(명) 친척.
	骂	mà	(동) 욕하다. 질책하다. 꾸짖다.
	责任	zérèn	(명) 책임.
	承担	chéngdān	(동) 담당하다. 맡다.

	坑朋友	kēng péngyou	친구를 속이다.
	骗哥们	piàn gēmen	친구를 속이다.
	害自己人	hài zìjǐrén	친한 사람에게 해를 끼치다.

☐ **再说吧**
zài shuō ba

나중에 이야기 하자.
(다음에) 다시 이야기하자.

1 A： 李老师, 我什么时候去找您求教?
　　　Lǐ lǎoshī, wǒ shénme shíhou qù zhǎo nín qiújiào?

　 B： 再说吧。
　　　Zài shuō ba.

2 A： 这笔买卖你还做不做?
　　　Zhè bǐ mǎimai nǐ hái zuò bu zuò?

　 B： 再说吧。
　　　Zài shuō ba.

생생 중국어 구어 표현

단어

- ☐ 求教　　qiújiào　　(동) 가르침을 청하다.
- ☐ 笔　　　bǐ　　　　(양) 몫. 건. [돈이나 그와 관련된 것에 쓰임]
- ☐ 买卖　　mǎimai　　(명) 사업. 장사. 교역. 매매. 거래.

유사 표현

- ☐ 再考虑考虑　　zài kǎolǜ kǎolǜ　　다시 (주의 깊게) 생각해 보자.
  다시[나중에] (면밀히) 고려해 보자.
- ☐ 先放一放吧　　xiān fàng yī fàng ba　　잠시 둬 보자. 일단 놔 둬 보자.

☐ **再说我跟你急**
zài shuō wǒ gēn nǐ jí

계속하면 (나) 화낸다.
한 번 더 말하면 성질낸다.
한 번만 더 하면 (나) 폭발한다.
자꾸 그러면 (나) 가만히 안 있을 거다.

---

❶ A： 小红啊, 你平时说话, 化妆都多注点意, 要不然……。
Xiǎo hóng a, nǐ píngshí shuōhuà, huàzhuāng dōu duō zhù diǎn yì, yàoburán…….

**　 B：** 行了你! 你再说我跟你急!
Xíngle nǐ! Nǐ zài shuō wǒ gēn nǐ jí!

❷ A： 小红啊, 找男朋友主要看思想政治水平, 什么
Xiǎo hóng a, zhǎo nán péngyou zhǔyào kàn sīxiǎng zhèngzhì shuǐpíng, shénme

酷啦, 车啦, 房啦等等, 全是次要的!
kù la, chē la, fáng la děng děng, quán shì cìyào de!

B： 老李呀, 你跟我废什么话！再说我跟你急！
　　 Lǎo Lǐ ya, nǐ gēn wǒ fèi shénme huà! Zài shuō wǒ gēn nǐ jí!

- 平时　　　píngshí　　　　(명) 평소. 평상시. 보통 때. 여느 때.
- 注意　　　zhùyì　　　　　(동) 주의하다. 조심하다.
- 要不然　　yàoburán　　　 (접) 그렇지 않으면. 그러지 않으면.
- 主要　　　zhǔyào　　　　(부·형) 주로. 대부분. 주요하다.
- 政治　　　zhèngzhì　　　 (명) 정치.
- 水平　　　shuǐpíng　　　 (명) 수준.
- 酷　　　　kù　　　　　　 훌륭하다. 근사하다. [영어 'cool'의 음역]
- 次要　　　cìyào　　　　　(형) 이차적인. 부차적인. 다음으로 중요한.
- 废话　　　fèihuà　　　　 (명·동) 쓸데없는 말(을 하다).

- 别说了　　bié shuō le　　　말하지 마.
- 有完没完　yǒu wán méi wán　끝이 없군.
　　　　　　　　　　　　　　　끝이 없네.
　　　　　　　　　　　　　　　(도대체) 끝이 있어 없어.

☐ 再怎么说也不行
　 zài zěnme shuō yě bùxíng

　 어떻게 말해도 안 된다.
　 아무리 말해도 안 된다.
　 아무리 말해도 소용없다.

1 A： 校长, 就让孩子入学吧, 我和孩子他妈给您跪下了。
　　　　 Xiàozhǎng, jiù ràng háizi rùxué ba, wǒ hé háizi tā mā gěi nín guì xià le.

생생 중국어 구어 표현

B：入学是有分数线的，她没上线，再怎么说也不行。
Rùxué shì yǒu fēnshùxiàn de, tā méi shàngxiàn, zài zěnme shuō yě bùxíng.

② A：老李呀，你帮我在领导那儿多美言几句行不行？
Lǎo Lǐ ya, nǐ bāng wǒ zài lǐngdǎo nàr duō měiyán jǐ jù xíng bu xíng?

B：嗨，上次你把他弄得太没'面子'，我再怎么说也不行了呀！
Hāi, shàngcì nǐ bǎ tā nòng de tài méi 'miànzi', wǒ zài zěnme shuō yě bùxíng le ya!

③ A：小红，你再跟你妈说说，咱们一起去蹦迪吧！
Xiǎo hóng, nǐ zài gēn nǐ mā shuō shuō, zánmen yīqǐ qù bèngdí ba!

B：没戏，我妈说死了也不让我去，再怎么说也不行。
Méixì, wǒ mā shuō sǐ le yě bù ràng wǒ qù, zài zěnme shuō yě bùxíng.

단어

- 跪　　　guì　　　(동) (무릎을) 꿇다. 꿇어앉다.
- 分数线　fēnshùxiàn　(명) 커트라인(cut line). 합격선.
- 上线　　shàngxiàn　(동) (신입생·사원 모집 등에서) 성적이 합격선을 넘다.
- 美言　　měiyán　(명·동) (다른 사람을 대신하여) 듣기 좋은 말(을 하다). 덕담(을 하다).
- 面子　　miànzi　(명) 체면. 면목.
- 蹦迪　　bèngdí　(동) 디스코텍(discotheque)에 춤추러 가다. 디스코를 추다.
- 没戏　　méixì　(동) 가망[희망·가능성]이 없다.

- 白费唇舌　báifèi chúnshé　말해봐야 헛수고다. 공연히 입만 아프다.
- 死活不同意　sǐhuó bù tóngyì　불문곡직하고 반대하다.

在哪儿呢
zài nǎr ne

뭐 해[했어].
어디(에) 있(었)어.

1 A : 老李！好久没见，在哪儿呢?
Lǎo Lǐ! Hǎojiǔ méi jiàn, zài nǎr ne?

B : 老张啊，我在广东学习呢。
Lǎo Zhāng a, wǒ zài Guǎngdōng xuéxí ne.

2 A : 喂 —，在哪儿呢?
Wèi —, zài nǎr ne?

B : 噢，亲爱的，我在办公室开会呢!
Ō, qīn'ài de, wǒ zài bàngōngshì kāihuì ne!

广东	Guǎngdōng	(고유) 광동성(廣東省).
亲爱的	qīn'àide	달링. 자기야.

何处	héchù	어디. 어떤 장소. 어느 곳.
干什么呢	gàn shénme ne	뭐 해. 무슨 일 해.
忙什么呢	máng shénme ne	뭐 해.

怎么说话呢
zěnme shuōhuà ne

그걸 말이라고 해.
무슨 말을 그렇게 해.
그렇게 밖에 말 못해.
어떻게 그렇게 말할 수 있어.

1 A：你的腿怎么那么弯哪?
Nǐ de tuǐ zěnme nàme wān na?

B：……! 你怎么说话呢?
……! Nǐ zěnme shuōhuà ne?

2 A：听说你离了六次婚, 真棒!
Tīngshuō nǐ lí le liù cì hūn, zhēn bàng!

B：怎么说话呢? 我离几次婚和你有什么关系!
Zěnme shuōhuà ne? Wǒ lí jǐ cì hūn hé nǐ yǒu shénme guānxi!

단 어

腿   tuǐ   (명) 다리.
弯   wān   (형) 굽다. 구불구불하다. 굽히다. 구부리다.
棒   bàng (형) 훌륭하다. 좋다.

胡说八道   húshuō bādào   허튼 소리를 하다.
你会说话不会 nǐ huì shuōhuà bù huì 당신이 말을 할 줄이나 알아.
말을 어떻게 그렇게 하는 거야.

- Z -

- ☐ 你会说人话吗   nǐ huì shuō rén huà ma   그게 사람이 할 소리야.
- ☐ 乱放屁   luàn fàngpì   아무렇게나 헛소리하다.
                                            터무니없는 소리를 지껄이다.

☐ **折罗**
zhēluó

잡탕.
뒤범벅.
모듬요리.
여러 가지를 한데 섞은 것.
이것저것 한데 긁어모아 종합한 것.

① A： 今晚请你去'泔水面'怎么样?
Jīn wǎn qǐng nǐ qù 'gānshuǐmiàn' zěnmeyàng?

B： 好啊，折罗的东西挺好吃的。
Hǎo a, zhēluó de dōngxi tǐng hǎochī de.

② A： 把大家的意见综合一下怎么样?
Bǎ dàjiā de yìjian zōnghé yīxià zěnmeyàng?

B： 对，折折罗就可以形成一个好计划。
Duì, zhē zhē luó jiù kěyǐ xíngchéng yī ge hǎo jìhuà.

단 어

☐ 折罗	zhēluó	(명) (고기나 야채 따위를 넣고 끓인) 잡탕. 뒤범벅. 각종 요리를 뒤섞어 볶은 음식. 여러 가지를 모아 만든 것. 모듬요리.
☐ 综合	zōnghé	(명·동) 종합(하다).
☐ 计划	jìhuà	(명·동) 계획(하다).

 유사 표현

☐ **大杂烩** dàzáhuì (고기·야채 따위의) 잡탕찜. 잡탕[여러 가지가 뒤섞여 엉망인 상태나 모양을 비유하는 말].

☐ **一勺烩** yīsháohuì 여러 가지 성격이 다른 일을 한꺼번에 처리하다. 한데 묶어 처리하다.

☐ # 这不是拆台吗
zhè bù shì chāitái ma

망치려고 작정을 했네.
골탕먹이려고 작정을 했네.
이게 골탕먹이려는 게 아니고 뭐야.
이게 일을 망치려는 게 아니고 뭐야.
이게 궁지에 빠뜨리려는 게 아니고 뭐야.

❶ A: 我正在讲话, 他把人叫走了一半!
Wǒ zhèngzài jiǎnghuà, tā bǎ rén jiào zǒu le yíbàn!

B: 这不是拆台吗?
Zhè bù shì chāitái ma?

❷ A: 咱们球队的三大主力, 被人家挖走了两个!
Zánmen qiúduì de sān dà zhǔlì, bèi rénjia wā zǒu le liǎng ge!

B: 这不是拆台吗!
Zhè bù shì chāitái ma!

 단 어

☐ **拆台** chāitái (동) 실각시키다. 기반을[토대를] 무너뜨리다. 실패하게 하다. 그만두다.

☐	正在	zhèngzài	(부) 마침(한창) …하고 있는 중이다.
☐	讲话	jiǎnghuà	(명·동) 강화. 담화. 연설. 이야기하다. 발언하다.
☐	叫	jiào	(동) 부르다. 불러오다.
☐	一半	yībàn	(명) 반. 절반.
☐	球队	qiúduì	(명) 운동경기의 단체. 팀.
☐	主力	zhǔlì	(명) 주력.
☐	人家	rénjia	(대) 남. 다른 사람. 그 사람. 그. 나. 사람.
☐	挖	wā	(동) (사람을) 빼내다. 빼돌리다.

☐ 挖墙角　　wā qiángjiǎo　　담벼락 밑을 파다.
　　　　　　　　　　　　　　뿌리째 뒤집어엎다.
　　　　　　　　　　　　　　남을 궁지에 빠뜨리다.

☐ **这不是拱火吗**
zhè bù shì gǒnghuǒ ma

약을 올리는 게 아니고 뭐야.
시비를 거는 게 아니고 뭐야.
화를 돋우는 게 아니고 뭐야.
열 받게 하는 게 아니고 뭐야.
골탕을 먹이는 게 아니고 뭐야.
짜증나게 하는 게 아니고 뭐야.

❶ A : C球队处处耍我们，这不是拱火吗?
　　　C qiúduì chùchù shuǎ wǒmen, zhè bù shì gǒnghuǒ ma?

　　B : 千万别生气，找机会给他们点厉害!
　　　Qiānwàn bié shēngqì, zhǎo jīhuì gěi tāmen diǎn lìhai!

생생 중국어 구어 표현

2 A: 他先在公司骂我，又在街上用车挤我，
　　　Tā xiān zài gōngsī mà wǒ, yòu zài jiēshang yòng chē jǐ wǒ,

　　　他这是想干什么？
　　　tā zhè shì xiǎng gàn shénme?

　　B: 这不是拱火吗？他是想和你打架。
　　　Zhè bù shì gǒnghuǒ ma? Tā shi xiǎng hé nǐ dǎjià.

단어

☐ 拱火	gǒnghuǒ	(동) (말이나 행동으로) 사람을 화나게 하다. 불을[화를] 돋우다. 노하게 하다.
☐ 处处	chùchù	(부) 도처에. 어디든지. 각 방면에.
☐ 耍	shuǎ	(동) 놀리다. 장난하다. 가지고 놀다. 희롱하다. 농락하다. 마음대로 다루다. (수단 따위를) 부리다.
☐ 千万	qiānwàn	(부) 제발. 부디. 절대로. 아무쪼록 꼭. [재삼 부탁할 때 쓰는 말]
☐ 生气	shēngqì	(동) 화를 내다.
☐ 机会	jīhuì	(명) 기회.
☐ 厉害	lìhai	(형) 사납다. 무섭다. 상대하기 어렵다. 엄(격)하다. 매섭다. 대단하다. 굉장하다. 심각하다.
☐ 骂	mà	(동) 욕하다. 질책하다. 꾸짖다. 따지다.
☐ 挤	jǐ	(동) 압박하다. 강요하다. 궁지에 몰다.
☐ 打架	dǎjià	(동) 싸움하다. 다투다.

유사 표현

☐ 蓄意挑衅	xùyì tiǎoxìn	음모를 꾸며서 도전하다.
☐ 找茬吵架	zhǎochá chǎojià	고의로 트집을 잡아서 말다툼하다.

这不是下套吗
zhè bù shì xiàtào ma

이게 덫을 놓은 게 아니고 뭐야.
이게 함정에 빠뜨리려는 게 아니고 뭐야.
이건 함정에 빠뜨리려고 (작정을) 한 거네.

1 A : 老李明知这事有假, 还拉我去!
Lǎo Lǐ míngzhī zhè shì yǒu jiǎ, hái lā wǒ qù!

B : 这不是下套吗?
Zhè bù shì xiàtào ma?

2 A : 这笔买卖好处太多了, 我有点怀疑。
Zhè bǐ mǎimai hǎochù tài duō le, wǒ yǒudiǎn huáiyí.

B : 会不会是有人'下套'?
Huì bu huì shì yǒu rén 'xiàtào'?

단 어

下套	xiàtào	덫을 놓다.
明知	míngzhī	(동) 확실히[분명히] 알다.
假	jiǎ	(명·형) 거짓(의). 가짜(의). 위조(의).
拉	lā	(동) (나쁜 일로) 연루시키다. 관련시키다.
笔	bǐ	(양) 금액·금전이나 그것과 관계있는 데에 쓰임.
卖买	mǎimai	(명) 장사. 사업.
好处	hǎochù	(명) 이익. 이로운 점. 장점.
怀疑	huáiyí	(동) 의심하다. 회의하다.

☐ 骗局	piànjú	꿍꿍이. 수작. 속임수. 사기수단. 기만책.
☐ 陷阱	xiànjǐng	함정. 올가미. 덫.
☐ 坑人	kēngrén	사람을 함정에 빠뜨리다.

☐ **这次栽大了**
zhè cì zāi dà le

이번에는 끝장났다.
이번에는 아주 망했다.
이번에는 타격이 아주 심했다.

1 A： 老李呀！你做买卖这么多年，从没败得这么惨吧?
Lǎo Lǐ ya! Nǐ zuò mǎimai zhème duō nián, cóng méi bài de zhème cǎn ba?

B： 是啊，这回栽大了！老本全赔进去不说，还欠着银行
Shì a, zhè huí zāi dà le! Lǎoběn quán péi jìnqù bù shuō, hái qiàn zhe yínháng

不少！
bù shǎo!

2 A： 老李呀！你搞政治这么多年，从没跌得这么狠吧?
Lǎo Lǐ ya! Nǐ gǎo zhèngzhì zhème duō nián, cóng méi diē de zhème hěn ba?

B： 唉！这回栽大了，一撸到底！党籍，公职全没了！
Āi! Zhè huí zāi dà le, yī lū dào dǐ! Dǎngjí, gōngzhí quán méi le!

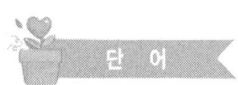

☐ 栽	zāi	(동) 넘어지다. 쓰러지다. 곤두박이다. 실패하다. 실수하다.

– Z –

☐	败	bài	(동) (일이) 실패하다. 이루지 못하다.
☐	惨	cǎn	(동) (정도나 상태가) 혹심하다. 엄중하다. 지독하다. 형편없다.
☐	老本	lǎoběn	(명) 본전. 밑천. 자본.
☐	赔	péi	(동) 손해를 보다. 밑지다. 배상하다. 변상하다.
☐	欠	qiàn	(동) 빚지다. 빌려 쓰고 갚지 못하다.
☐	银行	yínháng	(명) 은행.
☐	搞	gǎo	(동) (…을) 하다. (…을) 만들다. (…과 관련된 일을) 행하다.
☐	跌	diē	(동) 그르치다. 실수하다. 틀리다. (발이 걸려) 넘어지다. 떨어지다.
☐	狠	hěn	형용사의 뒤에 '得'와 함께 쓰여 정도가 매우 높음을 나타냄.
☐	撸	lū	(동) 훑다. 걷다. 해임하다. 면직하다. 훈계하다. 책망하다.
☐	底	dǐ	(명) 밑. 바닥.
☐	党籍	dǎngjí	(명) 당적. 당원의 적.
☐	公职	gōngzhí	(명) 공직.

유사 표현

☐	惨了	cǎn le	큰일 났다.
☐	折了	shé le	밑졌다.
			손해봤다.
			타격을 입었다.
☐	完蛋了	wándàn le	망했다.
			끝장났다.
			거덜 났다.

☐ **这还多呀**
zhè hái duō ya

많기는 뭘.
이게 뭐가 많아.
전혀 많지 않다.

A：老李，你怎么点了这么多菜?
　　Lǎo Lǐ, nǐ zěnme diǎn le zhème duō cài?

B：哪里，这还多呀!
　　Nǎlǐ, zhè hái duō ya!

A：老李，听说你有20万美元!
　　Lǎo Lǐ, tīngshuō nǐ yǒu èr shí wàn měiyuán!

B：这还多呀! 我的目标是200万!
　　Zhè hái duō ya! Wǒ de mùbiāo shì èr[liǎng] bǎiwàn!

단어

- 哪里　　nǎli　　(대) 어디. 어떻게. [반어문에 쓰여 부정을 나타냄]
- 美元　　měiyuán　　(명) 달러.
- 目标　　mùbiāo　　(명) 목표.

유사 표현

- 一点都不多　　yīdiǎn dōu bù duō　　조금도 많지 않다.
- 多个屁呀　　duō ge pì ya　　많기는 뭘.

这回看你的了
zhè huí kàn nǐ de le

이번 일은 너만 믿는다.
이번 일은 너한테 맡긴다.
이번 일은 너한테 달려 있다.

① A：老李呀，去了三拨人！都没做成这笔生意，这回看你
Lǎo Lǐ ya, qù le sān bō rén! Dōu méi zuò chéng zhè bǐ shēngyi, zhè huí kàn nǐ

的了！
de le!

B：感谢领导信任，我一定圆满完成任务！
Gǎnxiè lǐngdǎo xìnrèn, wǒ yīdìng yuánmǎn wánchéng rènwù!

② A：老李呀，这个苦差事，谁都不干，这回看你的了。
Lǎo Lǐ ya, zhè ge kǔchāishi, shéi dōu bù gàn, zhè huí kàn nǐ de le.

B：啊？都不干您就叫我干哪！
Ā? Dōu bù gàn nín jiù jiào wǒ gàn na?

단 어

□ 回	huí	(양) 회. 번. 차례. [일·동작 따위의 회수를 나타냄]
□ 拨	bō	(양) (사람의) 무리. 조(組).
□ 笔	bǐ	(양) 몫. 건. [금전·금액의 몫이나 그것과 관계있는 것에 쓰임]
□ 生意	shēngyi	(명) 장사. 영업.
□ 感谢	gǎnxiè	(명·동) 감사(하다).
□ 领导	lǐngdǎo	(명) 지도자. 영도자.
□ 信任	xìnrèn	(명·동) 신임(하다).
□ 圆满	yuánmǎn	(형) 원만하다. 완벽하다. 훌륭하다.
□ 完成	wánchéng	(동) 완성하다. 완수하다.
□ 任务	rènwù	(명) 임무. 책무.
□ 苦差事	kǔchāishi	고된[고생스러운] 임무. 수고스러운 일.
□ 叫	jiào	(동) …하게[하도록] 하다.

생생 중국어 구어 표현

유사 표현

☐ **全仗你了** quán zhàng nǐ le 너만 믿는다.
모두 너에게 달려 있다.
모든 걸 너한테 맡긴다.

☐ **这回总算开了眼了**
zhè huí zǒngsuàn kāi le yǎn le

이번에 드디어 시야를 넓혔다.
이번에 드디어 견문을 넓혔다.
이번에 드디어 세상물정을 알았다.
이번에 드디어 세상 돌아가는 것에 눈을 떴다.

❶ A : 老李呀, 这趟美国感觉怎么样?
　　　Lǎo Lǐ ya, zhè tàng Měiguó gǎnjué zěnmeyàng?

　 B : 哎呀! 这回总算开了眼了! 什么都看见了!
　　　Āiyā! Zhè huí zǒngsuàn kāi le yǎn le! Shénme dōu kànjiàn le!

❷ A : 小红啊, 新开的百货大楼怎么样?
　　　Xiǎo hóng a, xīn kāi de bǎihuòdàlóu zěnmeyàng?

　 B : 哇塞! 全世界的服装专卖店都在里边儿,
　　　Wāsāi! Quán shìjiè de fúzhuāng zhuānmàidiàn dōu zài lǐbianr,

　　　这回总算开了眼了!
　　　zhè huí zǒngsuàn kāi le yǎn le!

	总算	zǒngsuàn	(부) 겨우. 간신히. 마침내. 드디어. 전체적으로[대체로] 보아… 한[인] 셈이다[편이다].
	开眼	kāiyǎn	(동) 안목이 트이다. 깨닫다. 진기하고 신기한 사물을 봄으로써 견식을 높이다.
	开	kāi	(동) (사업·흥행 따위를) 열다. 개설하다. 개업하다.
	百货大楼	bǎihuòdàlóu	(명) 백화점.
	服装	fúzhuāng	(명) 옷. 의복. 복장.
	专卖店	zhuānmàidiàn	(명) 전문매장.

| | 大开眼界 | dàkāi yǎnjiè | 시야를 넓히다.
견문[식견]을 넓히다. |
| | 见了世面 | jiàn le shìmiàn | 견문을 넓히다.
세상물정을 알다. |

☐ 这你就不懂了
zhè nǐ jiù bù dǒng le

(너는) 이것도 모르냐.
이건 당신이 잘 모르는 것 같은데.
(당신) 뭔가 잘못 알고 있는 것 같은데.
이건 당신이 잘못 알고 있는 것 같은데.

1 A: 听说性格和饮食有关。
　　　Tīngshuō xìnggé hé yǐnshí yǒuguān.

　　B: 这你就不懂了，性格是先天的。
　　　Zhè nǐ jiù bù dǒng le, xìnggé shì xiāntiān de.

생생 중국어 구어 표현

2 A: 他为什么天不怕地不怕就怕老婆?
Tā wèishénme tiān bù pà dì bù pà jiù pà lǎopo?

B: 这你就不懂了，这叫一物降一物。
Zhè nǐ jiù bù dǒng le, zhè jiào yī wù xiáng yī wù.

단어

- 性格　　　　xìnggé　　　　(명) 성격.
- 饮食　　　　yǐnshí　　　　(명) 음식.
- 先天　　　　xiāntiān　　　(명·형) 선천(적인).
- 老婆　　　　lǎopo　　　　(명) 마누라. 처.
- 一物降一物　yī wù xiáng yī wù　뛰는 놈 위에 나는 놈이 있다.
  하나가 다른 하나를 제압하다.
  뛰는 놈이 있으면 나는 놈이 있다.

유사 표현

- 你懂什么　　nǐ dǒng shénme　　(네가) 뭘 알아.
- 少见多怪　　shǎojiàn duōguài　　세상일에 어둡다.
  견문이 좁아 모든 것이 신기해 보이다.
- 你见过什么　nǐ jiàn guo shénme　(네가) 뭘 안다고.
  (네가) 뭘 봤다고 (그래).

□ **这是常识嘛**
zhè shì chángshí ma

이건 상식이야.
이건 누구나 다 아는 거야.

 A： 哎, 听说地球早晚会毁灭! 是吗?
　　　　Āi, tīngshuō dìqiú zǎowǎn huì huǐmiè! Shì ma?

　　B： 老李呀, 你怎么连这个都不懂? 这是常识嘛!
　　　　Lǎo Lǐ ya, nǐ zěnme lián zhè ge dōu bù dǒng? Zhè shì chángshí ma!

 A： 哎, 大投入肯定有大产出吗?
　　　　Āi, dà tóurù kěndìng yǒu dà chǎnchū ma?

　　B： 老李呀, 那还用说? 这是常识嘛!
　　　　Lǎo Lǐ ya, nà hái yòng shuō? Zhè shì chángshí ma!

단어

- □ 常识　　chángshí　　(명) 상식.
- □ 毁灭　　huǐmiè　　(동) 괴멸하다[시키다]. 섬멸하다.
- □ 投入　　tóurù　　(동) 투입하다. 넣다.
- □ 产出　　chǎnchū　　(동) 산출하다. 생산해 내다.

유사 표현

- □ 众所周知　　zhòngsuǒzhōuzhī　　모든 사람이 다 알고 있다.
- □ 大家都知道　　dàjiā dōu zhīdao　　누구나 다 안다.

□ **这下完了**
　　zhè xià wán le

이제 끝장났다.
이번에는 망쳤다.
이제 (완전히) 끝났다.

생생 중국어 구어 표현

1 A： 刚才上边来人把帐目全封了！
　　　Gāngcái shàngbian lái rén bǎ zhàngmù quán fēng le!

　　B： 这下完了！我们是经不住检查的！
　　　Zhè xià wán le! Wǒmen shì jīng bu zhù jiǎnchá de!

2 A： 听说明天考语法。
　　　Tīngshuō míngtiān kǎo yǔfǎ.

　　B： 这下完了！我还没准备呢！
　　　Zhè xià wán le! Wǒ hái méi zhǔnbèi ne!

3 A： 你妻子刚才来电话，我说你回家了。
　　　Nǐ qīzi gāngcái lái diànhuà, wǒ shuō nǐ huíjiā le.

　　B： 这下完了！我和她说我出差半个月呢！
　　　Zhè xià wán le! Wǒ hé tā shuō wǒ chūchāi bàn ge yuè ne!

단어

上边	shàngbian	(명) 위. 위쪽. 상부. 상급.
帐目	zhàngmù	(명) 장부의 항목. 계정 계좌. 장부의 계산. 회계.
封	fēng	(동) 봉하다. 막다. 봉인하다. 차압하다.
经不住	jīng bu zhù	이겨[견뎌]내지 못하다.
检查	jiǎnchá	(명·동) 검사(하다). 점검(하다). 조사(하다). 검열(하다).
准备	zhǔnbèi	(동) 준비하다.
出差	chūchāi	(명·동) 출장(하다).

这回糟了	zhè huí zāo le	이번에는 망쳤다. 이번에는 틀렸다.

- Z -

- ☐ 这下麻烦了　　zhè xià máfan le　　이번에는 골치 아프게 됐다.
- ☐ 大祸临头　　　dàhuò líntóu　　　불행이 닥쳐오다.
　　　　　　　　　　　　　　　　　발등에 불이 떨어지다.

☐ **真的**
zhēn de

진짜(야).
정말(로).

① A: 我考上哈佛大学喽!
　　Wǒ kǎo shàng Hāfó dàxué lóu!

　B: 真的? 太棒了!
　　Zhēn de? Tài bàng le!

② A: 我发财喽!
　　Wǒ fācái lóu!

　B: 真的? 几位数?
　　Zhēn de? Jǐ wèi shù?

③ A: 我写了一篇日记。
　　Wǒ xiě le yī piān rìjì.

　B: 真的? 好。
　　Zhēn de? Hǎo.

- ☐ 发财　　　　fācái　　　　(동) 큰돈을 벌다. 부자가 되다. 큰 재산을 모으다.

생생 중국어 구어표현

- 日记　　rìjì　　(명) 일기. 일지.

- 诚然　　chéngrán　　실로. 정말로.
- 是吗　　shì ma　　그래(요)?
- 哇塞　　wāsài　　와! 우와!

真够糟心的
zhēn gòu zāoxīn de

너무 속상하다.
진짜 심란하다.
정말 애가 탄다.

1 A: 老李呀, 什么事这么不开心? 脸都黑了!
　　　Lǎo Lǐ ya, shénme shì zhème bù kāixīn? Liǎn dōu hēi le!

　B: 咦! 孩子待业, 老婆得病, 我这又快下岗了!
　　　Yí! Háizi dàiyè, lǎopo débìng, wǒ zhè yòu kuài xiàgǎng le!

　　 你说这有一件好事吗? 真够糟心的!
　　 Nǐ shuō zhè yǒu yī jiàn hǎoshì ma? Zhēn gòu zāoxīn de!

2 A: 小红! 什么时候结婚哪?
　　　Xiǎo hóng! Shénme shíhou jiéhūn na?

　B: 可别提结婚了, 我妈死活看不上我男朋友, 真够我
　　　Kě bié tí jiéhūn le, wǒ mā sǐhuó kàn bu shàng wǒ nán péngyou, zhēn gòu wǒ

　　 糟心的!
　　 zāoxīn de!

단 어

- 糟心　　zāoxīn　　(동) 속상하다. 짜증나다. 기분을 잡치다. 망치다. 엉망이 되다.
- 待业　　dàiyè　　(동) 취직을 기다리다.
- 得病　　débìng　　(동) 병에 걸리다. 병을 얻다.
- 别提　　biétí　　(동) 말하지 말라. 언급하지 마라. 무슨 소리냐. 말도 마라. 그런 소리 마라.
- 死活　　sǐhuó　　(부) 한사코. 기어코.

유사 표현

- 心乱如麻　　xīn luàn rú má　　마음이 몹시 심란하다.
  마음이 삼베 가락처럼 어지럽다.
- 烦死了　　fán sǐ le　　귀찮아 죽겠다.

□ **真是的**
zhēnshi de

(아이) 참.
(아휴) 정말.
(아이) 진짜.
[불만의 감정을 나타냄]

---

① A: 哎, 刚才有电话找你, 我说你不在。
　　Āi, gāngcái yǒu diànhuà zhǎo nǐ, wǒ shuō nǐ bùzài.

B: 真是的! 我正等那电话呢! 你就不会喊喊我?
　　Zhēnshi de! Wǒ zhèng děng nà diànhuà ne! Nǐ jiù bù huì hǎn hǎn wǒ?

② A: 哎, 今儿晚上吃什么呀?
　　Āi, jīnr wǎnshang chī shénme ya?

B : 真是的! 都这会儿了! 你早干什么来着?
Zhēnshi de! Dōu zhèhuìr le! Nǐ zǎo gàn shénme láizhe?

- 喊   hǎn   (동) 외치다. 큰 소리로 부르다. (사람을) 부르다.
- 这会儿   zhèhuìr   이때. 지금.

- 你看你   nǐ kàn nǐ   하는 꼴 하고는.
                           하는 짓 하고는.
- 都怪你   dōu guài nǐ 다 네 탓이다.

□ 值吗

zhí ma

…할 만한 가치가 있을까.
…할 만한 (가치가 있는) 걸까.

❶ A : 你又年轻又漂亮, 他又老又穷, 你和他好! 值吗?
Nǐ yòu niánqīng yòu piàoliang, tā yòu lǎo yòu qióng, nǐ hé tā hǎo! Zhí ma?

B : 我觉得有意思, 有意思就值!
Wǒ juéde yǒuyìsi, yǒuyìsi jiù zhí!

❷ A : 这个项目, 又费时间, 又不赚钱, 值吗?
Zhè ge xiàngmù, yòu fèi shíjiān, yòu bù zhuànqián, zhí ma?

B : 我有兴趣, 有兴趣就值!
Wǒ yǒu xìngqù, yǒu xìngqù jiù zhí!

☐	值	zhí	(동) …할 의의[가치]가 있다. …할 만하다.
☐	又…又…	yòu… yòu…	① (…하면서) 한편[또한, 동시에] (…하다). [동시적 상황임을 나타냄]
			② …하기도 하나 …하기도 하다. …해야 할지 아니면 …해야 할지. [모순 또는 역접 관계의 두 일을 나타냄]
☐	漂亮	piàoliang	(형) (용모·의복·색채 따위가) 아름답다. 예쁘다. 곱다. 보기 좋다.
☐	费	fèi	(동) 쓰다. 소비하다. 들이다.
☐	时间	shíjiān	(명) 시간. 시각. 여가. 틈.
☐	兴趣	xìngqù	(명) 흥미. 흥취. 취미. 재미. 의향. 의욕.

유사 표현

☐	合算吗	hésuàn ma	수지가 맞아.
			채산이 맞아.
☐	值不值	zhí bù zhí	…할 만해.
			…할 만한 가치가 있어.

☐ **指不上**
zhǐ bu shàng

바라지도 마.
꿈도 꾸지 마.
생각하지도 마.
기대도 하지 마.

 A: 这东西我们搬不动, 还是请邻居帮帮忙吧。
　　Zhè dōngxi wǒmen bān bu dòng, háishi qǐng línjū bāng bāng máng ba.

B: 邻居，指不上吧。
Línjū, zhǐ bu shàng ba.

② A: 你有三个儿子，为什么不让他们来照顾你呢?
Nǐ yǒu sān ge érzi, wèishénme bù ràng tāmen lái zhàogù nǐ ne?

B: 嗨，一个也指不上!
Hāi, yī ge yě zhǐ bu shàng!

☐ 指	zhǐ	(동) 의거하다. 의지하다. 기대하다. 믿다. 희망하다.
☐ 搬不动	bān bu dòng	(무겁거나 커서) 옮길 수 없다. 나를 수 없다.
☐ 邻居	línjū	(명) 이웃. 이웃집. 이웃 사람.
☐ 帮忙	bāngmáng	(동) 일(손)을 돕다. 원조하다. 일을 거들어주다.
☐ 照顾	zhàogù	(동) 돌보다. 보살펴주다. 배려하다.

☐ 不可能	bù kěnéng	불가능하다.
☐ 没希望	méi xīwàng	희망이 없다.
☐ 靠不住	kàobuzhù	믿을 수 없다.
☐ 大失所望	dàshī suǒwàng	매우 실망하다.

☐ 至于吗

zhìyú ma

설마(하니).
정말 그럴까.
뭐 그 정도까지야.
그 정도까지는 아니겠지.
그럴 지경까지는 아니겠지.

① A： 她的走，使我终生愁苦！
　　　Tā de zǒu, shǐ wǒ zhōngshēng chóukǔ!

　　B： 至于吗？
　　　Zhìyú ma?

② A： 你不听我的话，死都不知道怎么死的！
　　　Nǐ bù tīng wǒ de huà, sǐ dōu bù zhīdao zěnme sǐ de!

　　B： 至于吗！
　　　Zhìyú ma!

③ A： 民族问题会引起第三次世界大战！
　　　Mínzú wèntí huì yǐnqǐ dì sān cì shìjiè dàzhàn!

　　B： 至于吗？
　　　Zhìyú ma?

④ A： 昨天考试差点得100分，太可惜了！
　　　Zuótiān kǎoshì chàdiǎn dé yī bǎi fēn, tài kěxī le!

　　B： 至于吗？
　　　Zhìyú ma?

□ 终生	zhōngshēng	(명) 일생. 평생
□ 愁苦	chóukǔ	(명·동) 근심. 걱정. 불안. 근심하고 고뇌하다.
□ 民族	mínzú	(명) 민족.
□ 引起	yǐnqǐ	(동) 야기하다. 주의를 끌다. (사건을) 일으키다.
□ 世界大战	shìjiè dàzhàn	세계대전.
□ 差点	chàdiǎn	(부) 거의. 가까스로. 하마터면. [화자가 실현되기를 원할 경우,

생생 중국어 구어 표현

□	可惜	kěxī	['差点'은 실현되지 않아 애석하다는 뜻을 나타냄] (형) 섭섭하다. 아쉽다. 애석하다. 아깝다.

유사 표현

□	没那么严重吧	méi nàme yánzhòng ba	그렇게 심각하진 않지.
□	不会吧	bù huì ba	그렇지 않을걸. 그럴 리가.
□	不至于	bùzhìyú	…에 미치지 않다. …까지는 안 된다. …에 이르지 못하다.

□ 主席也是人
zhǔxí yě shì rén

위원장도 사람이다.
위원장도 별 수 없다.

---

1 A: 没想到赵主席也会犯那种错误!
　　　Méi xiǎng dào Zhào zhǔxí yě huì fàn nà zhǒng cuòwù!

　　B: 赵主席也是人嘛。
　　　Zhào zhǔxí yě shì rén ma.

□	主席	zhǔxí	(명) (회의 따위의) 의장. 위원장. 주석.
□	犯	fàn	(동) (주로 잘못되거나 좋지 않은 일을) 범하다. 저지르다.
□	错误	cuòwù	(명·형) 틀린 행위. 실수. 잘못. 잘못된. 틀린.

☐	人无完人	rén wú wánrén	완벽한 사람은 없다.
☐	都是人	dōu shì rén	다 사람이다.
☐	都是父母养的	dōu shì fùmǔ yǎng de	별것 없다.
			다 마찬가지다.
			(우리는) 모두 다 부모님이 길러주셨다.
☐	他有什么特殊的	tā yǒu shénme tèshū de	그 사람이라고 뭐 특별한 게 있겠어.

☐ **跩**

zhuǎi

과시하다.
자랑하다.

① A: 我儿子上哈佛了!
　　　Wǒ érzi shàng Hāfó le!

　　B: 真的？这回该你跩了!
　　　Zhēn de? Zhè huí gāi nǐ zhuǎi le!

② A: 前一段特别跩的那老李，怎么见不着了？
　　　Qián yī duàn tèbié zhuǎi de nà lǎo Lǐ, zěnme jiàn bu zháo le?

　　B: 他的公司破产了，再也跩不起来了。
　　　Tā de gōngsī pòchǎn le, zài yě zhuǎi bu qǐlái le.

☐	哈佛(大学)	Hāfó(dàxué)	(고유) 하버드대학교(HARVARD UNIVERSITY).
☐	破产	pòchǎn	(동) 파산하다. 도산하다. 부도나다. 망하다. 파탄이 나다.

□ **大摇大摆** dàyáo dàbǎi　　어깨를 으쓱거리며 걷다. 목에 힘을 주고 걷다. 건들거리다.
□ **不会走道儿了** bù huì zǒudàor le　　건들거리며 걷다.
　　　　　　　　　　　　　　　　　똑바로[제대로] 걷지 못하다.

□ **总算出了一口气**
zǒngsuàn chū le yī kǒu qì

겨우 숨통이 트였다.
드디어 복수를 했다.
마침내 한시름 놓았다.
마침내 스트레스를 해소했다.
간신히 답답함에서 벗어났다.

❶ A：听说你们刚才把C队打败了!
　　Tīngshuō nǐmen gāngcái bǎ C duì dǎbài le!

　　B：是啊, 三年输过六场, 今天总算出了一口气!
　　Shì a, sān nián shū guo liù chǎng, jīntiān zǒngsuàn chū le yī kǒu qì!

❷ A：听说你退休前把老李臭骂了一顿。
　　Tīngshuō nǐ tuìxiū qián bǎ lǎo Lǐ chòu mà le yī dùn.

　　B：是啊, 他压了我20年, 这回总算出了一口气!
　　Shì a, tā yā le wǒ èr shí nián, zhè huí zǒngsuàn chū le yī kǒu qì!

□ **总算** zǒngsuàn　　(부) 겨우. 간신히. 마침내. 드디어.
□ **出气** chūqì　　(동) 화풀이를 하다. 분노를 발설시키다.
□ **口** kǒu　　(양) 입. 모금. 마디. [입에서 나오거나 입에 넣는 것을 셀 때 쓰임]

□	打败	dǎbài	(동) 쳐서 물리치다. 싸워서 이기다.
□	退休	tuìxiū	(명·동) (정년)퇴직(하다).
□	臭	chòu	(부) 심하게. 지독하게. 몹시.
□	骂	mà	(동) 꾸짖다. 욕하다. 질책하다. 따지다.
□	压	yā	(동) 억압하다. 억누르다.

□	出了一口闷气	chū le yī kǒu mēnqì	울분을 풀다.
□	出了一口恶气	chū le yī kǒu èqì	나쁜 기분을 토로해 버리다. (속시원하게) 화를 풀다.
□	如愿以偿	rúyuànyǐcháng	희망이 이루어지다. 소원 성취하다.

□ 走后门
zǒu hòumén

연줄을 대다.
뒷거래를 하다.
뒷문으로 거래하다.
뒷구멍으로 손을 쓰다.

① A: 咱们的孩子不能进幼儿园，这可怎么办?
Zánmen de háizi bù néng jìn yòuéryuán, zhè kě zěnme bàn?

B: 走走后门呗。
Zǒu zǒu hòumén bei.

② A: 天天说堵后门，为什么总堵不住?
Tiāntiān shuō dǔ hòumén, wèishénme zǒng dǔ bu zhù?

B: 有的事情，不走后门不行。
Yǒu de shìqing, bù zǒu hòumén bùxíng.

생생 중국어 구어 표현

단어

☐ 后门	hòumén	(명) 뒷구멍. 부정한 수단.
☐ 幼儿园	yòuéryuán	(명) 유치원.
☐ 堵	dǔ	(동) 막다. 틀어막다. 가로막다.

유사 표현

☐ 托人情	tuō rénqíng	청탁하다. 사정하다. 인정에 호소하다.
☐ 趟关系	tāng guānxi	모종의 관계를 맺다. 모종의 관계가 오가다.
☐ 打招呼	dǎ zhāohu	인사하다. 안면을 트다. 어떤 관계를 맺다.
☐ 疏通一下	shūtōng yīxià	손을 써서 해결을 좀 해 봐.

☐ **走一步看一步**
zǒu yī bù kàn yī bù

차근차근 해나가다.
천리 길도 한 걸음부터.
한 걸음 한 걸음 나아가다.
하나하나 착실하게 해나가다.

1 A: 咱们的发展速度是不是太慢了?
Zánmen de fāzhǎn sùdù shì bu shì tài màn le?

B: 太快了不行! 走一步看一步。
Tài kuài le bùxíng! Zǒu yī bù kàn yī bù.

② A : 老李, 你考虑过20年以后的生活吗?
　　　Lǎo Lǐ, nǐ kǎolǜ guo èr shí nián yǐhòu de shēnghuó ma?

　　B : 想那么远干吗? 走一步看一步。
　　　Xiǎng nàme yuǎn gànmá? Zǒu yī bù kàn yī bù.

- 发展　　fāzhǎn　　(동) 발전하다. (새로운 사람을 받아들여 조직이나 규모 등을) 확대[발전]시키다. 확충하다.
- 速度　　sùdù　　(명) 속도.
- 考虑　　kǎolǜ　　(동) 고려하다. 생각하다. 구상하다. 계획하다.

- 稳扎稳打　　wěnzhā wěndǎ　　침착하게 차근차근 전진하며 확실하게 전투를 하다. 견실하고 확실하게 하다. 절차를 밟아가며 자신 있게 일하다.
- 摸着石头过河　　mō zhe shítou guòhé　　돌을 더듬어 가며 강을 건너다. 돌다리도 두들겨 보고 건너다. 세심한 주의를 기울여 일을 처리하다. 실천 중에 방법을 모색하고 경험을 쌓다.
- 边走边看　　biān zǒu biān kàn　　걸으면서 보다.
- 走一步是一步　　zǒu yī bù shì yī bù　　차근차근 해나가다. 천리 길도 한 걸음부터. 한 걸음 한 걸음 나아가다. 하나하나 착실하게 해나가다.

□ 走着瞧
zǒuzheqiáo

두고 보자.
다음에 다시 해 보자.

생생 중국어 구어 표현

1 A : 你已经输了三盘棋, 还不服气吗!
　　　Nǐ yǐjing shū le sān pán qí, hái bù fúqì ma!

　　B : 别高兴得太早了, 走着瞧!
　　　Bié gāoxìng de tài zǎo le, zǒuzheqiáo!

2 A : 看你小小年纪, 我就饶了你吧。
　　　Kàn nǐ xiǎo xiǎo niánjì, wǒ jiù ráo le nǐ ba.

　　B : 少来这一套, 走着瞧!
　　　Shǎo lái zhè yī tào, zǒuzheqiáo!

단어

☐ 瞧	qiáo	(동) 보다. 쳐다보다.
☐ 输	shū	(동) 지다. 패배하다.
☐ 盘	pán	(양) 판. 대. 그릇. [표면이 넓은 것·평평한 것·바둑이나 장기의 횟수·감을 수 있는 것 등의 수량을 나타냄]
☐ 棋	qí	(명) 장기. 바둑.
☐ 服气	fúqì	(동) 굴복하다. 진심으로 신복(信服)하다. 복종하다.
☐ 年纪	niánjì	(명) 나이. 연령.
☐ 饶	ráo	(동) 용서하다. 양보하다. 관용하다.
☐ 少来	shǎolái	(동) 적게 사용하다. 절제하다. 삼가다.
☐ 套	tào	(명) (낡은) 수법. 식. 습성. 관례. 관습.

유사 표현

☐ 等着瞧	děng zhe qiáo	두고 보자. 기다려 봐.
☐ 还得看	hái děi kàn	더 (두고) 봐야 한다.
☐ 下次再说	xiàcì zài shuō	다음에 다시 이야기 하자.
☐ 来日方长	láirì fāngcháng	앞으로 올 날이 많다. 앞으로 시간이 충분하다.

最近忙吗
zuìjìn máng ma

요즘 바빠?
요즘 바쁘지?

A: 老李! 最近忙吗?
　　Lǎo Lǐ! Zuìjìn máng ma?

B: 啊, 啊, 还可以。
　　À, à, hái kěyǐ.

A: 老张! 最近忙吗?
　　Lǎo Zhāng! Zuìjìn máng ma?

B: 噢! 噢! 老样子。
　　Ō! Ō! Lǎoyàngzi.

단어

最近	zuìjìn	(명) 최근. 요즈음. 일간.
老样子	lǎoyàngzi	(명) 옛 모습 (그대로). 옛 모양 (그대로).

유사 표현

满面春风嘛	mǎnmiàn chūnfēng ma	만면에 웃음을 띠는군. 얼굴에 기쁨이 넘치는군. (희색이 만면한 걸 보니) 좋은가[잘 지내나] 보군.
怎么样	zěnmeyàng	어때(요)?

서희명
- 복단대학 문학박사
- 現, 한양여자대학교 통상중국어과 교수

생생 중국어 구어 표현

초판 인쇄	2015년 03월 27일
초판 발행	2015년 04월 06일

편 역 자	서 희 명
발 행 인	윤 석 현
발 행 처	제이앤씨
책임편집	최인노 · 김선은 · 최현아
등록번호	제7-220호

우편주소	㈜ 132-881 서울시 도봉구 우이천로 353 성주빌딩 3F
대표전화	02) 992 / 3253
전 송	02) 991 / 1285
홈페이지	http://www.jncbms.co.kr
전자우편	jncbook@hanmail.net

ⓒ 서희명, 2015. Printed in KOREA.

ISBN 978-89-5668-389-8   13720   정가 20,000원

* 이 책의 내용을 사전 허가 없이 전재하거나 복제할 경우 법적인 제재를 받게 됨을 알려드립니다.
** 잘못된 책은 구입하신 서점이나 본사에서 교환해 드립니다.

생생 중국어 구어 표현